Stephan Wunsch

Verrufene Tiere

EIN BESTIARIUM MENSCHLICHER ÄNGSTE

Mit Zeichnungen des Autors

NATURKUNDEN

NATURKUNDEN N° 97

herausgegeben von Judith Schalansky
bei Matthes & Seitz Berlin

Inhalt

Was gehen uns Tiere an?

Da sind Felsen in der Welt, Flüsse und Meere, Sterne und Berge, Bäume und Winde. Sie alle füllen und formen die Welt, machen sie reich und interessant, gefährlich und schön. Aber vor allem und eigentlich ganz unerwartet sind da Tiere. Ja, man kann sich auch für besondere Pflanzen interessieren oder Kristalle oder Sternbilder. Doch wenn ein Tier aus den Kulissen tritt, merken wir auf.

Nie haben Menschen daran gezweifelt, dass Tiere sie etwas angehen. Immer war von Tieren gut erzählen, so dass man sich wundern durfte über das Schillern und Rauschen der Welt. Die Zuhörer haben gestaunt über riesige Tiere und kuriose, über sehr gefährliche und Tiere mit unerhörten Fähigkeiten. Und die Erzähler haben viel von Tieren gedichtet, haben übertrieben und erfunden und weitergesponnen, was sie schon selbst kaum geglaubt hatten. Manch wirkliches Tier war so fabelhaft, dass auch Fabeltiere für wirklich gelten konnten. Ob man alles für wahr gehalten hat? Und was ist Wahrheit? Schon in den alten Bestiarien und Sammlungen von Tiergeschichten schimmert eine vage Ungewissheit durch, eine wohltuende Grauzone zwischen dem Geraunten und dem Bezeugten und dem vielleicht allzu Abenteuerlichen. In der Ferne und in der Vergangenheit konnte viel Unerhörtes leben, denn dies waren Wirklichkeiten anderen Grades, an die das scharfe Maß der Verifizierung nicht anzulegen war. Und was man eh nicht überprüfen kann, das darf man ebenso gut glauben, wenn es einem wohltut.

Man hat auch nie daran gezweifelt, dass Tiere nicht nur einfach da sind, sondern auch etwas bedeuten. In ihnen wurden verwandelte Menschen erkannt oder Gottheiten oder Verstorbene. Zeichen Gottes, Agenten des Satans, lebende Embleme; dem Menschen als Vorbild, zur Warnung, ein Gleichnis. Der Übergang von Tier zu Mensch war fließend; konzeptionell wie im Körperlichen. Märchen und Sagen sind voller Geschichten von Tiergatten, Menschen in Tiergestalt oder adoptierten Tieren, die eines Tages zu Menschen werden. Manche Mythen erklären mit Tieren, warum es die Welt gibt. Kein Zweifel, dass Tiere für uns da waren, auf uns bezogen, und wir auch für sie. Sie waren da, uns zu verblüffen und zu erschrecken, uns zu warnen und zu verführen, waren uns zur Erbauung, Belehrung, Nahrung und Heilung in der Welt. Selbstverständlich war manches Tier böse und grausam, ein anderes edelmütig und kühn, andere hinterhältig und schlau, andere treu und dumm. Tiere wurden hässlich gefunden oder schön, plump oder elegant. Und man nannte sie nützlich oder schädlich, denn das waren sie auch, und Menschen spürten das umso mehr in einer Welt, in der ihnen wenig geschenkt wurde. Man konnte es sich nicht leisten, Tiere mit interesselosem Wohlgefallen zu betrachten. Tiere schadeten Menschen, wenn sie Krankheiten übertrugen, Ernten wegfraßen, Vorräte verdarben, Vieh rissen.

Legenden, Fabeln und alte Bestiarien haben nie gezögert, Tiere mit menschlichen Attributen zu beschreiben und sie an menschlichen Kategorien von Moral und Ästhetik zu messen. Natürlich ist uns heute klar, wie unangemessen das ist. Tiere, da sind wir uns nun sicher, können nicht boshaft sein. Auch nicht hässlich, missgünstig, plump. Sie handeln aus Instinkt, ihr Verhalten, ihre Erscheinung wurde von den Erfordernissen der Evolution geformt. Sie sind nicht frei. Sie sind Marionetten ihrer ererbten Verhaltensprogramme – so denken wir nun. *Zoological Correctness* verbietet wertende Urteile über Tiere. Auch Anthropomorphismen gelten als unzulässig: Wer tierisches Handeln und Empfinden zu nahe an das unsere rückt, macht sich der Übergriffigkeit verdächtig oder erscheint naiv. Die Austreibung des Narrativen aus der Tierreflexion aber bedeutet für unsere Begegnung mit der belebten Natur einen Verlust: an Sinnlichkeit, an Farbigkeit, an Sinnhaftigkeit; eine Entzauberung. Und sie beraubt uns zudem eines Spiegels: eines verschatteten und verzerrten, manchmal blindfleckigen und zuweilen hellsichtigen Spiegels, in den zu blicken Menschen nie unterlassen konnten. Wissenschaftliche Standards heutiger Naturkunde fordern Neutralität und professionellen Abstand zum Forschungsobjekt; ökologische Vernunft verlangt Gerechtigkeit gegen alle Organismen. Doch das vom Menschen erblickte, erzählte, besungene, das an die Höhlenwand gemalte, das gefürchtete und verehrte Tier ist ein klingender Echoraum menschlichen Seins, menschlicher Ängste und Aversionen, Irrtümer und Selbstbetrügereien. Comiczeichner, Puppenspieler und Fabeldichter wissen das. Jedes Tier, gerade das zwielichtige und undurchsichtige, ist eine Herausforderung an den menschlichen Verstand und an die menschliche Fantasie. Das mannigfaltige Reich der Tiere ist ein Welttheater der Natur. Ob es für uns inszeniert wurde, brauchen wir nicht zu fragen, solange wir uns als dankbare Zuschauer bezeigen. So werden wir weiter von Tieren munkeln und orakeln, über sie fabulieren und spekulieren. Wie auch nicht? Bleiben wir doch immer die gleichen Geschichtenhörer und Sinnsucher.

Wir bestaunen schöne Tiere und bewundern ihre Kraft und Eleganz. Das Spiel der Möwen mit dem Sturm erfüllt uns mit

Fernweh, herumtollende Fuchswelpen rühren uns und der Zug der Kraniche bewegt unser Herz. Doch wenn einer anfängt und Geschichten erzählt, von welchen Tieren wollen wir hören? Von den Schafen oder vom Wolf? Von den dunklen Tieren wollen wir hören, von den nächtlichen, gefahrvollen, mysteriösen, umwitterten: den verrufenen Tieren. Und auch von Vampiren, Nachtmahren und Werwölfen, wo das Tierische mit dem Menschlichen verschwimmt. Denn unser Verstand, ach, er treibt als hilfloses Flößlein auf einem dunklen Gewässer ohne Grund. Wo wir beunruhigt sind, da müssen Geschichten her, das Dunkel mit Stimmen zu füllen. Immer sind wir Kinder, die nicht einschlafen können, bis die Dämonen Namen und Gestalt bekommen haben. Lieber fürchten wir uns vor Gespenstern in der Nacht als vor dem Abgrund in uns. Denn haben wir nicht allen Grund zur Angst? Wollust, Gewalt und das trostlose Sterbenmüssen raunen und tuscheln hinter unserem Rücken, während wir uns ans Steuerrad klammern. Was wir zusammenfabeln von gefährlichen und bösen, riesigen und geheimnisvollen Tieren in der Ferne, in der Tiefe, in der Finsternis, das sind Geschichten, die aus unseren Dämonen gemacht sind.

Dieses Buch stellt Tiere vor, aber mehr noch das, was sie in Menschen wachrufen. Ein Bestiarium der verrufenen Tiere, das ist ein Katalog unserer Nöte, ein Spiegel unserer Bosheiten, eine Litanei unserer Zweifel, eine Landkarte offener Wunden – eine Menschenkunde in zehn Kapiteln.

Haie

Happiness is a warm gun
When I hold you in my arms
And I feel my finger on your trigger
I know nobody can do me no harm
Because happiness is a warm gun.
Happiness is a warm gun
Yes it is.

– JOHN LENNON, *Happiness is a warm Gun*

Gott, was Haifisch gemacht hat,
muß sein ganz gottverdammter Heide.

– HERMAN MELVILLE, *Moby Dick*

Die tödlichen Begegnungen zwischen Mensch und Hai sind von erschreckender, ungeheurer, monströser Zahl. Plausible Schätzungen geben dem globalen Massaker die Dimension von hundert Millionen Opfern pro Jahr. Manche werden zerquetscht, erstickt, zerrissen; andere geschlachtet oder verstümmelt. Vielen werden die Gliedmaßen abgetrennt, gezielt sogar, denn Haifischflossen gelten vielerorts als Delikatesse. *Finning* heißt das Verfahren, gefangenen Haien an Bord bei lebendigem Leib die Flossen abzuschneiden und die hilflosen, blutenden Tiere wieder ins Meer zu werfen. Das Gesamtgewicht der alljährlich solcherart im Meer entsorgten, verstümmelten Haie wird auf zweihunderttausend Tonnen geschätzt. Haie atmen passiv, sie müssen schwimmen, damit durch das geöffnete Maul Wasser eintritt und die Kiemen mit Sauerstoff versorgt werden. Werden ihnen die Flossen amputiert, sind Haie bewegungsunfähig; sie können nicht mehr richtig atmen und müssen ersticken. Doch auch mit anderen Verfahren töten Menschen viele Haie: Wenn sie als Beifang in den Netzen verenden oder wenn sie als Sport oder aus Hass geangelt oder harpuniert werden.

Umgekehrt gibt es erstaunlich wenige menschliche Todesopfer, die aus der Begegnung mit einem Hai herrühren. Seit den Fünfzigerjahren werden solche Unglücke statistisch verzeichnet, und obwohl es seitdem viel mehr Menschen, viel mehr Badestrände und viel mehr Surfer und andere Wassersportler gibt, hat sich die Zahl wenig verändert. Noch seltener sind die Fälle, in denen ein Mensch wirklich aufgefressen wurde. Haie müssen etwas ins Maul nehmen, um es auf seine Tauglichkeit als Nahrung zu prüfen. Dieser Vorgang des Probierens kann zu schweren Verletzungen führen, und mehr Menschen sterben nach Haiattacken durch Verbluten, als dass sie buchstäblich zu Haifischfutter würden. Haie sind überdies konservativ in ihren Ernährungsvorlieben, und Menschen kamen bis vor Kurzem im Meer und damit auf ihrem Speiseplan nicht vor, jedenfalls wenn man in Zeitmaßstäben evolutionärer Prozesse denkt. Haie gibt es dagegen schon lange auf Erden. Bereits vor vierhundert Millionen Jahren lebten Haie; manche Forscher trauen ihnen sogar zu, schon das Ordovizium bevölkert zu haben, das vor über 440 Millionen Jahren endete. Haie sind Knorpelfische; ihr Skelett ist weniger hart und haltbar als das von Knochentieren. Daher sind gut erhaltene Hai-Fossilien dünn gesät; wenn sich in versteinertem Schlamm ein vollständiger Abdruck erhalten hatte, war das ein seltenes Glück für die Paläontologie. Vom vermutlich größten Raubfisch aller Zeiten, dem grässlichen Megalodon, der schätzungsweise vor einer bis fünfzehn Millionen Jahren lebte, sind im Wesentlichen nur Zähne erhalten. Sie ähneln denen des Weißen Hais sehr, sind allerdings um ein vielfaches größer. Dass Megalodone fünfzehn bis zwanzig Meter lang waren, ist also nichts als eine Hochrechnung aus Zahnfunden; früher ergötzte man sich an noch kühneren Schätzungen und sprach ihnen über dreißig Meter Länge zu. Auch wollte mancher festgehalten und unterstrichen wissen, dass ihr Aussterben nicht wirklich erwiesen sei. Vielleicht könnte es noch welche geben? Das Meer ist ja groß ... In der Nachbildung eines Megalodonkiefers kann ein erwachsener Mensch aufrecht stehen; das Tier müsste vor dem Herunterschlucken nicht einmal kauen.

Der größte heute lebende Hai und Fisch überhaupt ist der Walhai mit bis zu achtzehn Metern, gefolgt vom wenig kleineren Riesenhai. Doch für Horrorfilme taugen beide nicht, denn sie ernähren sich, indem sie Plankton aus dem Wasser filtrieren. Auch der Riesenmaulhai ernährt sich auf diese Weise; bis 1976 war die Art unbekannt, obwohl die Tiere immerhin über fünf Meter groß werden. Sie scheinen weltweit verbreitet und zugleich recht selten zu sein, denn seit man von ihnen weiß, wurden sie nur wenige Dutzend Mal gesehen; noch seltener konnte man ein Exemplar näher untersuchen. Dass es offenbar noch große und zugleich seltene Tiere zu entdecken gibt, nährt die Hoffnung von Monsterjägern, dass noch manche spektakulären Tiere unserer harren. Es gibt auch Winzlinge unter den Haien: der *Zylindrische* und der *Zwerg-Laternenhai* erreichen kaum zwanzig Zentimeter Körperlänge. Darüber hinaus hat der Gott der Haie eine breite Formenvielfalt erdacht. Schon die Namen verraten, dass die *Stierkopfhaie*, *Nasenhaie* oder *Sägehaie* unsere Erwartungen an die charakteristische Hai-Gestalt nicht erfüllen. Ebenfalls zu den Haien zählen die eigentümlichen *Wobbegongs* oder *Teppichhaie*, flache Fische mit bizarren Fransen um das Maul, die in seichten Gewässern auf dem Meeresboden leben. An Rochen erinnert der Körperbau der *Engelhaie*. Erstaunlich ist der Lebenszyklus der *Grönlandhaie*. Die rätselhaften und seltenen Tiere scheinen das Nordmeer zu bevorzugen, aber man hat sie gelegentlich auch schon sonstwo in den Weltmeeren angetroffen. Sie sind bedächtige Jäger, man vermutet, dass sie schlafende Robben angreifen, weil sie nicht schnell genug sind, um wache zu erwischen. Langsam ist auch ihr Wachstum. Um die sieben Meter zu erreichen, zu denen sie fähig sind, brauchen sie daher eine lange Lebensspanne. Man hält sie für die mit Abstand langlebigsten Wirbeltiere und traut ihnen mehr als sagenhafte vierhundert Jahre zu. Demnach dürften heute Grönlandhaie leben, die in ihrer Kindheit Zeitgenossen Shakespeares waren. Weil man sie selten antrifft, sind sie kaum erforscht. Man weiß nicht, wieso sie so viel länger leben als vergleichbare Tiere, auch nicht, wieso sie erst mit hundertfünfzig Jahren geschlechtsreif werden. Es dürfte sich um die längste Pubertät des Tierreichs handeln. Ist sie einmal durchgestanden, hinterlässt sie offenbar sehr abgeklärte Tiere, die nicht zu Hektik und vorschneller Aufregung neigen.

Bis heute sind etwa fünfhundert Hai-Arten bekannt. Nur vier von ihnen haben nachweislich und zweifelsfrei jemals einen Menschen getötet; von weiteren zehn ist sicher, dass sie Menschen angegriffen haben. Der *Bullenhai* wird gewöhnlich weniger als drei Meter lang und gehört zu den Haien mit den meisten menschlichen Opfern. Er schwimmt in Flussmündungen hinein und fühlt sich auch in Süßwasser nicht unwohl. In manchen Strömen ist er weit ins Landesinnere und bis in Süßwasserseen vorgedrungen. Zu den gefährlichsten Haien zählt auch der *Tigerhai*, der seinen Namen dem Streifenmuster auf seiner Haut verdankt. Speziell in den Tropen werden ihm die meisten tödlichen Angriffe zugeschrieben. Auch der *Weißspitzen-Hochseehai* kann für Menschen gefährlich werden. Von Stränden hält er sich fern, doch wenn nach Schiffsunglücken oder Flugzeugabstürzen über dem Meer von Haiangriffen auf die Überlebenden berichtet wurde, handelte es sich häufig um diese Art. Wenn ein Mensch aber von Haien sprechen hört, denkt er doch meist an den Weißen Hai. Weißlich ist das graue Tier nur auf der Unterseite. Mit bis zu acht Metern Körperlänge ist er der größte aller Raubfische. Er sucht gern in strand- und küstennahen Gewässern nach Nahrung, wodurch er leichter in Kontakt mit Menschen kommt als Hochseehaie. Man macht ihn für die meisten der Haiangriffe verantwortlich; allerdings könnte er darin Opfer seiner Popularität sein. Man vermutet, dass mancher Angriff eines Bullenhais irrtümlich auf das Register des Weißen Hais gesetzt wird. Einige Haiattacken haben es zu großer Berühmtheit gebracht. So geschah es dem armen Brook Watson, dass er 1749 in Havanna ins Hafenbecken stürzte und dort von einem Hai angegriffen wurde, der dem jungen Mann einen Unterschenkel abriss. Dass er diese schlimme Verletzung überlebte, war ein großes Glück, von dem wir wohl nur deshalb wissen, weil Watson dereinst Bürgermeister von London werden sollte.

Als Seefahrergeschichten populär wurden, war der Hai selbstverständliches Ornament und Symboltier für die Gefährlichkeit des wilden Ozeans. In Jules Vernes literarischer Tiefseefahrt *20.000 Meilen unter dem* Meer darf er nicht fehlen; es wird davon geraunt, was man nicht alles in seinem unersättlichen Schlund gefunden hätte: einen Büffelkopf, ein ganzes Kalb, einen Seemann mit Säbel und Uniform, und man höre: sogar ein Pferd samt Reiter. Auch Herman Melville beschwört Haie in *Moby Dick* als manische Fressgeister und verwendet den Topos des besinnungslosen Einander- und Sich-Selbst-Auffressens; der Hai wird zur Apotheose des wahllosen Verschlingens: »Gierig schnappte er nicht nur nach den heraushängenden Eingeweiden anderer Fische, sondern schnellte biegsam wie ein Bogen herum und verbiß sich in das eigene Gedärm. Wieder und wieder, so schien es, wurden sie vom selben Schlund verschlungen, um aus der klaffenden Wunde am anderen Ende abermals herauszutreten.« In Jack Londons Epos *Der Seewolf* tritt der hartherzige Kapitän Larsen in Konkurrenz zur Grausamkeit des Hais. Er lässt den unfähigen Koch Mugridge zur Bestrafung für sein schlechtes Essen an einem Tau durchs Wasser ziehen, bis man bemerkt, dass er von einem Hai verfolgt wird. Die Mannschaft beeilt sich, ihn wieder an Bord zu holen: »Doch ein Strom von Blut ergoß sich über die Planken. Der rechte Fuß fehlte, fast am Knöchel amputiert. Ich blickte Maud Brewster an. Sie war leichenblaß, ihre Augen weiteten sich vor Entsetzen. Sie sah nicht Thomas Mugridge, sondern Wolf Larsen an. Und er bemerkte es, denn er sagte mit kurzem Lachen: ›Männerspiel, Miß Brewster. Wohl etwas rauher, als Sie es gewöhnt sein mögen, aber immerhin – Männerspiel. Der Hai war nicht mit in der Rechnung.‹« Der Hai war lediglich Erfüllungsgehilfe der sadistischen Bestrafung eines Menschen durch einen anderen – nein: eines *Mannes* durch einen anderen. Bei einem ›Männerspiel‹ kann schon mal ein Fuß verloren gehen. Hier hebt es an, das Lied von der See als Refugium toxischer Männlichkeit: Bruder Hai. Der weibliche Blick entsetzt sich nicht vor der grässlichen Wunde, sondern vor der grässlicheren Rohheit. Der verstümmelte, stark blutende Koch robbt sich, von Hass und Schmerz erfüllt, zu dem zynischen Kapitän und beißt ihn in bestialischer Wut ins Bein – ein hilfloser Versuch, es dem Hai gleichzutun; lächerlich geradezu, wie sich die Schwächlichkeit des menschlichen Gebisses neben dem des Hais ausnimmt. Jack Londons Pointe aber liegt im Vergleich der mörderischen Bestie Hai mit der Grausamkeit, zu der Menschen fähig sind – eine Konkurrenz, die der Hai regelmäßig verliert.

Die größte bekannte Haiattacke ereignete sich Ende Juli 1945, nachdem ein japanisches U-Boot das amerikanische Kriegsschiff USS Indianapolis versenkt hatte. Rund dreihundert Matrosen wurden durch die Explosion einer Munitionskammer gleich getötet, etwa achthundert trieben nach dem Untergang schiffbrüchig im Pazifik. Erst vier Tage später wurden sie zufällig entdeckt, dreihundertsechzehn von ihnen konnte man lebend bergen. Die anderen waren an Entkräftung, Dehydrierung oder Sonnenstich gestorben. Etliche aber waren von Haien angefallen, getötet und wohl auch gefressen worden. Es ist unmöglich zu sagen, wie viele Tote welcher Ursache anzulasten waren, doch die Überlebenden berichteten, dass sie ständig auf Haiangriffe gefasst sein mussten. Natürlich hätten viel mehr Menschen überleben können, wenn die Schiffbrüchigen früher entdeckt worden wären. Wieso hatte man sie vier Tage lang nicht gefunden? – Ganz einfach: Weil man sie nicht gesucht hatte. Und man hatte sie nicht gesucht, weil man sie nicht vermisst hatte. Kein Hafen hatte vergebens auf das Einlaufen der USS Indianapolis gewartet, weil sie in keinem Hafen angekündigt worden war. Als das Schiff von den japanischen Torpedos getroffen wurde, kehrte es nämlich gerade von einer äußerst geheimen Mission zurück. Es hatte die Hauptbauteile für eine besondere Bombe auf die Pazifikinsel Tinian gebracht, eine Bombe, die den harmlos-unheilvollen Namen Little Boy erhalten sollte. Sie detonierte über Hiroshima und tötete Hunderttausende, wenige Tage nachdem die letzten Überlebenden der Indianapolis aus der Philippinischen See gefischt und vor den Haien gerettet worden waren. Der schlimmste Angriff durch Haie und die schlimmste Waffe von Menschenhand waren nicht nur zufällig miteinander verstrickt. Auch hier obsiegte der Mensch in der Schadensbilanz etwa mit dem Faktor eintausend.

Wer nicht selbst zur See fuhr, als Fischer oder Matrose, oder in der fernen Südsee nach Schwämmen oder Muscheln tauchte, für den war der Hai lange Zeit eine ferne, abstrakte, exotische Gefahr; wie für Mitteleuropäer heute ein Eisbär vielleicht oder ein Tiger. Und für Seefahrer war ein Hai wohl nur ein Kuriosum unter einer ganzen Reihe von viel häufigeren, reelleren Bedrohungen, Strapazen und Entbehrungen, mit denen eine lange Seefahrt verbunden war. Stürme, Skorbut, verdorbenes Trinkwasser, Meuterei, die Härte des Regiments an Bord – über Bord zu gehen war schon schlimm genug, da war ein Hai nicht mehr als ein Schreckgespenst für Romanleser. Das sollte sich erst ändern, als sich weitere Menschen in Haigefilde begaben; arglose Landratten, die Erholung suchten. Eine Zeitenwende im Verhältnis zwischen Haien und Menschen brachten die ersten Juliwochen im Sommer 1916 an der amerikanischen Ostküste. Seit dem Ende des neunzehnten Jahrhunderts hatte sich eine neue Form von Strandleben und Badebetrieb entwickelt. Zuvor war der Aufenthalt im Seebad eine Erholung für bessere Kreise, bei der unmittelbarer Kontakt mit Meerwasser nicht im Vordergrund stand. Doch nun, dank besserer Löhne für die Arbeiterschicht, fester Urlaubsansprüche, Eisenbahnverbindungen zur Küste und einiger anderer Faktoren, hatte sich eine frühe Form von Massentourismus herausgebildet und damit zugleich ein neuer Wirtschaftszweig für die Küstenorte. Das Baden im Meer wurde populär.

So kam es dazu, dass sich zwischen dem 1. und dem 12. Juli 1916 an den Stränden New Jerseys fünf Haiangriffe ereigneten, von denen vier tödlich endeten. Nie zuvor waren Badegäste am Strand von einem Hai angegriffen worden, schon gar nicht hier, wenige Dutzend Meilen südlich von New York City. Nach der ersten Attacke herrschten noch Verwirrung und Unklarheit, ob wirklich ein Hai Verursacher der tödlichen Verletzungen des jungen Mannes gewesen war und nicht doch eine Schildkröte oder ein Thunfisch. »Tod nach Fischattacke« titelte die *New York Times*, was ja zutreffend war, doch irgendwie blass blieb. Nach dem zweiten Angriff bestand jedoch kein Zweifel mehr. Als das Opfer, wieder ein junger Mann, an den belebten Strand gebracht wurde, fehlten ihm beide Beine und eine grässliche Wunde klaffte an der Hüfte. Es herrschte wildes Entsetzen, Badegäste wurden ohnmächtig. Jetzt lautete die Schlagzeile »Hai tötet Badenden am Strand von New Jersey«, und damit war die Welt eine andere. Panik brach aus, Urlauber brachen den Aufenthalt ab, der Umsatz brach ein. Die Zeitungen schrieben von nichts anderem mehr und suchten hektisch nach geeignetem Bildmaterial. Viele wussten damals gar nicht so recht, wie ein Hai eigentlich genau aussah. Man ergriff verzweifelte Gegenmaßnahmen: Boote patrouillierten, Netze wurden errichtet, man informierte und beschwichtigte. Sollte man das Baden verbieten, die Strände schließen? Welche Verantwortung für den Badebetrieb! Aber wenn es weitere Opfer geben sollte? Drei einbestellte Wissenschaftler des Naturhistorischen Museums erklärten im Einklang mit den Interessen der Tourismusindustrie, wie unwahrscheinlich ein weiteres Unglück sei. Vier Tage darauf griff ein Hai badende Kinder an, noch dazu in einer geschützten Flussmündung drei Meilen landeinwärts – wer hätte das erwarten können? Er packte einen zwölfjährigen Jungen und zog ihn unter Wasser. Verzweifelt suchten Helfer nach dem Kind. Als Stanley Fisher den verstümmelten Körper schließlich fand und bergen wollte, wurde wahrhaftig auch er von dem Hai angegriffen und schwer verletzt. Obwohl die anderen ihn aus dem Wasser ziehen konnten, starb er noch am Nachmittag. Es war wie in einem Horrorfilm … Es wurden Belohnungen für getötete Haie ausgesetzt, eine allgemeine Haijagd erhob sich. Einige Tage später erlegte man einen Weißen Hai, in dessen Magen menschliche Überreste gefunden wurden. Ob und welchen der Opfer sie zuzuordnen waren, darüber bestand keine Einigkeit. Auch beharrten einige Experten darauf, dass für den Angriff im Fluss eher ein Bullenhai infrage käme, weil diese Art nicht selten Flüsse heraufschwimmt. Ob für alle Angriffe dasselbe Tier verantwortlich wäre, war ebenfalls ungewiss. Weitere Haiangriffe sollte es in diesem Sommer aber nicht mehr geben. Auf jeden Fall war die siegesgewohnte westliche Zivilisation nun um einen Schrecken reicher. Zugleich wies der Hai mit spitzer Schnauze auf den Tourismus als Kulminationspunkt des Kapitalismus: Belohnung für Millionen Werktätige, zweiwöchige Einlösung aller Glücksversprechen eines Ausbeutungssystems und natürlich seinerseits milliardenschwerer Wirtschaftsfaktor – die Ausgebeuteten speisten ihr mühsam Erspartes mit Freuden wieder ins System ein. Ein einziger Hai konnte die

Verletzlichkeit des amerikanischen Traums bloßlegen. Offenbar ließ sich einiges über die amerikanische Gesellschaft lernen, wenn man sie einem Hai-Angriff aussetzte. Eigentlich Stoff für einen Roman … – Zeitgleich mit dem Beginn der Reihe von fünf Hai-Angriffen hatte am 1. Juli 1916 im fernen Europa die Schlacht an der Somme begonnen. Allein die englischen Truppen verzeichneten schon für den ersten Tag den Verlust von zwanzigtausend Menschenleben. Die Schlacht sollte sich noch bis in den November ziehen.

Hai-Experten pflegen auf die Bilanzen menschlicher Todesopfer zu verweisen, um zu belegen, wie ungefährlich ihre Lieblingstiere eigentlich sind, und schimpfen sodann auf die von Medienberichten ausgelöste Hysterie. Um die 100 000 Menschen sterben jährlich an Schlangenbissen, 25 000 an Hundebissen; 1000 nach Krokodilangriffen und 2000 durch Bandwürmer. Mit runden zehn Todesopfern pro Jahr liegt der Hai weit hinten, etwa gleichauf mit dem Wolf und knapp vor dem Helmkasuar. Dennoch gehört der Hai zu den meistgefürchteten Tieren und gilt als einer der führenden Auslöser von Phobien. Aus Angst vor einem Haiangriff bringen selachophobische Menschen es nicht über sich, in einem Meer zu baden – tatsächlich kommen vor fast jeder Küste ab einer Wassertemperatur von 18° C Haie vor. Doch Haipanik kann schwer Betroffenen auch das Baden in Binnengewässern, Badeseen und sogar Hallenbädern unmöglich machen, was eindrucksvoll belegt, dass sachliche Aufklärung oft wenig bei der Bekämpfung von tiefsitzenden Ängsten hilft, ebenso wenig wie Statistiken über die reale Wahrscheinlichkeit eines Haiangriffs. Auch Verhaltensratschläge, man könne einen Hai möglicherweise in die Flucht schlagen, wenn man ihm fest gegen die Kiemen haut, dürfte bei von schwersten Ängsten Befallenen für wenig Erleichterung sorgen. Der Hinweis, dass in der Konfrontation mit einem Hai Angstsignale einen Angriff wahrscheinlicher machten und es daher ratsam sei, sich kurzerhand nicht zu ängstigen, zählt zu den besonders unproduktiven Ratschlägen.

Es stimmt ja: Hunderte Millionen von Menschen baden, tauchen, surfen alljährlich im Meer, und kein Dutzend wird vom Hai getötet. Ist das dann so wichtig? – Ja, denn manchmal macht es nicht die Zahl, sondern die schiere Möglichkeit. Da hat ein einziger Mensch mal den Mond betreten, während drei Milliarden zu Hause bleiben mussten, und doch war die Aufregung begründet, denn die Welt war dadurch eine andere geworden. Über die Zahl sollte man nicht feilschen. Besser wäre es einzusehen, dass Ängste im Gegensatz zu Befürchtungen nicht Ergebnisse einer Risikoabschätzung sind. Versuchen wir es mit der These, dass Angst vor Haien sehr wohl begründet ist, auch wenn das Ereignis eines wahrhaftigen Angriffs sehr, sehr unwahrscheinlich bleibt. Das unheimliche Geräusch bleibt unheimlich, auch wenn es uns nichts tut und uns eine plausible Erklärung angeboten wird: *In dürren Blättern säuselt der Wind.* Die Unheimlichkeit ist ein Phänomen eigenen Rechts und interessiert sich nicht für reale Gefahren. Das Unheimliche ist unheimlich, weil es eine Gewissheit, eine Behaglichkeit, ein Welt-Vertrauen in Frage stellt. Das ungeschützte Sonnenbad am Mittagsstrand ist gefährlich, aber kein bisschen unheimlich. Das Meer hingegen ist es schon, die Tiefe, das kalte, ins Dunkle ziehende Blau. Nein und nein: Der Mensch gehört nicht ins Meer. Kaum ein Primat, kein Gorilla, kein Schimpanse und Pavian käme auf die Idee, allein zum Spaß im offenen Meer schwimmen zu gehen. Fische, Krebse und Muscheln fangen kann man auch in Ufernähe im Knöcheltiefen. Doch als ausgesprochenes Landtier den Grund unter den Füßen aufgeben, ins Treiben geraten, sich Wellen und Strömung hingeben, solcherart die Kontrolle fahren lassen – zu tun, wogegen alle Instinkte sich empören: das konnte nur der Spezies einfallen, die gegen Ende das Bungee-Jumping erfand. Immerhin ist es ja so, dass das ruhige Meer dem Menschen nichts tut. Es interessiert sich nicht für den kleinen, nackten Fremdling, der da verloren auf seiner Oberfläche treibt und die zarte Haut seiner Unterseite der kalten Tiefe entgegenhält. Solange nicht Stürme und Wellen sein Schifflein verschlingen oder seine Häuser überschwemmen, hat der Mensch vom Meer nichts zu befürchten. Die existenzielle Beunruhigung bleibt symbolisch und daher tauglich für Nervenkitzel und schaudernden Genuss. Fische sehen uns kaum an und touchieren uns allenfalls beiläufig mit schlammigem Streif, was der Fisch mindestens ebenso wenig wünscht wie der samtig-feucht berührte Mensch. In Begegnungen mit dem Meer erfährt der Mensch vornehmlich das Unergründliche des eigenen Unbewussten. Trifft ein Mensch in Geschichten auf sprechende Fische, so artikulieren sie häufig verdrängte Sehnsüchte, Ängste und Wünsche; gerne auch sexueller Natur, wenn sie nicht gar selbst die Gestalt erotischer Wunschbilder annehmen, wenigstens in der oberen Körperhälfte. Das Meer berührt den Menschen, doch nur als Erinnerung an sich selbst; undeutlich, flüchtig, mehr geahndet als erkannt. Die Gefährlichkeit des Meeres für den Menschen liegt in ihm, in seinen Abgründen, die das Meer freizuspülen fähig ist. Ja, es vermag den Menschen zu ziehen, aber nur dorthin, wohin er heimlich zu sinken begehrt. Das Meer ist das Element des Sirenengesangs, in dem nur untergeht, wer es insgeheim ersehnt; ein weibliches Element, umfangend und feucht, und bedrohlich nicht auf die harte Art. – Doch auf einmal bricht das Schreckliche herein. Da teilt sich die Flut, und unter dem Menschlein, schutzlos, frei treibend, freiwillig entblößt, öffnen sich ungeheure Kiefer mit einem Heer nachrückender Zähne, von denen jeder einzelne ein sägezackiger Alptraum ist. Der Hai ist das Harte, Männliche, Konkrete. Das Eindeutige. Der reine Zahn, das brutalstmögliche Gebiss, übertrieben scheußlich wie für einen Splatterfilm kreiert. Die pure Faktizität ohne den geringsten Deutungsspielraum. Aller menschlichen Verfeinerung, Überhöhung, Sublimation des Körperlichen ein gleichgültiger Hohn. Die schiere Möglichkeit des Hais ist das Dementi aller Poesie; und nur ein Narr könnte davor nicht die allergrößte Angst haben.

»Die Kiefer schlossen sich um ihren Torso, zermalmten Knochen und Fleisch und Organe zu einem Brei. [...] Unter der Oberfläche schüttelte der Fisch den Kopf hin und her, seine dreieckigen, gezackten Zähne sägten sich durch die wenigen Sehnen, die noch widerstanden. Der Leichnam fiel auseinander. Der Fisch schluckte, drehte sich dann, um weiterzufressen. Sein Hirn zeigte immer noch die Signale einer nahen Beute an. Das Wasser war mit Blut und Fleischfetzen durchsetzt, und der Fisch konnte Signal von Substanz nicht unterscheiden.« In Augenblicken wird aus einer Frau formlose Substanz, zermalmt von schieren Kiefern. *Jaws,* Kiefer, lautet auch der Originaltitel von Peter Benchleys Roman, der die Vorlage für den bis dahin erfolgreichsten Blockbuster gleichen Namens wurde, der in Deutschland unter dem Titel *Der weiße Hai* in die Kinos kam. Der Film von Steven Spielberg folgt inhaltlich weitgehend dem Roman, der wiederum weitgehend den Ereignissen von 1916 an der Küste von New Jersey folgt. Spielberg und Benchley hatten erkannt, wie entlarvend diese Haiangriffe waren, wie glatt und leicht die Flosse des Hais den dünnen Firnis der Zivilisation zum Zersplittern brachte.

Der Hai selbst war dabei gar nicht allzu interessant, sondern die Panik war es. Schnell wird klar, was mit der angeratenen Strandschließung auf dem Spiel steht, und in dem friedlichen Badeort Amity beginnt ein Ringen ums wirtschaftliche Überleben, das in der Konsequenz mörderisch wird. Der geschäftstüchtige Bürgermeister erweist sich in Gier und Skrupellosigkeit als dem Hai ebenbürtig. Der Reiz der ersten Hälfte des Films, während der man noch keinen Hai zu sehen bekommt, liegt in dem Porträt des Städtchens als amerikanischer Mikrokosmos, der durch die Signatur der Haiflosse zum Alptraum der Egoismen wird. Das Ende aber zeigt einen archaischen Kampf dreier Männer, die ein – recht kleines – Boot besteigen, um den Hai zu töten. Damit wendet sich das Thema des Films von der Gesellschaftskrise hin zur Krise maskuliner role models. Drei Männer, drei Angebote, doch keines will überzeugen. Der knorzige Hai-Jäger, ein alter Haudegen, ein John Wayne der Meere, der schon Hunderte Haie erlegt hat, überschätzt sich und seine Waffen. Zum Schluss wird er gefressen, und zwar so anschaulich und ausführlich gekaut und verschluckt wie kein anderes Hai-Opfer des Films. Vorher berichtet er in alkoholgetränkter Sentimentalität, was ihn zum erbitterten Gegner der Haie gemacht hat: Und siehe da, er war einer der Überlebenden des USS-Indianapolis-Unglücks, die sich vier Tage lang in offener See gegen Haie wehren mussten. So verbindet Spielberg zwei amerikanische Ur-Erfahrungen der eigenen Verwundbarkeit, die Haiangriffe nämlich mit dem Angriff auf Pearl Harbour. Der Weiße Hai ist ein Angriff auf die USA, auf ihre Souveränität und das Gefühl der Unverwundbarkeit, die zugleich Grundlage einer florierenden Wirtschaft ist. Kein Zufall, dass Benchley/Spielberg den fatalsten Haiangriff just am 4. Juli, dem amerikanischen Nationalfeiertag, geschehen lassen. Mit mehr Glück als Verstand überleben die beiden anderen Männer den Showdown: der blasse, wasserscheue und brillentragende Polizeichef Brody sowie der spleenige und idealistische, schmächtige Meeresbiologe Hooper, der ebenfalls kein Heldenformat vorweisen kann. (Im Buch wird auch der Meeresbiologe aufgefressen: allerdings hatte er dort auch zuvor eine Affäre mit der Ehefrau von Brody.) Die Verspeisung des anachronistischen Haudegens aber wird der ausführlichste Auftritt des Titelhelden, eines sieben Meter langen Plastikhais nämlich.

Robert A. Mattey, Experte für Spezialeffekte, hatte sich unter anderem durch die Konstruktion des Riesenkalmars für die Verfilmung von *20.000 Meilen unter dem Meer* einen Namen gemacht als Steven Spielberg ihn engagierte, um einen enorm großen Weißen Hai zu bauen. Spielberg taufte das 250 000 $ teure Modell Bruce, weil es ihn stark an seinen Anwalt Bruce M. Ramer erinnerte. Nach etlichem Ärger, Pannen und missglückten Drehtagen soll er ihm dann noch den Beinamen *Großer weißer Scheißhaufen* verliehen haben. Bruce hatte sich nämlich bereits am ersten Drehtag als nicht seetauglich erwiesen und war schon beim Stapellauf umstandslos auf den Meeresgrund gesunken, von wo Taucher ihn bergen mussten. Von Produzent David Brown ist überliefert, dass das spontane Versinken des Plaste-Hauptdarstellers den größten Schreckensmoment des ohnehin aufreibenden Drehs darstellte, weil es vorübergehend die gesamte Produktion infrage stellte. Immer wieder versagte Bruce den Dienst und tat nicht, was im Drehbuch stand, sodass in etlichen Hai-Szenen des Films lediglich die geniale Musik von John Williams einen Hai suggerierte, der gar nicht zu sehen war. Sie brachte ihm den ersten Oscar für eine Originalkomposition ein.

Der Autor Peter Benchley hat später öffentlich bereut, mit seiner Buchvorlage für den Kinohit zum schlechten Image des Weißen Hais beigetragen zu haben. In seinen späteren Jahren engagierte er sich für den Schutz der Tiere und schrieb ein Buch, das der sachlichen Aufklärung dienen sollte. Er wurde zum überzeugten Meeresschützer. Einen Bruder im Geiste hatte er in Richard O'Barry, allerdings einen recht radikalen Bruder. Der militante Delfinschützer befreite in Guerilla-Manier zahlreiche Delfine, saß dafür einige Male im Gefängnis, wurde zu zigtausend Dollar Geldstrafen verurteilt und genießt lebenslanges Hausverbot bei der Internationalen Walfang-Konferenz. Auch er war einstmals an einem Kinoerfolg beteiligt gewesen, der ein großes Meerestier mit dreieckiger Rückenflosse zum Mittelpunkt machte: *Flipper* kam 1963 in die Kinos, hatte zwei Nachfolgefilme und war Ausgangspunkt für mehrere Fernsehserien, die wiederum Remakes erlebten. *Flipper* wurde ähnlich Image-prägend wie *Der weiße Hai*, doch mit genau umgekehrten Vorzeichen. Flipper war klug wie ein Mensch, doch er übertraf *Homo sapiens sapiens* an Edelmut bei Weitem. Die Welt – jedenfalls der Teil, der US-Fernsehserien empfangen konnte – warf sich mit hemmungsloser Liebe auf die Delfine, und das bekam ihnen mindestens genauso schlecht wie den Haien die medial übersteigerte Abneigung. Überall eröffneten Delfinarien und Delfinschauen, wo die Tiere unter miserablen Bedingungen gehalten und zu albernen Kunststückchen abgerichtet wurden, dahinsiechten, depressiv und krank wurden und starben. Für die Dreharbeiten zur ersten Serienstaffel von *Flipper* hatte O'Barry als zuständiger Dompteur mit fünf Delfinweibchen gearbeitet, jahrelang. Nach Abschluss des Drehs wurden die beiden überlebenden Tiere verkauft, und es sollte ihnen nicht gut ergehen. Suzy starb nach kurzer Zeit in einem italienischen Zirkus an Lungenentzündung, Cathy beging sogar Selbstmord – so jedenfalls nach der Darstellung von Richard O'Barry. Diese Ereignisse wurden sein Damaskus-Erlebnis. Fortan kämpfte er mit allen Mitteln für die Freiheit der Delfine. Sein aufrüttelnder Dokumentarfilm *Die Bucht* wurde 2009 mit dem Oscar prämiert.

Die Menschen brauchten nicht erst Filme, um Haie zu fürchten und Delfine zu lieben, doch mit der massenmedialen Überhöhung erreichten beide Regungen neue Dimensionen. Schon die helle Antike sah in den Delfinen höhere Wesen, Götterboten und menschengleiche Gegenüber. Zahlreiche Geschichten erzählen von Schiffbrüchigen, die von Haien gefressen wurden, noch mehr schildern die glückliche Rettung durch Delfine. Vielfach wird berichtet, dass Delfine Schiffen folgen, gewiss aus Neugier und weil sie Menschen so zugetan sind. (Auch Haie folgen Schiffen, doch jeder weiß, dass sie es nur aus Fressgier tun.) Auch beim Fischfang sollen Delfine Menschen geholfen haben, aber natürlich immer nur solchen, die es verdient hatten. Delfine sind Helfer in der Not; sie sind treu, klug, dankbar; sie wissen gute Menschen von Schurken zu unterscheiden, und ach, sie lieben die Musik! Die antike Legende vom Sänger Arion verbindet diese Motive. Arion war bei einer Schiffsreise Piraten in die Hände gefallen. Bevor sie ihn ins Meer warfen, bat er darum, ein letztes Mal singen und musizieren zu dürfen. Das war klug, denn von der Musik wurden sogleich Delfine, Poseidons Boten, angelockt. Als der Sänger sich dann ins Meer stürzte, waren sie zur Stelle und brachten ihn sicher an Land. Arion auf dem Delfin war seit der Antike ein beliebtes Bildmotiv, vor allem aus der frühen Neuzeit stammen dabei teils sehr abenteuerliche Delfin-Darstellungen. Es war im mitteleuropäischen Binnenland damals auch nicht leicht, einen Delfin zu Gesicht zu bekommen. Auch die Knabenliebe war den Delfinen nicht fremd. So berichtet Aelianus von einem Delfin, der in Iasos regelrecht verliebt in einen Jüngling war, und zwar durchaus in »die Schönheit seines Körpers«. Er hatte ihn auf dem ufernahen Sportplatz gesehen und ihn heimlich belauscht, wie er sich am Meer wusch. Da »entbrannte der Delfin in heißer Liebe zu dem Allerschönsten.« Er umwirbt den Jungen, der zunächst Angst hat, gewinnt aber doch seine Zuneigung, bis der sich »stolz von seinem Liebhaber tragen« lässt. Regelmäßig treffen sie sich nun für gemeinsame Ausritte aufs Meer. Doch die Geschichte endet tragisch. Durch ein Versehen verletzt sich der Junge schwer an der aufgerichteten Rückenflosse des Delfins, die wir uns sehr hart und scharf vorstellen müssen, denn »sie verletzte den schönen Knaben am Nabel, mehrere Adern wurden aufgerissen. Das Blut strömte hervor, der Junge starb auf der Stelle.« Der verzweifelte Delfin bringt den Toten daraufhin ans Ufer und springt selbst an Land, um dort neben ihm zu sterben. Die Ionier empörten sich keineswegs über diese Amour fou, sondern waren gerührt von der ungewöhnlichen Romanze und errichteten den beiden Liebenden ein gemeinsames Grabmal. Sie prägten auch Münzen von einem Knaben, der auf einem Delfin reitet (man hat antike Münzen mit diesem Motiv gefunden). Außerdem ehren die Delfine ihre Toten, schreibt Aelianus. Ein verstorbener Delfin werde von seinen Artgenossen ans Ufer gebracht und den Menschen übergeben, damit die ihn ehrenvoll begraben. »Menschen, die rechtlich sind und die Musik lieben, bestatten die Delfine aus Ehrfurcht vor ihrer Musikliebe.« Die Bereitschaft, einen Delfin zu bestatten, scheint ein guter Charaktertest zu sein. Woher aber kommt diese große Zuwendung der Delfine zum Menschen? Lukian lässt in den *Meergöttergesprächen* dazu einen Delfin selbst zu Wort kommen: »Lass dich's nicht wundern, Poseidon, wenn wir den Menschen Gutes tun, da wir selbst aus Menschen Fische geworden sind.« So ist das also: Delfine sind eigentlich Menschen, vielleicht sogar bessere Menschen. Die Evolutionsgeschichte der Meeressäuger konnte antiken Autoren nicht bekannt sein, doch vermutlich wären sie davon wenig überrascht gewesen. Delfine, das ganze große Geschlecht der Wale, sind Tiere der Umkehr. Sie müssen verstanden haben, dass der Weg vom Meer aufs Land, der große evolutionäre Pilgerstrom durch trockene Wüsten hinauf zu den Sternen ein Irrweg war. Vor 50 Millionen Jahren lebte an den Ufern des Tethysmeeres der eigentümliche Pakicetus: ein Säugetier mit vier Beinen, man darf es sich etwa wolfsähnlich vorstellen. Es muss das Wasser geliebt haben, hat mal an Land gejagt und anderntags im Meer, aus dem seine Ahnen stammten, und konnte zwischen beiden Elementen vergleichen. Wann fiel ihm auf, dass im Wasser alles leichter war, die Temperatur gleichmäßiger, das eigene Gewicht kaum zu spüren? Sicher, die Eroberung des festen Landes musste die Ahnen einst viel Kraft gekostet haben, aber war es all das wert gewesen? Die Neigung des Pakicetus zum Meer muss überhandgenommen haben, und auch seine Kinder hat er früh zum Schwimmen angeregt. Nach wenigen Hundert Generationen werden die Gliedmaßen die Form von Paddeln angenommen haben. Die Aufenthalte an Land wurden seltener und hörten schließlich ganz auf. Haare hatten sich inzwischen als überflüssig erwiesen. Wer sein Nasenloch recht weit oben am Kopf trug, hatte im Wasser einen Vorteil. Längst hatte sich die Ahnung des Pakicetus, seine seltsame Sehnsucht nach dem Meer als richtig herausgestellt: seine Nachfahren gediehen dort prächtig und brachten mit dem Blauwal das wohl größte Tier aller Zeiten hervor. So haben wir nun weise Verwandte in den Fluten.

Der babylonische Priester Berossos erzählt vom Fischmenschen Oannes, der allmorgendlich dem Meer entstieg, um mit den Menschen seine Weisheiten zu teilen. Er lehrte sie die Künste, die Rechtskunde, die Schrift und alle anderen Kulturtechniken und kehrte abends ins Meer zurück. Er soll sowohl einen Fisch- als auch einen Menschenkopf gehabt haben, außerdem einen Fischschwanz und zugleich Füße. Eines Morgens blieb Oannes aus. Er kam nicht wieder, man weiß nicht warum. War es, weil die Menschen genug gelernt hatten? Oder weil sie sich als ungelehrige Schüler erwiesen hatten? Jedenfalls soll die Menschheit seitdem keine nennenswerten Fortschritte in der Erkenntnis des Schönen und Wahren mehr gemacht haben. Ob er noch einmal zurückkehren wird, der weise Lehrer aus dem Meer?

Die Evolution des Walgeschlechts war längst bekannt, als Sinnsuchende des zwanzigsten Jahrhunderts einen neuen Anlass zur Umkehr ausmachten. Abendländische Sterndeuter erklärten, der Frühlingspunkt sei in ein anderes Ekliptiksternbild gewandert, was den Anbruch einer neuen Epoche bedeutete: das Zeitalter des Wassermanns. Um die Bedeutung dieses Ereignisses zu würdigen, muss man wissen, dass so etwas nur alle zweitausend Jahre geschieht; zuletzt also etwa zur Zeit von Christi Geburt, was als Ausrufezeichen deutlich genug sein dürfte. Das Hippie-Musical *Hair*, 1968 uraufgeführt, beginnt mit der Hymne »Age of Aquarius« und zeigt vieles von dem, was das neue Zeitalter ausmachen sollte: Pazifismus, lange Haare, neue Drogen, neuen Sex, neues Bewusstsein. *Persönliche und gesellschaftliche Transformation im Zeitalter des Wassermanns* lautet der Untertitel von Marylin Fergusons New-Age-Manifest *The Aquarian Conspiracy*. Jede Veränderung schien damals möglich; die Vision des ganz Anderen, der radikalen Umkehr war so konkret wie nie zuvor. Verrücktheiten waren in Kauf zu nehmen, denn das Normale war an ein Ende gekommen. Man blickte auf die erste Hälfte des zwanzigsten Jahrhunderts und war sicher, dass nur alles besser werden könnte als das. Und hatten nicht Weltraumfahrt, LSD und Antibabypille in der Tat neue Welten erschlossen? Auch das Erscheinen der Beatles bestätigte für viele den Anbruch einer neuen Epoche. In dieser Zeit begann der Biologe und Neurophysiologe John Lilly sich den Delfinen zuzuwenden.

John Lilly hatte sich bereits mit Drogen und Außerirdischen beschäftigt und den Isolationstank erfunden, als er vom Wunsch beseelt wurde, mit Delfinen zu kommunizieren – allerdings nicht in der Manier konventioneller Verhaltensforschung. Lilly war von der Intelligenz und dem menschenähnlichen Bewusstsein der Delfine so überzeugt, dass er zuversichtlich war, ihnen Englisch beibringen zu können. Eine auserwählte Gruppe von Delfinen sollte die Sprache nicht nur verstehen, sondern auch zu sprechen und zu artikulieren lernen, und zwar mit Hilfe ihres Blaslochs. Lilly hatte den Plan, die Delfine nach abgeschlossenen Englisch-Lektionen ins Meer zu entlassen, damit sie dort als Botschafter ihre Sprachkenntnisse an die Artgenossen weitergeben könnten, sodass die Englischkenntnisse unter den Delfinen der Weltmeere allgemein verbessert würden. Wer das etwas abgedreht findet, sollte wissen, dass die NASA das Forschungsprojekt mit Geld und großer Ernsthaftigkeit förderte. Die Weltraumbehörde erhoffte sich daraus Anhaltspunkte, wie man auch Außerirdischen künftig Englischunterricht erteilen könnte, denn neuerdings war ja jeden Tag mit extraterrestrischen Begegnungen zu rechnen. Zu welcher grauen Nüchternheit hat sich doch unsere Vorstellungswelt seit den Sechzigern entfärbt …

Um sein ambitioniertes Projekt umzusetzen, ließ Lilly ein Delfin-Haus einrichten, in dem Mensch und Delfin dank halb gefluteter Bereiche gemeinsam leben konnten. Dabei ging es ihm nicht nur um regelmäßige Lektionen, sondern auch um eine Utopie eines intensiven Miteinanders und Austauschs zwischen den Spezies. Er war überzeugt, in den Delfinen reinere, friedlichere Wesen anzutreffen, die den Menschen helfen konnten, neue Bewusstseinsebenen zu erlangen; er spricht mit Bewunderung von ihrer Ethik und ihrer Zivilisation. Er beschreibt Glanz und Elend seines Projekts in dem Buch *The Mind of The Dolphin*, worin auch Margaret Howe mit ausführlichen Berichten zu Wort kommt. Die junge Frau hatte von dem Projekt gehört und sich begeistert als Mitarbeiterin beworben. Am 7. Februar 1964 wurde sie Mitglied des Forschungsteams auf der Karibikinsel St. Thomas und war an verschiedenen Experimenten beteiligt, bevor sie im Sommer 1965 für einige Monate mit dem Delfin Peter in eine Art Wohngemeinschaft zog. Sie waren Tag und Nacht beisammen, um voneinander zu lernen. Man muss zugeben, dass Peters Fortschritte überschaubar blieben. Die Artikulation fiel ihm schwer, doch die Silbenfolge nachzuahmen verstand er durchaus. Hier ein Ausschnitt aus Howes

Transkription einer Übungseinheit (xxx steht für einen humanoiden, doch nicht artikulierten Laut; die Anzahl der x deutet die Länge der Lautäußerung an):

Margaret:	*Say BA SKET BALL*
Peter:	*xx*
	xx xx xx
Margaret:	*No, BA SKET BALL*
Peter:	*xxxx xx xx*
Margaret:	*Better. (küßt Peter auf den Kopf) say ... MMAGRIT*
Peter:	*eh xxx*
Margaret:	*no, not EH It's MMM. MMM MMMMM MMAGRIT*
Peter:	*Mxx xxx*
Margaret:	*Yes! Yes! [...] Say ... BALL*
Peter:	*xxx xxx*
Margaret:	*No, not MAGRIT. BALL with a BEE. Say ... BALL*
Peter:	*baww*
Margaret:	*Yes BAWL! Good!*

Allerdings hatte Peter auch mit Konzentrationsschwächen zu kämpfen. Man muss wissen, dass Delfine allgemein sexuell sehr aktiv und allen denkbaren Spielarten gegenüber aufgeschlossen sind. Insbesondere junge Männchen werden häufig von intensiven Begierden heimgesucht. Margaret Howe, auch hier ganz Kind ihrer Zeit, sah diesem Problem vorurteilsfrei und unverklemmt ins Auge. Peters ständige Erektionen brachten sie keineswegs in Verlegenheit, beeinträchtigten allerdings die Lernatmosphäre, und sie sann auf Abhilfe. Peter ab und zu in

Kontakt zu den beiden Weibchen im Obergeschoss zu bringen, würde ihn sicher entspannen. Das funktionierte allerdings nur vorübergehend, und Peter geriet sehr häufig in Erregung. Hier beschreibt sie ihre Lösung: »Ich entdeckte, daß er irgendeine Art von Orgasmus erreichte, wenn ich seinen Penis in die Hand nahm und ihn sich gegen mich pressen ließ; er hatte das Maul offen, die Augen geschlossen, der Körper schüttelte sich, dann entspannte sich sein Penis«. Offensichtlich betrachtete Peter Margaret als potenzielle Partnerin und umwarb sie häufig, doch so ein stürmischer Jungdelfin in voller Fahrt war auch der aufgeschlossenen Margaret nicht geheuer – es wäre dann wohl doch zu wild zugegangen. Peter schien sich dessen bewusst zu sein, denn er erfand andere, für Menschenweibchen verträglichere Formen der Zärtlichkeit: »Peter schiebt sein Maul sanft über mein Schienbein. Sein Maul öffnet sich dabei, und er beginnt an meinem Bein auf und nieder zu fahren. Dann das andere Bein. [...] dadurch, daß er sein Verhalten mir anpaßt, will er mir wohlgefällig sein; es ist wirklich ein sehr angenehmes Gefühl!«

Das Verhältnis zwischen den beiden war nicht ganz gleichgewichtig, doch offenbar einvernehmlich und für beide freudvoll. Bereits während des laufenden Projekts sah Margaret Howe keinen Grund, einen Hehl daraus zu machen. Das allerdings überforderte die interessierte Öffentlichkeit, und ein einseitiger Artikel im Porno-Magazin *Hustler* trug nicht gerade zur Deeskalation bei. Zudem war bekannt geworden, dass Projektleiter John Lilly, schon immer dem Drogengebrauch gegenüber sehr aufgeschlossen, mit den Delfinen gemeinsam LSD genommen hatte – allerdings hatten die Tiere nicht erkennbar darauf reagiert, viel schwächer als der Projektleiter jedenfalls. Und schließlich waren auch Peters Englischkenntnisse recht bescheiden geblieben, kein Wunder bei diesem Lebenswandel. Sodomie, LSD-Konsum und ausbleibende Lernerfolge – das brachte das Land der unbegrenzten Möglichkeiten an die Grenzen seiner Toleranz. Die NASA zog sich aus dem Projekt zurück, das Delfinhaus war nicht weiter tragbar und die Delfine konnten nicht bleiben. Peter kam nach Miami.

Lilly hätte seinen Schützlingen gar kein LSD anbieten müssen. Delfine wissen schon, was ihnen weiterhilft und wie man es beschaffen kann. Gerade von jugendlichen Delfinen ist bekannt, dass sie sich gern treffen, um sich einen Kugelfisch zu teilen: Diese Tiere sind giftig, doch in der richtigen Dosis sorgt ihr Gift für angenehme Rauschzustände. So lassen die Delfine gern einmal einen Kugelfisch rundgehen, sie piesacken ihn, bis er sein Gift ausschüttet, dann knabbert jeder ein wenig an ihm und reicht den aquatischen Joint weiter. Sind alle ordentlich zugedröhnt, schwimmen sie taumelnd im Kreis und machen miteinander rum. Die große sexuelle Aufgeschlossenheit von Delfinen wurde schon erwähnt; in ihrem Einfallsreichtum und der unbekümmerten Partnerwahl scheinen sie nur mit Bonobos und manchen Menschen vergleichbar. Dabei ist ihnen auch sexuelle Gewalt nicht fremd; man weiß, dass junge Männchen sich zusammentun, um eine Delfinin in die Enge zu treiben und zur Paarung zu zwingen. Dergleichen kommt bei verschiedenen Säugetierarten vor; speziell bei solchen, die wir *höherentwickelt* nennen. – Delfine verfügen mit ihren Klicklauten über ein Verständigungssystem, dessen Sprachähnlichkeit man noch nicht ganz ermessen kann. Fest steht aber, dass jeder einzelne Delfin einen individuellen Signaturpfiff besitzt, den er immer behält und an dem ihn Artgenossen noch nach vielen Jahren wiedererkennen. Nichts anderes im Tierreich kommt unserem Konzept eines persönlichen Namens näher. Und wem es mit den menschlichen Parallelen noch nicht genug ist, der sei auf ein weiteres, trauriges Privileg hingewiesen. Delfine haben keinen Atemreflex, ihr Luftholen ist vielmehr ein intentionaler Akt. Ebenso ist es ihnen möglich, das Atmen absichtsvoll einzustellen. Genau das hat der lebenslustige Peter kurze Zeit nach der Auflösung der Wohngemeinschaft mit Margaret getan. Er hat sich das Leben genommen.

Einem Hai käme so etwas nicht in den Sinn. Verglichen mit Delfinen sind Haie rein und glatt und klar. Sie sind keine erleuchteten Umkehrer, die unter ihrer Heiligkeit geheime Lüste und Laster verbergen. Haie sind geradeaus und schnörkellos. Wie Waffen, wie Metall, wie Zähne.

Freilich, Haie sind verrufene Tiere: als brutale, emotionslose, perfekt ausgestattete Mörder von gnadenloser Effizienz. Aber sie werden auch bewundert, verehrt und gerühmt: als brutale, emotionslose, perfekt ausgestattete Mörder von gnadenloser Effizienz. Jedes Tier, egal wie missachtet und eklig, gefürchtet oder verabscheut, wird doch einen Fürsprecher finden, der auf die andere Seite aufmerksam machen will: dass es doch zugleich klug sei oder nützlich, dieses Tier, liebevoll und sensibel, ein eleganter Flieger, kühner Taucher, und so weiter. Doch die Verteidiger der Haie gehen einen anderen Weg. Wenn es dem Ängstlichen vor den Haien graut und er sie als schreckliche Killermaschinen fürchtet, da glänzen dem Haifreund die Augen, während er langsam nickt: Ja, das sind sie! Der Gedanke, dass das Fürchterliche, Grausame, Unbarmherzige die Welt regiere, möchte die meisten Menschen verzweifeln lassen. Doch einigen anderen zieht dieser Gedanke das Rückgrat stramm. Ihnen ist

Gewalt etwas Schönes, der Untergang etwas Erhabenes, die Grausamkeit leuchtet ihnen wie dunkles Gold. Ein finsterer Drang ist da im Menschen, in manchen jedenfalls, der das Morbide glanzvoll erscheinen lässt. Was liebt der Waffennarr an seinem Tötungsinstrument, am Schlachtungsgestell? Die Macht sicherlich, durch Furcht über andere zu herrschen, doch scheint er im Todbringenden auch eine eigene Ästhetik zu erblicken.

Der Hai wird als Spitzenprädator gerühmt, Flaggschiff der Raubfischflotte, leistungsfähigstes Waffensystem der Evolution. Schon seine Form erinnert an Torpedos, Boliden, Marschflugkörper. Er ist mit allen erdenklichen Funktionalitäten ausgestattet, die Haifans und Sammler von Waffenmagazinen zum Schwärmen bringen. Die Haut der Haie ist mit kleinen Zähnchen übersät, die gleichmäßig nach hinten gekämmt sind. Streichelt man einen Hai von vorn nach hinten, fühlt er sich glatt an; in der entgegengesetzten Richtung wirkt die Haut wie Sandpapier – als solches wurde sie auch tatsächlich eingesetzt. »So du ihn streichest vom Schwantz gegen den Kopf als eine Feile«, schreibt schon Conrad Gesner in seinem *Vollkommenen Fischbuch* (1670). Manche Arten haben so scharfe Hautzähnchen, dass sie einem Angreifer damit Wunden beibringen können, eine Ganzkörperwaffe. Diese Haut hat artspezifisch noch weitere verblüffende Funktionen. Ihre raue Oberfläche verringert den Wasserwiderstand beim schnellen Schwimmen und sorgt sogar für einen Vortrieb durch die feinen Strömungen, die sich zwischen den kleinen Zacken der Schuppen bilden. Die Weibchen mancher Arten sind dort mit besonders robusten Schuppen ausgestattet, wo das Männchen sie im Furor der Paarung zu beißen pflegt. Sie pflegen der Liebe nicht mit Zartheit … – Die Dentikel oder Placoidschuppen der Haihaut ähneln nicht nur Zähnen, sie sind es in gewisser Weise tatsächlich und gleichen den Zähnen des Maules in mancher Hinsicht. Das Gebiss erneuert sich regelmäßig, denn hinter der vordersten Reihe warten schon mehrere Reihen an Ersatzzähnen. Außerdem verfügen Haie über verblüffende Möglichkeiten der Sinneswahrnehmung. Ihr Geruchssinn ist von enormer Feinheit, zwei Drittel des Hirnvolumens sind der Verarbeitung von Geruchseindrücken vorbehalten. Sie nehmen Duftstoffe noch in unerhörter Verdünnung wahr. Einen Sinn mehr als wir, einen buchstäblich sechsten Sinn besitzen die Haie in Gestalt der *Lorenzinischen Ampullen.* Mit ihnen können sie elektrische Felder wahrnehmen, insbesondere die, die durch den Herzschlag von Beutetieren in ihrer letzten Lebensphase entstehen; aber auch das Erdmagnetfeld. Kenner elaborierter Waffentechnologie mögen die Sinneswahrnehmungen der Haie mit einem komplexen Radar- und Nachtsichtgerät vergleichen. William McKeever, ein großer Haifreund und Autor des Buches *Emperors of the Deep* weiß für den hochspezifizierten Mako-Hai keinen schöneren Lobpreis, als ihn die F-35 unter den Haien zu nennen. Die F-35 ist ein Tarnkappen-Mehrzweckkampfflugzeug jüngster Generation; es verfügt über Infrarot, Rundumüberwachung, multifunktionale Radarsysteme und über die neusten Möglichkeiten der elektronischen Aufklärung, wie etwa das Erfassen von Radaremissionen, Warnung vor anfliegenden Raketen oder die Ortsbestimmung von gegnerischen Radaren. Sie kann mit einer reichen Auswahl an Raketen und Bomben ausgerüstet werden, beginnend mit einer zierlichen 25 mm-Kanone bis hin zu Atombomben. Man könnte sie die Stradivari unter den Kampfflugzeugen nennen; aber niemand tut das. Auch behauptet keine Legende, dass Haie durch Saitenspiel zu betören seien; wir hätten das eh nicht geglaubt.

Die Perfektion und das Tödliche ziehen einander in Wahlverwandtschaft an. Der Hai, ein vollendeter Jäger, eine vollendete Waffe? Ist das Perfekte nicht immer ertötend und tot zugleich? Das Vollendete, das Ende jeder Entwicklung, allen Irrens, Probierens, Vortastens, Zurückweichens, der Eintritt der Unveränderlichkeit, die finale Abgeschlossenheit, die Erstarrung – das kann nur der Tod sein. Perfekt ist nur der Tod. Vor hundert Millionen Jahren betrachtete die Evolution zuletzt den Hai, prüfte, und sah, dass es gut war. Seitdem umgibt den jagenden Hai eine Todeszone der Vollkommenheit. »Die Haie haben alles, wovon ein Naturwissenschaftler träumt. Sie sind schön – Gott, wie schön sie sind! Sie sind ein vollkommen funktionierendes Räderwerk«, so schwärmt Hooper im Roman *Der weiße Hai*. Schönheit sei nichts anderes als vollendete Funktionalität?

Die Begeisterung für den perfekt konstruierten Hai ist bei Lichte besehen allerdings Unfug. Jedes Tier ist seinen Lebensbedingungen ›perfekt‹ angepasst, sonst wäre es nicht da. Perfekt sind die Ameise, das Gänseblümchen, das Faultier und das Warzenschwein. Halbherzige Übergangsformen sind ausgestorben oder haben ihre Anpassung eilig vorangetrieben. Sie alle sind perfekt, durch den Überlebenskampf und die unerbittliche Auslese gestärkt, und stellen eine bewundernswerte, einmalige Kombination von Survival Skills dar. Gerade den Hai hervorzuheben, weil er an der Spitze der Fresskette steht, ist feiger Opportunismus oder aber nackte Fetischisierung des größten Mordpotenzials. An Land soll der Löwe König der Tiere sein dürfen, aber warum? Weil er alle anderen frisst? Ist das derart bewundernswert? Doch den toten Löwen fressen am Ende die perfekten Würmer und summen ein Lied dabei. Allein einem einzigen, heute lebenden Tier müssen wir einen leider nur sehr eingeschränkten Grad an Lebenstauglichkeit bescheinigen. Es hat einen unförmig großen Kopf, sodass schon die Geburt für das Muttertier eine Strapaze darstellt, an der es oft zugrunde geht und der Wurf gleich mit. Trotz langer Tragzeit sind die Jungen jahrelang völlig hilflos. Das Fell ist bis auf wenige Stellen zurückgewichen; nun frieren sie, wenn sie nicht Sonnenbrand kriegen; jeder Regen durchnässt sie, bei jedem Kratzer wird geblutet. Klagen tun sie in jedem Fall, wenn sie nicht gleich Lieder aus ihren Schmerzen machen. Ihre Krallen sind verkümmert, kraftlos der Biss, die Zähne sind weich und fallen leicht aus. Knie und Rücken, übereilt für den aufrechten Gang umdeklariert, schmerzen bald. Sicher eine unhaltbare Übergangsform; eine flüchtige Design-Studie der Natur, kurz vor Feierabend aufs Papier geworfen. Für gewöhnlich pflegt die Evolution mit solchen Fehlversuchen nicht lange zu fackeln. Zunächst versteckten sich diese Tiere in Höhlen, um der sicheren Ausrottung eine Weile zu entgehen. Dann kam auch noch die Eiszeit. Doch da begannen diese Tiere, ihre Mängel auszugleichen. Sie beschafften sich Hilfsmittel: Stahlen das Fell anderer Tiere, webten sich Hüllen – bald mit Mustern –, schafften sich aus Stein und Erz künstliche Zähne und Klauen mit Griffen daran. Zähmten andere Tiere und erfanden Maschinen, deren Kraft sie sich liehen. Und sie übten sich: wurden sportlich, hart wie Stahl, zäh wie Leder, wasserabweisend und atmungsaktiv wie Gore-Tex. Nun gibt es für sie kein schlechtes Wetter mehr, sondern nur ungeeignete Kleidung. Und immer ist ein Faustkeil zur Hand, ein Leatherman, ein Schwingschleifer, ein Schweizer Offiziersmesser, ein Bohrhammer, ein Schnellfeuergewehr. Eine Waffe zu besitzen ist im Lande des Weißen Hais ein Grundrecht. Männliche Jugendliche erhalten in manchen Provinzen zur Initiation ihres Mannesalters eine Knarre.

Doch seltsam: Ein Teil der Population schwänzt das Überlebenstraining. Einige beharren darauf, dass es sehr wohl schlechtes Wetter gäbe, und bleiben drinnen hocken, bis es vorüberzieht; in Spelunken und Flamenco-Bars, in Jazz-Kellern und Caféhäusern. Dort sinnieren sie über geistigen Getränken, zerblättern das Feuilleton, machen dem Papier Verse und dem Nachbartisch schöne Augen und üben sich auf der Knochenflöte. Man ahnt es schon, mit solchen ist kein Krieg zu gewinnen noch anzufangen. Hoffnungslose Zivilisten, aus tiefstem Herzen untauglich. Nicht Sieger- noch Ehrenurkunden streben sie an und auch keine Nahkampfspange.

Was denn wohl wäre, wenn die Haifische Menschen wären? – das wird Herr Keuner in Bertolt Brechts Geschichte gefragt. Ob's den kleinen Fischen dann besser erginge? – So fragt die Tochter der Wirtin. Keineswegs, erklärt Herr Keuner; Menschen an Haies statt würden ein Nazi-Regime errichten, in dem die kleinen Fische freiwillig und unter patriotischem Jubel zu ihren Schlachtstätten strömten. Aus diesem Gleichnis sollen wir lernen, was wir eh schon wussten: dass Faschisten schlimmer sind als Haifische. Ja gut. Aber niemand hat Herrn Keuner gefragt, was wohl wäre, wenn die *Delfine* Menschen wären? Delfine sind ein lasterhaftes, liebestolles, sentimentales Volk, sie brauchen genügend Drogen, um durch die Nacht zu kommen, und viel Sex und viel Gerede. Sie können rasend werden vor Wut und rasend vor Begierde, sie betrauern ihre Toten und können an Liebeskummer zugrunde gehen. Ob sie wirklich der Musik verfallen sind, ist nicht erwiesen; aber bis dahin ziehen wir es vor, davon auszugehen. »Freundliche Delfine, verbündet Euch mit uns!« – Mit diesem Appell beendet John Lilly sein euphorisches Delfin-Manifest. Genau besehen ist das längst der Fall. Wenn die Delfine Menschen wären? Vielleicht würden wir es kaum bemerken.

Spinnen

Was wird die Zukunft bringen? Ich weiß es nicht. Wenn eine Spinne von einem festen Punkt sich in ihre Konsequenzen hinabstürzt, da sieht sie stets einen leeren Raum vor sich, in dem sie nirgends Fuß fassen kann, wie sehr sie auch zappelt. So geht es mir. Dieses Leben ist verkehrt und grauenhaft, nicht auszuhalten.

– SØREN KIERKEGAARD, *Entweder – Oder*

Nur wenige Tiere haben es als Auslöser von Angst und Ekel so weit gebracht, dass ein veritables Krankheitsbild nach ihnen benannt worden wäre. Die Angst vor Hunden, die Kynophobie, hat sicherlich einen berechtigten Ursprung: Viele Menschen werden jedes Jahr von Hunden gebissen, immer wieder kommt es vor, dass insbesondere Kinder von einem Hund angefallen und verletzt werden. So ein traumatisches Erlebnis kann Auslöser einer Phobie werden. Auch die Angst vor Katzen ist relativ weitverbreitet, wobei man sich vorstellen kann, dass in manchem Fall eine Kratzattacke in der Kindheit dahinterstecken mag. Auch Mäuse und Ratten als Schmarotzer und Krankheitsüberträger zu verabscheuen ist – diesseits regelrechter Panik – gar nicht unberechtigt. Das könnte man auch für die Angst vor Schlangen sagen, denn viele Schlangen sind giftig – allerdings nicht in unseren Breiten. Selbst die häufig vorkommende, ganz ungefährliche Ringelnatter ist selten anzutreffen. Und kaum jemand, der in Mitteleuropa unter Ophidiophobie, der Schlangenangst, leidet, dürfte dort jemals von einer Schlange bedroht oder angegriffen worden sein. Die Gründe für die verbreitete Schlangenangst müssen also woanders liegen als in persönlichen, traumatischen Erfahrungen. Man darf etwas Überindividuelles dahinter vermuten. Das gilt für die Spinnenangst umso mehr. Giftige Spinnen gibt es in Deutschland so gut wie nicht. So wird sich kaum ein Arachnophobiker finden, der von einem gefährlichen Erlebnis mit einer Spinne berichten könnte. Dennoch ist die panische Angst vor Spinnen die häufigste unter den spezifischen Phobien.

Ein Erklärungsversuch für Arachnophobie beruft sich auf eine genetisch verankerte Urangst. Experimente zeigten, dass wenige Monate alte Kinder auf Bilder von Spinnen und Schlangen mit Stressanzeichen reagierten. Die These der Urangst besagt, dass sich vor vielen Jahrmillionen Bilder von gefährlichen Tieren so fest in Primatenhirne eingebrannt haben, dass sie sich über Hunderttausende Generationen hinweg bis zu uns hin weitervererben konnten und uns daher unabhängig von individuellen Erfahrungen in einen instinkthaften Alarmzustand versetzen. Ein solches Phänomen kann man bei elternlos ausgebrüteten Hühnerküken beobachten: Wenn sie zum ersten Mal im Freien scharren dürfen, muss ihnen niemand sagen, was die Silhouette eines Raubvogels bedeutet. Sie geraten beim ersten Bussard ihres Lebens sofort in Panik und suchen Deckung. Niemand hat ihnen das beibringen müssen, und sie konnten sich auch nicht das Verhalten erfahrener Artgenossen zum Vorbild nehmen. Bestimmte Reize lösen instinkthafte Reaktionen aus, und wie das Huhn auf den Raubvogel könnte der Mensch auf die achtbeinige Silhouette der *arachnidae*, der Spinnentiere reagieren.

Doch nicht alle mit Arachnophobie befassten Wissenschaftler sind von der Urangst-These überzeugt. Spinnenangst scheint auch stark kulturell bedingt zu sein; dafür spricht, dass sie in verschiedenen Kulturen ganz unterschiedlich stark ausgeprägt ist – und gerade in Regionen, in denen man tatsächlich auf gefährliche Giftspinnen treffen könnte, scheint sie weniger häufig. Das weist darauf hin, dass Spinnenangst vorwiegend erlernt und eher als Zivilisationsphänomen anzusehen wäre. Die Urangst-These setzt auch voraus, dass eine genetisch angelegte Spinnen-Alarmbereitschaft für unsere frühen Vorfahren einen relevanten Selektionsvorteil bedeutet hätte. Beim Hühnerbeispiel ist das sicher der Fall: Küken, die sich beim Anblick eines Hauptfressfeindes schnell verstecken, haben bestimmt eine messbar erhöhte Chance, ihre Gene weiterzugeben. Aber war der Tod durch Spinnenbiss bei unseren Ahnen eine so reale und häufig auftretende Gefahr, dass ein Spinnenvermeidungsverhalten ein evolutionär wirksames Plus ausgemacht hätte? Das ist schwer zu sagen. Spinnen sind entwicklungsgeschichtlich sehr alte Tiere und haben sich seit vielen Jahrmillionen kaum verändert; nichts spricht dafür, dass es in den Tagen der frühen Primaten wesentlich größere oder gefährlichere Spinnen gegeben hätte. Wenn kaum je ein Artgenosse von Spinnen getötet wird, ist es auch kein besonderer Überlebensvorteil, vor ihnen reflexhaft zu fliehen. Von Spinnen ausgelöste Panikreaktionen bei Autofahrern hingegen verursachen immer wieder schwere Verkehrsunfälle und sind somit – in den gemäßigten Zonen jedenfalls – gefährlicher als die Spinne selbst. Es scheint, als wäre die Abneigung, der Ekel, ja die schiere Panik vor Spinnen weder berechtigt noch rational erklärbar. Und wenn sie anerzogen, von Eltern auf Kinder übertragen wäre – so müsste sie doch in irgendeiner vorangegangenen Generation einen Grund gehabt haben. Aber welchen? Es gibt sehr viele Spinnen auf der Welt – auf einer artenreichen Sommerwiese soll man bis zu zweihundert Exemplare pro Quadratmeter finden können, und jemand hat errechnet, dass man sich eigentlich nie weiter als höchstens drei Meter von einer Spinne entfernt befindet. Doch die manische Angst der Menschen beantworten die Spinnen mit einer Gleichgültigkeit, die größer nicht sein könnte. Spinnen interessieren sich nicht im Geringsten für Menschen.

Für die Aufladung der Spinne mit finsteren Absichten könnte ihr Gestus, ihre eilige, bestimmte Art der Bewegung eine Rolle spielen. Sie verharrt lange bewegungslos, dann läuft sie plötzlich und entschlossen los, wenn es einen klaren Impuls dafür gibt. Die Spinne schlendert nicht. Sie ist nie unschlüssig. Die Spinne ist immer klar. Sie tut nichts ohne Sinn, und was sie tut, tut sie ohne zu zögern, schnell und zielstrebig. Ihre staksigen Beine arbeiten mit größter Sicherheit und Präzision, das Weben des Netzes folgt einem über Jahrmillionen perfektionierten Plan. Fehlerfrei und unaufgeregt, aber mit voller Konzentration überwältigt sie ihr Opfer, lähmt es durch einen gezielten Biss und fesselt es maschinenschnell mit vollendeter Fadenführung. Ihre Gestalt, mehr Zeichnung als körperliche Substanz, ist manifestierte Klugheit.

Schon immer haben Menschen Tiere betrachtet und sich Gedanken über sie gemacht. Dabei haben werktätige, produzierende Tiere den Menschen stets besonders zu denken gegeben. Während die meisten Tiere als Jäger und Sammler ihr Dasein fristen, fallen einige auf, indem sie kunstvolle Nester bauen, Dämme errichten, Baumhöhlen zimmern, Honig herstellen oder wenigstens Lieder singen. Solche Tiere machen dem Menschen ein besonderes Angebot, sich in ihnen zu spiegeln, und gewöhnlich genießen sie als redliche Handwerksleute besonderes Wohlwollen. Die Spinne nun verdient mit ihrer Webkunst ebenfalls Augenmerk, doch da sie ihre Fertigkeit und Raffinesse für arglistige Hinterhalte nutzt, werden ihr Hass und Verachtung zuteil. Das Einsiedlertum, verbunden mit großer Autarkie, geheimen Plänen und unerklärlichen Fertigkeiten, macht die Spinne zu einer hexenartigen Gestalt. »Hüte Dich vor dem Netz der Spinne, in ihrer Gewalt erleiden wir den grausamsten Tod. Sie ist herzlos und tückisch und läßt niemanden mehr frei«, so wird die junge Biene Maja gewarnt, doch umsonst: Mitten im Leben fühlt sie sich plötzlich von klebrigen, lähmenden Fäden umfangen. »Ihr Entsetzen war unbeschreiblich, als sie das Ungeheuer ganz ernst und still wie zu einem Sprung geduckt unter dem Blatt hocken sah. Die Spinne sah mit bösen funkelnden Augen auf die kleine Maja, in einer boshaften Geduld und grauenhaft kaltblütig. [...] Schlimmer konnte auch der Tod selbst nicht aussehen als dieses braune, behaarte Ungetüm mit seinem bösen Gebiß und den hochstehenden Beinen.« In Waldemar Bonsels' Insektengesellschaft hat die Spinne einen besonders hässlichen Part zu spielen. Der Autor zeichnet sie als grausame Diva, die der armen Maja noch maliziöse Vorwürfe macht, weil sie mit ihrem Gezappel das schöne Netz beschädigt hätte – empört muss man lesen, wie sich die treuherzige Maja auch noch dafür entschuldigt. Obwohl das Netz seinen Zweck genau dadurch erfüllt, dass ein Insekt sich darin verfängt, dichtet Bonsels der Spinne neben diabolischer Pragmatik noch die Eitelkeit einer Künstlerin an, die ihr wunderbares Werk am liebsten unversehrt erhalten möchte.

Wunderbar sollen auch die Fertigkeiten der jungen Weberin

Arachne aus Mäonien gewesen sein. Von nah und fern seien die Nymphen gekommen, erzählt Ovid, um ihre herrlichen Tuche zu bewundern. Man glaubte, nur Pallas Athene selbst habe ihre Lehrmeisterin sein können, doch diese Vermutung wies Arachne weit von sich: Das habe sie alles aus sich heraus gelernt, diese Pallas konnte ihr nichts beibringen! Man ahnt schon, dass sie so besser nicht von einer Göttin gesprochen hätte, die sich ihrerseits so viel auf ihre Webkunst einbildet. Es kommt, wie es kommen muss: Die beleidigte Pallas fordert Arachne zum Wettstreit der Weberinnen heraus, und beide erschaffen prachtvolle Webereien mit fantastischen Szenerien und Bildmotiven (aus der griechischen Mythologie übrigens, als hätten sie Ovid gelesen). Das Tuch von Pallas ist eindrucksvoll und kunstreich, aber ein Blick auf das von Arachne lässt keinen Zweifel: Die junge Frau kann noch besser weben als die Göttin. In der griechischen Mythologie kommt es immer wieder zum Kräftemessen zwischen einem Menschen und einer Gottheit. Verliert der Mensch, ist das für ihn schlecht; weitaus übler aber ist es, wenn er gewinnt. Man denke nur an das Schicksal des armen Marsyas, der Apollon im Flötenspiel übertraf – eigentlich, bis der eitle Musengott im Nachhinein die Regeln änderte, sich selbst zum Sieger erklärte und dann Marsyas bei lebendigem Leib die Haut abzog. Als Pallas jedenfalls Arachnes Gewebe erblickt, reagiert sie hysterisch wie eine entzauberte Primadonna. »Sie zerriß das bunte Gewebe [...]. Mit dem Weberschiffchen, das sie gerade in der Hand hielt, schlug sie drei-, viermal Arachne an die Stirn. Die Unglückliche ertrug es nicht und schnürte sich stolz mit einer Schlinge die Kehle zu.« Es ist zum Erschaudern: Mit dem Werkzeug ihres Triumphs, dem Webfaden, vollbringt Arachne einen zweiten, bitteren Triumph, indem sie sich durch Selbstmord dem Zorn der Göttin *stolz* entziehen will! Allein, Pallas Athene lässt das nicht zu. Sie errettet Arachne, verwandelt sie jedoch in eine Spinne, in die Urmutter und Namensgeberin aller Spinnen, der *arachnida.* »Bleibe zwar am Leben, aber hänge, Vermessene! damit du dich für die Zukunft nicht in Sicherheit wiegst«, so ruft Pallas ihr nach. Die Webkunst also bleibt ihr, ja sie wird sogar den Spinnfaden aus ihrem Leib hervorbringen können; aber das Schweben im Ungewissen wird fortan ihr Verhängnis sein.

Nicht von ungefähr sind es in dieser Erzählung zwei Frauen, die in Wettstreit miteinander gehen. Das Weben ist eine der frühesten menschlichen Handwerkskünste. Die ältesten archäologischen Zeugnisse entstanden vor über 30 000 Jahren, die Kunst selbst könnte noch wesentlich älter sein, vermutlich sogar älter als das Töpfern. Von Homer bis Schiller (»Ehret die Frauen, sie flechten und weben«) werden Spinnen und Weben als spezifisch weibliche Tätigkeiten geschildert, woran sich bis heute nur wenig geändert zu haben scheint, wie die Teilnehmerinnenlisten heutiger Volkshochschulkurse belegen. Textil und Text sind offensichtlich etymologisch gleichen Ursprungs; auch der Text ist ein Gewebe, die Schrift füllt in gleichmäßigen Reihen das Blatt wie ein Webfaden. Struktur ordnet ein Durcheinander haltloser Fädchen zum festen Gewebe; Struktur schichtet und verdichtet lose Worte zur Geschichte, zum Gedicht. Texte wie Textilien entstehen wie aus dem Nichts, allein durch Arbeit und Struktur. Natürlich muss der verwebbare Faden erst gewonnen werden, dafür werden Pflanzenfasern oder Tierwolle zum Garn gedreht und gezogen, beides im richtigen Verhältnis, damit der Faden gleichmäßig gerät, weder knotig wird noch zerfällt. Das Fortspinnen ist also eine große Kunst, und auch ein Erzählfaden kann sich verknoten, verwirren, reichlich dünn geraten oder reißen. Die Spinne vollbringt beide Gewerke zugleich, sie spinnt und webt, und man weiß gar nicht, worüber man mehr staunen soll. Auch die Parzen, mächtige Schicksalsgöttinnen der römischen Mythologie, sind Spinnerinnen. Sie spinnen den Lebensfaden der Menschen. Die dritte von ihnen, Moira oder Morta genannt, hat die Aufgabe, den Lebensfaden zu durchtrennen, zur rechten Zeit – wann immer das wäre.

Zugleich ist der Mythos von Arachne eine Geschichte der Autonomie. Weberin aus eigenem Recht will sie sein und niemandes Schülerin, auch nicht einer Göttin, darauf beharrt sie. Als Pallas selbst auf den Plan tritt, erstarren alle in Ehrfurcht, nur Arachne ist »als einzige unerschrocken«. Später erhängt sie sich lieber, als sich von einer Göttin demütigen zu lassen. Es kann schon sein, dass sie ein bisschen spinnt, diese Arachne. Das *Handwörterbuch des deutschen Aberglaubens* berichtet von dem Volkglauben, dass Wahnsinn und andere Geistesstörungen dadurch hervorgerufen würden, dass Spinnen das Gehirn der Verrückten besiedelt hätten, darin durcheinanderliefen und die Hirnwindungen mit Gespinsten verklebten. Die Spinner, das sind solche, die ihrer eigenen Spur folgen, ihren eigenen Faden spinnen, zu sehr aufs Drehen des eigenen Rades fixiert sind. Aber sie schaffen Form und Linie, wo vorher nur Durcheinander war, spinnen Wolle zu Garn, Stroh zu Gold, lange Nachtwachen auf Deck zu Seemannsgarn. Es muss also nicht unbedingt etwas Schlechtes dabei herauskommen, wenn jemand etwas ausspinnt. Und wer nicht mehr an Parzen glauben kann, muss wohl oder übel auch den eigenen Lebensfaden selbst zusammenspinnen. Als Arachnes mythische Antipodin könnte man Ariadne auffassen. Ariadne webt nicht, ihr Faden bleibt linear. Sie gibt Theseus das Ende ihres Fadens mit ins Labyrinth von Knossos, damit er wieder herausfinden kann. Irgendwo darinnen lauert der Minotaurus, das Labyrinth dient ihm wie das Netz der Spinne zum Beutefang: Die Unglücklichen, die sich darin verirren und verfangen, werden von dem Ungeheuer gefressen. Wie das Netz ist das Labyrinth ein Gewebe aus verschlungenen Wegen und Pfaden. Der Ariadnefaden nun nimmt dem Labyrinth seine Macht des Festhaltens: Er macht den Weg nachvollziehbar, behebt die Unübersichtlichkeit, analysiert die komplexe Struktur. Dieser Faden entwirrt, statt verflochten zu werden.

Die verhassten und verabscheuten Spinnen haben immer auch Fürsprecher gehabt. Schon Plinius findet sie für ihre Geschicklichkeit »unserer ganzen Bewunderung werth«. Alfred Brehm kann sich nicht genug über die Vorurteile gegenüber den Spinnen wundern, die er »aus Albernheit und Unkenntnis nervengereizten Naturen« zuschreibt. Und auch Jean-Henri Fabre versinkt in Andacht vor den Fähigkeiten der Radnetzspinnen, in deren Kunst er einen »Allgemeinen Geometer, dessen göttlicher Zirkel alles vermessen hat«, am Werk sieht.

Einen Meilenstein in der Geschichte der Spinnenverteidigung stellt Horst Sterns Dokumentarfilm aus den 1970er Jahren dar. Es war für Stern ein Hauptvergnügen, den nachkriegsdeutschen Spießbürgern den saturierten Blick auf Tier und Natur auszutreiben. ›Glotzt nicht so romantisch‹, hätte sein Motto sein können. Die Behaglichkeit des Fernsehbiedermanns wurde etwa empfindlich gestört, als ausgerechnet am Heiligabend 1971 Sterns wenig pittoreske *Bemerkungen über den Rothirsch* gesendet wurden. Darin verspottete er Bambi-Fans, beschimpfte Jäger und ärgerte das Weihnachtspublikum mit der düsteren Mahnung: »Man rettet den deutschen Wald nicht, indem man ›O Tannenbaum‹ singt.« In der Sendereihe *Sterns Stunde* schockierte Stern mit Bildern von Massentierhaltung und Tierversuchen oder entlarvte die grausamen Praktiken des Reitsports und die Ignoranz deutscher Hundehalter. Seine epochemachende Dokumentation *Am seidenen Faden* war schließlich ein Hymnus auf die Spinne und ihre verblüffenden Fähigkeiten. Dabei waren technisch bis dahin nicht mögliche Aufnahmen von der Anatomie und den Verwebungen des Fadens zu sehen. In seine ehrliche Faszination für die Spinnen aber mischte er das wohldosierte Gift des Spotts über alle, die Spinnen fürchten und bekämpfen. Ein so wunderbares Tier, meinte Stern, dürfe der Mensch nicht »mit dem Ausdruck des Ekels totschlagen«.

Arachne und die ihren, ob Spinnen oder menschliche Weber, erschaffen wahrhaftig Wunderbares und Erstaunliches. Damit wir es nicht vergessen, soll einmal wenigstens gesagt sein, dass Spinnen keine Insekten sind, sondern zur Klasse der Spinnentiere gehören. Das markanteste Unterscheidungsmerkmal ist die Zahl ihrer Beine: Insekten haben sechs Beine, Spinnen dagegen acht. Weiterhin haben Insekten Facettenaugen, Spinnen aber nicht, dafür haben sie mehr Augen, als man in einem Tiergesicht als angebracht empfindet – meistens sind es acht, die Anzahl variiert aber. Schließlich ist der Körper von Insekten in drei Segmente unterteilt, während Spinnentiere zweigliedrig sind. Zu den Spinnentieren gehören neben den Spinnen auch die wenig beliebten Weberknechte, die ziemlich unbeliebten Skorpione und die sehr unbeliebten Milben, die übrigens die größte Unterklasse der Spinnentiere bilden – man kennt bisher etwa fünfzigtausend Arten, darunter auch die Zecken, von denen es wiederum an die tausend verschiedene, und zwar allesamt ganz und gar unbeliebte Arten gibt. Die Familie der Spinnenartigen ist weitverzweigt. Auf knappem Raum einen

Überblick gewinnen zu wollen ist daher aussichtslos, selbst dann, wenn man sich auf die *Webspinnen* und unter diesen auf die *Echten Webspinnen* konzentriert. Lohnender ist es, durch ein Panoptikum des Spinnenmöglichen schlendernd, den Blick schweifen zu lassen. Während man die meisten Tiere gewöhnlich nach ihrem Aussehen, ihrem Körperbau beschreibt und bestimmt, wird man den Spinnen besser gerecht, wenn man auch ihre Werke beschaut. Richtig: Spinnen erzeugen einen Spinnfaden, aber was sie damit alles anfangen, ist von erstaunlicher Vielfalt. Viele von ihnen weben Fangnetze, freilich, aber schon hier ist die Varianz groß. Das symmetrische Radnetz bildet das ikonische Spinnengewebe, doch es ist nur eine von vielen Möglichkeiten. Jedes Netz beginnt mit dem ersten Faden, der ersten Brücke durch die Luft, die bei manchen Arten fünf Meter überspannen kann. Am liebsten lässt sich die Spinne dabei vom Wind helfen: Sie prüft seine Richtung, klettert auf den geeignetsten Ast, spult einen Faden ab und lässt ihn vom Wind zur gegenüberliegenden Seite tragen, wo er sich verfängt. Nun klettert sie in die Mitte, befestigt dort einen weiteren Faden und lässt sich damit in die Tiefe fallen – ein T entsteht. Unten angekommen, zieht sie an dem Faden, sodass sich das T zum Y verformt. Das Rad hat nun seine ersten drei Speichen. Dann spinnt sie weitere Speichen. Sind es genug, webt sie, von der Nabe im Zentrum beginnend, eine gleichmäßige Spirale, die sich nach außen erweitert – so entsteht das bekannte Bild der Spinnwebe. So sehr man sich auch anstrengt: Wie soll man es schaffen, ein solches Tier *nicht* für planvoll und klug, ja listenreich bis ans Perfide, überdies für geschickt und kunstfertig, wenn nicht gar mit Sinn für Symmetrie und Schönheit begabt zu halten? Und auch wenn ihre Webekunst rein instinkthaft ist (woran man nicht ernsthaft, sondern allenfalls nur ganz im Geheimen zu zweifeln wagt): Wie soll man sich ein Speichermedium für solch raffinierte Verhaltensprogramme vorstellen? Wo sind diese Programme abgelegt und festgehalten in den Ganglienknötchen eines annähernd masselosen Tierchens, zu dessen Winzigkeit ein Mikrochip sich verhält wie zu unsereins ein Lastwagen? Vielleicht gibt man am besten einfach zu, dass das nicht zu begreifen ist und man ebenso gut glauben könnte, dass es sich bei einer Spinne um eine verzauberte Weberin handelt. – Einige Spinnen erzeugen für die Spirale ihres Netzes einen Faden mit klebrigen Tröpfchen, an denen Beute haften bleibt. Die Kräuselfadenweberinnen dagegen verwenden eine Art Wollfaden mit vielen winzigen Verschlingungen, in denen sich die Beine von Fluginsekten verfangen sollen. Andere Netzspinnen verstecken sich und halten einen Meldefaden fest, dessen Vibration es sie sofort spüren lässt, wenn ein zappelndes Beutetier das Netz erschüttert, dann rennen sie aus der Deckung und stürzen sich auf ihr Opfer. Baldachinspinnen weben ein waagerechtes Netz, von dem aus einzelne, kaum sichtbare Fäden senkrecht nach oben führen, sie sind Stolperfallen für Fluginsekten, die an den Fäden hängenbleiben und abstürzen. Die Beute fällt dann in das Baldachinnetz, unter dem die Spinne wartet. Die Zitterspinnen wiederum weben ein völlig chaotisches Netz, kreuz und quer durcheinander, das den ästhetischen Ansprüchen der Radnetzspinnen nie genügen dürfte, aber es erfüllt den Zweck des Beutefangs ebenso gut.

Ganz anders nutzt die Speispinne ihr Spinntalent beim Beutefang. Sie webt kein Netz, sondern spritzt sehr klebrige Leimschlingen unmittelbar auf ihr Opfer, das davon augenblicklich gefesselt wird. Die Speifäden werden im Moment des Davonschleuderns erzeugt. Verblüffend ist ebenso das Vorgehen der Falltürspinnen. Sie sind Jagdspinnen wie viele andere auch, aber man höre, wie sie sich verstecken, um ihre Beute zu überraschen. Sie ducken sich in selbstgegrabene Erdhöhlen und lauern dort auf vorbeikommende Insekten. Um nicht entdeckt zu werden, weben sie aus Spinnseide einen Deckel, der den Eingang ihrer Höhlen exakt verschließt. Überdies bekleben sie den Deckel zur Tarnung mit Sand, Erde, Steinchen oder Pflanzenteilen, damit er optisch mit der Umgebung verschmilzt. Ebenfalls auf die Lauer legt sich die Kescherspinne. Von einem Ast herabhängend wartet sie auf Beute. Zwischen ihren Beinen hält sie ein kleines, handliches Fangnetz, das sie bei Bedarf aufspannt, um sich damit wie ein Schmetterlingssammler auf vorbeifliegende Insekten zu stürzen. Aber nicht nur zum Beutefang setzen Spinnen ihren Faden ein. Viele Arten weben Kokons für ihre Gelege. Frischgeschlüpfte Spinnchen nutzen den Spinnfaden, um sich vom Wind davontragen zu lassen; sie machen sich mit dem Spinnfaden kleine Schlingen, an denen sie segeln. In ihrer ersten Lebensphase mischen sich Spinnen in das winzige Volk, das man Luftplankton nennt, obwohl sie keine Flügel haben. Eine einzige Spinnenart kann unter Wasser leben, die Wasserspinne nämlich, aber auch sie ist auf Luftatmung angewiesen. Sie baut sich aus ihrem Spinnfaden wahrhaftig eine wasserdichte Taucherglocke, in der sie Luftblasen aufbewahrt. Dank ihres Spinnfadens können sich Spinnen also in allen Elementen bewegen. Und wer sich noch weitere Variationen der Spinnwebkunst ausmalen möchte, möge sich allein von den Familiennamen der Trichterspinnen, Zeltdachspinnen, Tapezierspinnen, Fischernetzspinnen, Scheibennetzspinnen und vieler anderer inspirieren lassen.

Es stimmt, in Mitteleuropa gibt es kaum Spinnen, deren Gift dem Menschen etwas anhaben kann. Giftig aber sind sie genaugenommen bis auf sehr wenige Ausnahmen alle, es fragt sich nur, für wen. Spinnen verdauen ihre Nahrung, *bevor* sie sie zu sich nehmen, denn ihnen fehlen die Mundwerkzeuge, um die Chitinpanzer der Insekten aufzubrechen und zu zermalmen. Spinnen können nur Flüssiges aufnehmen. Deshalb spritzen sie durch eine kleine Öffnung Verdauungssaft in das Beutetier, und wenn sich dessen Inneres zu gefälligem Nahrungsbrei aufgelöst hat, saugen sie ihn auf. Da sich kein Insekt so etwas freiwillig gefallen lässt, muss es zuvor durch Gift gelähmt werden. Die gewöhnliche Zubereitung einer Spinnenmahlzeit erfolgt also in drei Schritten. Zunächst wird die Beute gefangen, dann mit einem Biss vergiftet und schließlich durch innere Zersetzung verflüssigt. Die harten Panzer der Insekten sind also der Grund dafür, dass eine Spinne auf Gift nicht verzichten kann (einige Spezialistinnen ausgenommen, die ihre Opfer so gründlich in Spinnfäden fesseln, dass sie sich gegen ihre Vorverdauung nicht wehren können).

Dass Menschen von Spinnen empfindlich oder gar gefährlich gebissen werden, ist eine Seltenheit, denn die allermeisten Spinnengifte sind für uns harmlos, und überdies hat die Spinne nichts von so einem Angriff: Menschen sind für sie ungenießbar, und wenn Spinnen sich bedroht fühlen, dürften Flucht und Versteck in aller Regel die aussichtsreichste und ökonomischste Lösung sein. Schließlich ist ihr Gift ein kostbares Gut, und sie heben es sich besser für die Lähmung der nächsten Mahlzeit auf. In Deutschland trifft man auf drei Arten, deren Biss aufgrund ihrer Giftwirkung unangenehm werden kann: die Wasserspinne, den Dornfinger und die Kreuzspinne, deren kurze

Giftklauen allerdings nur an wenigen Körperstellen die menschliche Haut durchdringen können. In den Tropen dagegen kommen durchaus Spinnen vor, deren Gift für Menschen lebensbedrohlich ist. Die spektakulären Vogelspinnen allerdings zählen nicht dazu; unter den fast tausend bekannten Vogelspinnen-Arten verfügen nur wenige über ein Gift, das für Menschen ernsthaftere Folgen hätte. Die Vogelspinnen ergötzen mit ihrer Größe; die Goliath-Vogelspinne kann unerhörte zweihundert Gramm wiegen. In ihrer südamerikanischen Heimat weiß man Rezepte, um sie zuzubereiten; ihr Geschmack soll dem der weitläufig verwandten Krabben ähneln. Auch die viel besungene und beschworene Tarantel hält nicht, was ihr Leumund verspricht. Ihr Biss hat kaum spektakulärere Folgen als der Stich einer Wespe. Aus Italien gibt es schöne Geschichten, nach denen der Biss der Tarantel eine wilde Tanzlust erregte, die nur mit einer ganz bestimmten Musik, der *Tarantella* zu heilen war. Wenn der Gebissene nach dem wilden Tanz erschöpft zusammenbrach, sollte er das Gift der Spinne ausgeschwitzt haben. Der Tarantismus, auch als Tanzpest oder Veitstanz bekannt, trat um die Wende zur Neuzeit epidemisch auf und war vermutlich ein Phänomen von Massenhysterie. Doch wird er in Einzelfällen auch mit Muskelkrämpfen in Verbindung gebracht, die tatsächlich von einem Spinnenbiss herrühren könnten – allerdings nicht von der Tarantel, sondern von der Schwarzen Witwe, die in Südeuropa ebenfalls vorkommt. Die Schwarze Witwe entstammt der Sippe der Haubennetzspinnen. Auffällige orangefarbene Flecken kennzeichnen ihren schwarz glänzenden Leib, und als ob es sich jemand ausgedacht hätte, beträgt deren Zahl genau dreizehn. Ihr Biss ist auch für den Menschen gefährlich: Das Witwengift verursacht systemische Reaktionen wie

Fieber, Schweißausbrüche und Übelkeit, Herzrasen und Kreislaufprobleme, auch starke Schmerzen, sogar Halluzinationen und krampfartige Muskelzuckungen, die mehrere Tage anhalten können. Doch ihr klangvoller Name raunt von einer im Tierreich kaum übertroffenen Verbindung von Eros und Tod. Wenn wir es nicht vergessen haben, wissen wir, dass Spinnenweibchen so mancher Arten gewohnheitsmäßig ihre Sexualpartner nach der Kopulation auffressen, manchmal sogar schon vorher, dann fällt die Paarung aus.

Bei gar nicht wenigen Tierarten kommt Kannibalismus vor, auch bei höheren Tieren wie Großkatzen oder Primaten, doch meist eher beiläufig: wenn man sich gezwungen sah, zur Rangbehauptung oder aus ähnlichen politischen Motiven einen Artgenossen umzubringen, warum sollte man sein Fleisch den Geiern überlassen? Erst bei Menschen und Schimpansen gewinnt das Fressen seines Nächsten etwas intentional-Ritualhaftes. Doch das regelmäßige Verzehren des Liebhabers unmittelbar nach dem Geschlechtsakt ist, wenn schon nicht exklusiv, so doch charakteristisch für das Geschlecht der Spinnen. Nun ist unter den Spinnen ausgeprägter Geschlechterdimorphismus in Form deutlich größerer Weibchen ohnehin die Regel und Kannibalismus völlig normal, denn die Evolution hat es bei den Spinnenartigen nicht nötig gefunden, irgendeine Art von Hemmung dagegen in den genetischen Code einzutragen. Insofern ist es nicht erstaunlich, sondern ganz konsequent, dass ein körperlich unterlegener Artgenosse – und nichts anderes ist ein Spinnenmännchen aus Sicht eines Weibchens – sich in nichts von Jagdbeute unterscheidet. Es ist also kein Wunder, wenn Spinnenmännchen von Spinnenweibchen gefressen werden. Verwunderlich ist es vielmehr, wenn das *nicht* geschieht. Wunderbar ist es, dass die Brautwerbung der Männchen für wenige Augenblicke die nüchterne Fatalität des Fressenmüssens außer Kraft setzen kann. Denn was lassen sie sich nicht alles einfallen, die Spinnenmännchen, um sie einmal zu verblüffen, einmal schwach zu machen, ihr ein einziges Lächeln abzuringen, damit rasch und hastig die Vereinigung gelingt: Sie tanzen, sie trommeln, sie vollführen beschwörende Gesten. Das Männchen der Schwarzen Witwe fesselt seine Partnerin vor dem Liebesspiel; doch sie ist stark, und wehe, sie befreit sich vor der Zeit. Andere bringen sorgsam in Spinnenseide verpackte Geschenke, um sich von hinten zu nähern, während sie sich darüber hermacht, oder warten den Moment der Häutung ab, um ihre nackte Wehrlosigkeit auszunutzen. Gewisse Spinnenmännchen zupfen zart an den Signalfäden, an denen das Weibchen nach Beute horcht, eine wundersame Melodie, um sie herauszulocken. Sie tun alles, um die Spinne davon zu überzeugen, dass es noch ein anderes Glück gibt. Und manchmal ist die Verzauberung so groß, dass das Weibchen, bei noch halb geschlossenen Lidern, so lang den Faden verliert, dass der Liebhaber nach dem Akt unversehrt und unverzehrt entkommen kann. Doch oft genug geht es schief, und gar nicht selten misslingt schon die Annäherung, sodass der Spinnenmann gelähmt, betäubt und ausgesaugt wird, bevor er nur sein Anliegen vortragen konnte. Dieses Wunder, meine Freunde, heißt Liebe, und was wäre romantischer als die Bedingungslosigkeit, mit der das Spinnenmännchen seine schlimmste Fressfeindin begehrt und, aller Gefahr trotzend, sich nähert, bebend vor Lust und zitternd vor Furcht, um eines einzigen Glücksmomentes willen – und ach, wissen wir denn, ob sie ihren Lover nicht unter Tränen fraß, der bitteren Notwendigkeit folgend, dass eine werdende Spinnenmutter keine Eiweißration zu verschenken hat? Vielleicht gelobt sie sich, seine Innereien schlürfend, ihn nie zu vergessen. – Dass Liebe verzehrend sein kann, dass Anziehung und Aggression Schwestern sind, dass sich zu ficken und sich zu fressen nur einen Wimpernschlag auseinanderliegen können; diese erregende Spannung kulminiert in der tragisch-erotischen Gestalt der Schwarzen Witwe.

Ein anderes, wahrhaft satanisches Exemplar ist die Titelgestalt in Jeremias Gotthelfs finsterer Erzählung *Die schwarze Spinne*. Ihren Ursprung hat sie in einem Teufelspakt, den eine verzweifelte Bäuerin eingeht; statt mit Blut wird er durch einen Satanskuss auf die Wange der Frau besiegelt. Dort bildet sich ein Pünktchen, ein Fleck, ein Mal. Das wächst und wird größer, schwillt an zur wütend schmerzenden Beule, glühend und pulsierend, von der acht Striche ausgehen … – ach, wir ahnen schon, was da Scheußliches unter der Haut heranreift, wollen es nicht glauben und müssen es doch hören: »Deutliche Beine streckte er von sich aus, kurze Haare trieb er empor, glänzende Punkte und Streifen erschienen auf seinem Rücken, und zum Kopfe ward der Höcker, und glänzend und giftig blitzte es aus demselben wie zwei Augen hervor.« Wahrhaftig wächst eine giftige, schwarze Spinne dort heran, und das Höllengezücht hat sein Gelege schon dabei, sodass Tausende kleine Spinnen schlüpfen und sich über das Gesicht der Unglücklichen ergießen, die schließlich in einer grauenhaften Metamorphose mit dem riesenhaften Muttertier verschmilzt. Die schwarze Spinne terrorisiert von nun an das ganze Tal, taucht plötzlich auf, bringt Tod und Schmerzen, Hass und Misstrauen. »Wo war jetzt die Spinne, und konnte sie nicht hier sein und unversehens auf den Fuß sich setzen? Und wer am vorsichtigsten niedertrat und mit den Augen am schärfsten spähte, der sah die Spinne plötzlich sitzend auf Hand oder Fuß, sie lief ihm übers Gesicht, saß groß ihm auf der Nase und glotzte ihm in die Augen. So war die Spinne bald nirgends, bald hier, bald dort [...]. Sie fiel des Nachts den Leuten ins Gesicht, begegnete ihnen im Walde, suchte sie heim im Stalle.« Wer Spinnen zutiefst verabscheut, findet in Gotthelfs Geschichte alle Horrorvorstellungen auf das Schönste versammelt und ausgemalt. Die Unberechenbarkeit und Plötzlichkeit ihres Auftauchens macht einen wichtigen Anteil des Schreckens aus: Die einmal gesichtete und dann wieder verschwundene Spinne bedeutet, dass man keine Ruhe finden wird; sie kann ja überall sein und hervorkommen, sobald man an Wachsamkeit nachlässt oder gar einschläft, um dann – o schrecklichster aller Schrecken – dem Schlafenden »übers Gesicht« zu laufen. Das Bewusstsein, dass hier irgendwo eine Spinne sein muss, kann einen Raum für Arachnophobiker unbetretbar machen; es scheint zu flüstern: Hier bist du nicht sicher, alle Ruhe ist trügerisch, du darfst dich nicht geborgen fühlen, jeden Moment kann sich das Schreckliche ereignen. Das Glas, mit dem eine Spinne herausgetragen wurde, gilt als kontaminiert und darf keinesfalls wieder zum Trinken benutzt werden; selbst wenn kein Molekül einer Spinne mehr daran nachzuweisen wäre, ist es zu behandeln, als sei es mit Plutonium verstrahlt. Die Angst gar, man trage ein Gelege von eklem Gewürm in sich, als pulsierende Beule da unter der Haut, gehört zu den allergrässlichsten Vorstellungen: Ein schlummerndes Unheil wäre nicht nur in der Welt, sondern gar dem eigenen Körper eingepflanzt. Nichts Besseres hätte Gotthelf als Groß-Metapher der fundamentalen Verunsicherung wählen können als die Schwarze Spinne. Zwar gelingt es schließlich, sie in den Holzpfosten eines Wohnhauses zu bannen, doch ist sie noch immer da, und Generationen später wird sie aus Übermut und Leichtsinn wahrhaftig herausgelassen und bringt ein zweites Mal Verzweiflung und Schrecken über das Land. Abermals sperrt man sie in den Pfosten, doch nun wissen wir ja, dass sie jederzeit wieder hervorkriechen könnte. Und sie versteckt sich nicht irgendwo da draußen, sondern haust mitten unter uns im tragenden Balken der Wohnstube. Diese Spinne kann für jedes erdenkliche Übel stehen, das dem Menschen und der Gesellschaft droht: für Pest und Hunger, für Sünde und Seelenfraß, für Krieg und Tyrannei. Sie spricht: Du sollst nicht vertrauen; nicht den anderen und nicht dir selbst, nicht dem Himmel, dass er dich schütze, und nicht dem Boden, dass er dich trage. Die Spinne ist der tiefe Schrecken, dass im Sein keine Gewissheit ist und wir jederzeit in die Tiefe stürzen können. Sie ist die Angst vor der Angst.

Mit der Metapher des Abgrunds verglich auch Sartre die Angst vor der Freiheit: In unmittelbarer Nähe eines Abgrunds fühlen wir uns unwohl. Aber warum? Weil man plötzlich stolpern oder von einer Windbö erfasst werden und so in die Tiefe stürzen könnte? – Nein, nicht deswegen, schreibt Sartre, sondern weil wir frei sind, allzu frei, haltlos frei; frei genug, um aus uns heraus hinunterzuspringen. »Wenn *nichts* mich zwingt, mein Leben zu retten, hindert mich *nichts*, mich in den Abgrund zu stürzen.« Dieses Bewusstsein der Freiheit, das zugleich ein Bewusstsein von der Bodenlosigkeit der eigenen Existenz ist, bildet nach Sartre den Urgrund für die Angst des Existierens (in Unterschied zur *Furcht*, die sich auf eine reale, äußere Bedrohung richtet). Wer in einer Stube wohnt, in deren Tragbalken eine böse Spinne eingesperrt ist: Muss der fürchten, dass sie ausbricht? Nein, aber er fühlt die Angst, dass er *selbst* sie herauslassen könnte. Zwei Generationen vor Sartre hat Søren Kierkegaard beide Bilder vereinigt, indem er sich als Spinne imaginierte, die ohne Halt in die Tiefe fällt – »vor sich beständig einen leeren Raum, in welchem sie nirgends Fuß findet«. Hat er da nicht etwas vergessen? Jean-Henri Fabre weiß es: »Jede Spinne spinnt eine Sicherheitsleine, welche die Seiltänzerin vor Abstürzen bewahrt.« Wenn sie sich fallen lässt, kann sie sich doch auf ihren Spinnfaden verlassen, der sie hält und ihren Fall bremst. Der unabreißliche Faden macht, dass es gutgehen wird und irgendwie weitergeht. Glückliche Spinne! So etwas hätten wir Menschen auch gern. Wir aber sind zur Freiheit verdammt, sagt Sartre, wir müssen unser Leben entwerfen, ohne Netz, ohne Seil; und ja: Es kann auch bitter schiefgehen. Keine Parze, keine Norne spinnt unseren Schicksalsfaden; das machen wir selbst, ob wir wollen oder nicht, mit ungeschickten Pfoten.

Da sitzt sie an der Wand, in ihrem Netz, als achtbeiniges Menetekel, und schweigt in unempfindlicher Selbstgewissheit. Ihr misslingt nichts, das Verhängnis ist ihre Verbündete. Sie hat alles richtig gemacht; um uns scharen sich unsere Fehler mit stummem Vorwurf. Sie kann warten; wir haben keine Geduld. Sie weiß, was sie tut; wir irren und hadern. Sie hat ihren Faden, die Sicherheitsleine, aus eigenem Recht gesponnen; unter uns gähnt der Abgrund. Wer da den Mut zu leben bewahren will, muss der Spinne des Zweifels trotzen.

Schlangen

»Wo kommst du her?«–
»Aus den Klüften«, versetzte die Schlange, »in denen das Gold wohnt.« –
»Was ist herrlicher als Gold?« fragte der König. –
»Das Licht«, antwortete die Schlange. –
»Was ist erquicklicher als Licht?« fragte jener. –
»Das Gespräch«, antwortete diese.

– GOETHE, *Das Märchen*

»Und sie waren beide nackt, der Mensch und sein Weib, und sie schämten sich nicht. Aber die Schlange war listiger als alle Tiere auf dem Felde, die Gott der Herr gemacht hatte, und sprach zu dem Weibe: Ja, sollte Gott gesagt haben: Ihr sollt nicht essen von allen Bäumen im Garten?« Ja, das hatte Gott gesagt. Er hatte das noch namenlose Weib des Menschen ausdrücklich davor gewarnt, eine Frucht vom Baum der Erkenntnis zu pflücken: »Esset nicht davon, rühret sie auch nicht an, daß ihr nicht sterbet! Da sprach die Schlange zum Weibe: Ihr werdet keineswegs des Todes sterben, sondern Gott weiß: an dem Tage, da ihr davon esset, werden eure Augen aufgetan, und ihr werdet sein wie Gott und wissen, was gut und böse ist.« – Was fällt denn dieser Schlange ein? Gottes Strafandrohung war doch unmissverständlich, außerdem ist er immerhin Gott. Zuvor hatte er auch Adam streng untersagt, von diesem Baum zu essen; andernfalls müsse er »an dem Tage, da du von ihm issest, des Todes sterben«. Da winkt die Schlange lässig ab: Ach was. Das müsst ihr nicht weiter ernst nehmen. Das ist so ein Märchen, mit dem sie Kinder erschrecken wollen. Er will nur, dass ihr dumm bleibt und unmündig. Du stirbst nicht, wenn du von diesem Baum isst. – Später, wir wissen das, wird Adam das Verbot übertreten, und was geschieht? Er stirbt tatsächlich nicht. (Gottes Drohung lautete wohlgemerkt nicht, dass Adam zum Sterblichen würde, sondern besagte ausdrücklich, dass er *am selben Tage*, also unmittelbar nach Genuss des Apfels würde sterben müssen!) Vielmehr sollte Adam laut derselben Quelle noch das Alter von 930 Jahren erreichen; da kann ihm der Apfel nicht groß geschadet haben. Gott hat also falsch gesprochen, gleich im zweiten Kapitel der Genesis, und die Schlange hat es durchschaut und Ihn ganz schön vorgeführt. In diesem Punkt also hat die Schlange schon mal recht gehabt. Was verspricht sie noch? Der Genuss der verbotenen Frucht werde den Menschen die Augen öffnen und ihnen Gottgleichheit bescheren, die nämlich darin liege, zwischen Gut und Böse unterscheiden zu können. Die ›Erkenntnis‹ liegt also einerseits in ethischer Kompetenz und zudem in einem Vermögen des besseren, tieferen Sehens. Und da sieht die Frau genauer nach dem Apfel hin und findet nun auch, »daß er eine Lust für die Augen wäre und verlockend, weil er klug machte«. Eine bemerkenswerte Frucht, deren Genuss Erkenntnisgewinn und Lustgewinn zugleich verspricht, ja die das Klugwerden selbst als Verlockung erscheinen lässt. Noch erstaunlicher ist, dass diese beiden Qualitäten als sündhaft gelten, ja das Streben danach als der Ursündenfall gilt, der den Menschen das Paradies für immer verschlossen und ihr Leben zu einer Last und Mühsal gemacht hat. Nach Lust und Erkenntnis zu streben, warum soll das verkehrt sein? Nun, Gott will es so, und in einer monotheistischen Religion ist kein Platz für abweichende Meinungen. Nach der Übertretung des Verbots spricht Gott für beide Menschen je eigene Strafen aus: Adam soll sich fortan auf dornigem Acker, »im Schweiße seines Angesichts« für den Broterwerb plagen müssen; das Weib aber bestraft Er mit den Schmerzen der Geburt und mit der Unterwerfung durchs Patriarchat, an das sie durch sexuelles Begehren gebunden sein soll: »Dein Verlangen soll nach deinem Manne sein, aber er soll dein Herr sein.« Der Tag des Sündenfalls gilt als verhängnisvoll für die Menschheit, aber für das Schlangentum auf Erden waren die Folgen nicht weniger schlimm. »Weil du das getan hast, seist du verflucht, verstoßen aus allem Vieh und allen Tieren auf dem Felde. Auf deinem Bauche sollst du kriechen und Erde fressen dein Leben lang. Und ich will Feindschaft setzen zwischen dir und dem Weibe und zwischen deinem Nachkommen und ihrem Nachkommen; der soll dir den Kopf zertreten, und du wirst ihn in die Ferse stechen.« Der Fuß also ist das Organ, an dem und mit dem das Menschen- und das Schlangengeschlecht einander fortan würden bekämpfen müssen; so wie ihr die kriechende Fortbewegungsart »auf dem Bauch« erst mit diesem Tag als Bestrafung zu eigen wurde. Vor Gottes Verdikt, im noch paradiesischen Zustand des Garten Eden, hat man sich die Schlange in anderer Position und mit anderen Möglichkeiten der Fortbewegung vorzustellen. Hatte sie also Füße?

Tatsächlich finden sich in alten Darstellungen erstaunliche Varianten der Schlange vor dem Ereignis des Sündenfalls. Aufrecht ist sie allermeistens, wenn sie Eva den Apfel anempfiehlt, und ringelt sich um den Baum der Erkenntnis, als wäre es ihrer. Einige Maler haben die Schlange mit reptilienhaften Füßen versehen, wodurch sie an eine Art Waran erinnert. Manchmal trägt sie ein menschliches, natürlich weibliches Gesicht. Oft ist die Schlange ein Hybrid aus Frau und Reptil. In diesen Fällen hat sie auch Arme, sodass sie den Apfel anreichen oder auf ihn weisen kann. Rubens malt sie als finstere Putte, nur ihr Unterleib ist von Schlangengestalt. In einem Bild von Hieronymus Bosch erscheint sie wiederum als blonde Frau, deren Steißbein in einen Schlangenleib übergeht. Theodor de Brys Kupferstich lässt die schlanke Schlange in eine zierliche Kindfrau münden, deren Rücken sogar spitzige Dämonenflügel zieren. Auch Michelangelo malt an die Decke der Sixtinischen Kapelle eine Schlange mit ausgeprägt weiblicher Anatomie. Die Frau, die Eva den Apfel gibt, bekommt erst abwärts des Knies einen langen, kräftigen und übrigens roten Schlangenleib, der sich dafür noch mehrfach um den Baum schlingt. Das nächste Bild zeigt das Menschenpaar im Moment der Vertreibung; nun windet sich Evas rotes Haar in schlangenhaften Schlingen um ihren Oberkörper. Während Adams Gesicht Trauer und Schmerz zeigt, wirft Eva einen finsteren, ja hasserfüllten Blick zurück in Richtung Gott und Paradies. Kein Zweifel, hier zieht das Diabolische der Schlange mit der Frau hinaus in die Welt. Die Schlange – Satan – hat die Frau verführt, die Frau mit ihren Reizen aber verführt den Mann zum Bösen. Sexuelle Attraktion wird das Vehikel sein, auf dem das Böse seinen Weg nimmt. In der weiblichen Lockung verbirgt sich der Plan der Schlange. Ihre Schönheit ist die Larve des Teufels, ihr Schoß das Tor zur Hölle. »Drei Dinge sind unersättlich«, heißt es in den Sprüchen Salomos: »die Hölle, der Mund der Gebärmutter und das Land, das nicht satt wird an Wasser«. Im apokryphen Sirachbuch wird erklärt: »Alle Bosheit ist gering gegen die Bosheit der Frau. Schaue nicht auf die schöne Gestalt der Frau und begehre nicht die Frau beim Anblicken. [...] Von der Frau hat die Sünde ihren Ursprung genommen.«

Die Schlange hat Menschen vieler Zeiten und Kulturen beeindruckt. In den Schöpfungsmythen der Welt dürfte kaum eine Tiergruppe so stark vertreten sein wie die Schlange: von der Weltenschlange Ananta Shesha des Hinduismus bis zur Regenbogenschlange der australischen Aborigines. Sie sind Attribute oder Verkörperungen von Fruchtbarkeits- und Weisheitsgottheiten aller Kontinente. Das bedächtige Züngeln, die vollendete Gestalt, häufig mit geometrischen Ornamenten, das geheimnisvolle Verschwinden und Auftauchen aus Löchern und Erdspalten – es musste etwas Besonderes sein um diese Tiere. Wo immer Menschen Schlangen betrachteten, trauten sie ihnen Zugang zu geheimem Wissen und anderen Welten zu. Die Äskulapnatter ist nach Asklepios, dem Gott der Heilkunst, benannt. Von einer Schlange soll er in der Kunde der Heilkräuter unterrichtet worden sein. In Rom war er ja leibhaftig in Gestalt einer Schlange erschienen, um die Stadt von einer Pestepidemie zu befreien. Dem Äskulap, so die römische Form des Namens, wurden Tempel geweiht, in denen man Schlangen hielt. Kranke suchten sie auf und hofften auf Heilung. Auch um den Äskulapstab, das bis heute gebräuchliche Symbol für Heil- und Arzneikunst, windet sich eine Schlange. Zwei von ihnen ringeln sich dagegen um den Caduceus oder Hermesstab und stehen für Frieden und Versöhnung. Denn Hermes hatte einst zwei kämpfende Schlangen getrennt, die sich zum Dank um seinen Stab schlangen. Die griechisch-römische Antike also schätzte die Schlange und hielt sie für Boten zur Unterwelt. Ihre Fähigkeit, sich zu häuten und gleichsam neu zu erstehen, brachte man mit Wiedergeburt und dem ewigen Kreislauf des Lebens in Verbindung. Ein altes, berühmtes und häufig verwendetes Symbol und Denkbild dafür ist der *Ouroboros*, der Schwanzbeißer, eine sich selbst aufzehrende und wieder erneuernde Schlange; er tauchte bereits im alten Ägypten auf und inspirierte seither Mystiker und Alchimisten. Auch die *Midgardschlange* der nordischen Mythologie beißt sich selbst in den Schwanz und umringt die Mittelerde wie der griechische Oceanos, der kreisförmige Weltenfluss. Man darf sich fragen, welche Wege solche Gedankenbilder genommen haben mögen; in den kalten Ländern des Nordens jedenfalls waren kaum besonders imposante Schlangen anzutreffen, und auf Island gibt es gar keine. – Die *Uräusschlange* wird als aufgerichtete Kobra in Drohgebärde dargestellt. Sie war als Schutzzauber, aber auch als Herrschersymbol in Ägypten weitverbreitet. So bewachen vier goldene Uräusschlangen die Rückseite von Tutanchamuns Thron. Der Uräus schmückt die Krone der Pharaonen und wurde zur Abwehr von Eindringlingen oder bösen Geistern häufig an Häusern und Grabmälern angebracht. Die oft ambivalente Rolle der Schlange schreibt sich also in zahlreichen Mythologien fort, doch nirgends sonst ist sie so verheerend wie in der Urszene der abrahamitischen Religionen, die in der Gestalt der Schlange Erkenntniswillen, Lust, Nacktheit, das Sexuelle und das Weibliche zum Ursprung des Sündhaften verschmelzen lässt.

Albrecht Dürer zeichnet die Paradiesschlange naturalistisch, doch er ziert sie – im Kupferstich *Adam und Eva* von 1504 wie im Holzschnitt der etwas später entstandenen ›Kleinen Passion‹ – mit einem Krönchen, worin er mittelalterlichen Vorbildern folgt. Diese gekrönte Schlange verweist auf den Basilisken, den Schlangenkönig. Plinius beschreibt ihn noch als reale

Schlangenspezies, wenn auch eine mit besonderen Kräften, lediglich der weiße Fleck am Kopf erinnere an ein Diadem. Doch trotz seines Schmucks gilt er als fatales Tier: »Er vergiftet die Sträucher nicht bloss durch seine Berührung, sondern auch durch seinen Hauch, verdorrt die Kräuter und sprengt Felsen.« Im Laufe der Jahrhunderte ändert der Basilisk seine Gestalt, wird »immer scheußlicher und gräßlicher«, wie Borges schreibt: »Die Vögel fallen tot zu seinen Füßen nieder, und die Früchte faulen; das Wasser der Flüsse, aus denen er trinkt, ist auf Jahrhunderte vergiftet.« Brunamaria Dal Lago Veneri weiß noch von weiteren Untaten des Tieres: »Sein Atem verdirbt die Früchte. Seine Spucke brennt und ätzt. Sein Blick läßt Steine bersten.« Später stattet die Überlieferung ihn mit weiteren Attributen aus, mit Krone, Hahnenkopf, Flügeln, bis zu vier Füßen; bisweilen bleibt nur der Hinterleib noch schlangenförmig. Weitverbreitet ist die Annahme, dass ein Basilisk entsteht, wenn ein Hahn gegen Ende seines Lebens ein Ei legt, das von einer Schlange oder einer Kröte befruchtet oder ausgebrütet wurde. Darum galt höchste Vorsicht, wenn man bemerkte, dass ein Hahn ein Ei hervorgebracht hatte, noch dazu ein auffällig geformtes. Der Vielgestaltigkeit und somit schweren Kategorisierung dieses Wesens begegnete Conrad Gesner unverdrossen, indem er den Basilisken getreu in sein *vollkommenes Fisch-Buch* aufnahm, neben anderen Schlangen und Drachen. Der Eintrag ist beispielhaft für das Bemühen des humanistischen Gelehrten um eine vertretbare Grenzziehung zwischen Wahrheit und Legende. Das Tier habe einige Spitzen oder Punkte an der Stirn, durch die manche sich wohl an eine Krone erinnert fühlten. Die verschiedenen Umstände einer Basiliskenzeugung schildert er mit gehöriger Skepsis, vor allem was die Beteiligung einer Kröte betrifft: »Obs ein Gedicht oder wahrhafftige Historia sey, kann ich nicht sagen.« Vorsicht war auch geboten, wenn fliegende Händler Basiliskeneier zum Verkauf anboten. Bei Basiliskenasche, nach der unter Alchimisten große Nachfrage bestand, waren ebenfalls Zweifel an der einwandfreien Herkunft angebracht.

Aus der Genesis lässt sich entnehmen, dass die Schlange vor der Vertreibung noch auf Füßen gehen konnte. Die ältesten Funde von fossilen Schlangen stammen aus dem Jura, der Zeit der großen Langhalssaurier. Und tatsächlich weisen diese Ur-Schlangen noch vier kleine Beinchen auf. Sie hatten also vierfüßige Vorfahren, die man sich Waran-ähnlich vorstellen darf. Man möchte meinen, dass die Evolution Tiere mit immer reicherer Ausstattung hervorbringt, doch die Schlangen zeigen, dass eine fortgeschrittene Anpassung auch einen Wegfall von Organen und Gliedmaßen bedeuten kann. Man nimmt heute an, dass eine unterirdische Lebensweise ihre Zurückbildung vorteilhaft werden ließ, sodass die Tiere sich leichter durch Erde und Felsspalten winden konnten. Der flache, harte Kopf wurde zum Grabwerkzeug. Das nützt ihnen zum Beispiel in Lebensräumen mit hohen Temperaturen, wie der Wüste, wo sich die Schlangen im Sand vergraben, um der Tageshitze zu entgehen. In kühleren Regionen fallen sie hingegen in der kalten Jahreszeit in Winterstarre, weil sie als Reptilien ihre Körpertemperatur nicht regulieren können. Die meisten der rund 3500 Schlangenarten leben in den Tropen, wo ihre bevorzugte Umgebungstemperatur von 30° C herrscht. Je weiter ein Lebensraum vom Äquator entfernt oder je höher er liegt, desto weniger zahlreich und desto kleiner werden die Schlangen. In kühleren Regionen fallen Schlangen in der kalten Jahreszeit in Winterstarre. Aber auch zu hohen Temperaturen müssen sie ausweichen; so vergraben sich Wüstenschlangen im Sand, um der Tageshitze zu entgehen. Allen gemein aber ist der mit Schuppen bedeckte Körper. Sie tragen verschiedene Arten von Schuppen, weil diese je nach Körperregion verschiedene Funktionen erfüllen. Die Bauchschuppen sind besonders glatt, sodass die Schlangen gut darauf gleiten können. Bei manchen wasserbewohnenden Schlangen sind diese Schuppen zurückgebildet. Schlangen haben fast alle Lebensräume erobert, Regionen des Dauerfrostes und manche Inseln ausgenommen. Von den baumbewohnenden Arten haben einige sogar die Fähigkeit zu einem Gleitflug entwickelt.

Im Staub zu kriechen aber sollte die Strafe der Schlangen sein. Auf dem Boden haben sie vier Arten der Fortbewegung entwickelt. Zunächst denkt man da an die klassische Schlangenbewegung, das ›Schlängeln‹. Schlangen können aber auch geradlinig vorwärtskriechen, indem ihre Bauchmuskulatur sich wellenförmig zusammenzieht und entspannt. Daneben können sie eine Ziehharmonika-Technik anwenden, nach der sie sich abwechselnd vorne und hinten zusammenziehen, wie eine Raupe. Manche Arten, wie die Seitenwinder-Klapperschlange, bewegen sich in einer Art Rollenbewegung seitlich über den Untergrund und hinterlassen eine rätselhafte Spur aus parallelen Linien im Sand.

Die Sinnesorgane der Schlangen sind bei den Arten sehr unterschiedlich ausgeprägt. So sind einige der ursprünglichen Schlangenarten annähernd blind, andere sehen sehr gut. Früher hielt man sie für taub, doch inwendig finden sich rudimentäre Ohrstrukturen, die tatsächlich Schallwellen über Bodenerschütterungen wahrnehmen können und vermutlich auch ein wenig über die Luft. Sehr wichtig ist für die Schlangen der Geruchssinn, dem auch das charakteristische Züngeln dient: Über die Zunge nehmen sie Duftmoleküle auf und führen sie dem Jacobson-Organ zu, das im hinteren Gaumenbereich liegt und Gerüche analysieren kann. Zusätzlich dazu verbergen sich in den sogenannten Grubenorganen wärmeempfindliche Zellen, Schlangen können darüber ein Wärmebild ihrer Umgebung wahrnehmen, das insbesondere beim nächtlichen Erkennen von Beute sehr nützlich ist. Alle Schlangen ernähren sich von tierischer Nahrung, die meisten von Beutetieren, einige von Eiern. Manche lauern ihrer Beute im Verborgenen auf und haben deswegen ein Tarnkleid entwickelt; andere erjagen aktiv ihre Beute. Die Größe der Beute richtet sich nach der Größe der Schlange, kleinere Arten jagen also auch kleinere Beute, die sie schnappen und gleich verschlucken können; größere Arten fressen größere Tiere, die sie vor dem Verschlingen töten. Die größten Schlangen wie Pythons und Boas sind Würgeschlangen. Sie töten ihre Beute, indem sie sich fest um die Tiere schlingen; so fest, dass es für Menschenkraft nicht möglich ist, die Umklammerung zu lösen. Der Tod tritt ein, weil das Beutetier nicht mehr atmen kann und erstickt oder weil der Kreislauf kollabiert. Es sind Einzelfälle bekannt, nach denen große Pythons einen erwachsenen Menschen getötet und gefressen haben.

Einige Hundert Arten sind im engeren Sinne Giftschlangen. Die meisten injizieren ihr Gift durch spezielle Fangzähne in ihre Beute. Schlangen, die sich auf sehr schnelle oder schwer zu packende Beutetiere spezialisiert haben, verfügen über ein sehr starkes beziehungsweise schnell wirkendes Gift. So zum Beispiel einige Seeschlangenarten, die zu den giftstärksten Schlangen gehören, denn sie fressen Fische, die ihnen entwischen würden, wenn das Gift nicht augenblicklich wirkte. Seltener wird das Gift zur Verteidigung verwendet. Die Speikobra verspritzt ihr Gift einen Meter weit, wenn sie sich bedroht fühlt, und zielt dabei auf die Augen des Angreifers.

Die Zahl der Menschen, die jährlich an Schlangenbissen sterben, ist schwer zu schätzen, denn viele dieser Unglücke geschehen in Weltgegenden, in denen man anderes zu tun hat, als solche Fälle den Behörden zu melden und darüber Statistiken zu führen. Entsprechend weit auseinander liegen die Schätzungen, aber erschreckend hoch sind sie alle. Vorsichtige Zahlen fangen bei gut 20 000 Todesopfern pro Jahr an, andere vermuten, dass jährlich 100 000 oder noch mehr Menschen am Biss einer Giftschlange sterben. Damit belegen die Schlangen Platz zwei der für Menschenleben gefährlichsten Tiergruppen, klar vor den drittplatzierten Hunden, aber mit gehörigem Rückstand zu den schlimmsten Killern des Tierreichs: Man schätzt, dass über 700 000 Menschen jährlich an den Folgen eines Mückenstichs sterben. Allerdings sind es in diesen Fällen meistens Krankheitserreger, die die Menschen töten, und nicht die Mücken selbst. Ihre Gefährlichkeit ist also eigentlich nur geliehen. Was das Menschentöten aus eigenem Vermögen betrifft, sind die Schlangen also unerreicht. Hinzu kommen jedes Jahr mehrere Hunderttausend Bissopfer, die zwar überleben, aber an langfristigen Folgen leiden. Die WHO schätzt, dass jährlich 5 Millionen Menschen von einer Giftschlange gebissen werden.

Schlangen bilden nach den Spinnen die Tiergruppe, die am häufigsten Auslöser von Phobien ist. Betrachtet man ihre Gefährlichkeit für den Menschen und die hohe Zahl an Unfällen, erscheinen Panik- und Fluchtreaktionen beim Anblick einer Schlange als durchaus nachvollziehbarer Reflex. Sie zu vertreiben, zu töten, am besten auszurotten, galt daher für lange Zeit als sinnvolles Ziel, und das biblische Verdikt über Schlangen als satanische Tiere lieferte die metaphysische Legitimation. So hat der Realschullehrer Harald Othmar Lenz 1832 ein ausführliches Werk vorgelegt, das die heimischen Schlangen und ihre Lebensumstände treulich beschreibt – mit dem Ziel, ihre ebenso gründliche Vernichtung zu befördern. Er widmete das Buch seinem Wunsch, »daß auch andere Menschen sich entschließen, für die Ausrottung der Schlangen Sorge zu tragen. Ich habe allein in den 2 letzten Jahren 360 Schlangen, worunter 128 Kreuzottern, theils selbst gefangen, theils durch meinen braven Schlangenfänger Adam Krübel fangen lassen.« Und so füllt er sein Buch mit Empfehlungen hinsichtlich Kleidung, Waffen, Stiefel und einer geeigneten Blechbüchse, auf dass die Schlangenjagd gelinge. Außerdem empfiehlt er ein Kopfgeld auf Schlangen auszusetzen, seien sie giftig oder nicht: »Meines Erachtens sollten selbst die nicht giftigen Schlangen keine Gnade finden. Auch sie sind schädlich; denn bei dem allgemeinen Abscheu, den man vor allen Schlangen hat, verbittern auch sie vielen Menschen das Leben.«

Auf Irland hätte sich der Lehrer Lenz sicher wohl gefühlt, denn dort leben keine Schlangen. Der Sage nach war es der Nationalheilige Patrick, der sie einst von dort vertrieben hatte. Das konnte man sich gut vorstellen, zumal die Schlange als Verkörperung des Bösen auf das Erscheinen eines Heiligen besonders empfindlich reagieren dürfte. Teufel, Drache und Schlange gehen in der Offenbarung des Johannes nahtlos ineinander über: »der große Drache, *die alte Schlange*, die Teufel oder Satan heißt und die ganze Welt verführt«. Es gibt nicht wenige schlangenlose Inseln, denn die Tiere können aus eigener Kraft keine größeren Wasserdistanzen überwinden. Wenn solche Inseln dann doch von Schlangen besiedelt werden, kann das zu großen Problemen führen. Auf die Pazifikinsel Guam zum Beispiel wurden nach dem Zweiten Weltkrieg indonesische Baumschlangen eingeschleppt, die sich stark vermehrten und die ökologische Balance rasch veränderten. Heimische Vögel wurden stark dezimiert, dafür vermehrten sich die Insekten umso mehr. Auf Ibiza leben seit etwa zwanzig Jahren Nattern, die im Wurzelwerk von anzupflanzenden Olivenbäumen auf die Insel kamen und nun die einheimischen Eidechsen vertilgen. Für eine vollständige Ausrottung ist es zu spät, aber man bemüht sich, die Zahl möglichst gering zu halten.

Die Schlange, in vielen Kulturen Weisheitstier und Mittlerin zum Unendlichen und Verborgenen, ist in den monotheistischen Religionen listige Agentin des Bösen, weil sie die Menschen veranlasst hat, vom Baum der Erkenntnis zu essen. Was aber begreift man, was erkennt man, wenn man in eine solche Frucht gebissen hat? Welcher Strom höherer Einsichten ist zu erhoffen von einem göttlichen Baum, der durch so hohe Strafandrohungen geschützt ist? Man könnte erwarten, dass Adam und Eva durch den Genuss der verbotenen Frucht zu Erleuchteten, zu Weisen in gottähnlichem Ausmaß würden. Doch davon ist in der Bibel nicht die Rede. Auf den ersten Blick fällt der Effekt eher enttäuschend aus. Die entscheidende Neuerung, die nach dem Sündenfall unmittelbar in das Leben des ersten Menschenpaares tritt, ist die Scham, und zwar die Nacktheitsscham. »Da wurden ihnen beiden die Augen aufgetan, und sie wurden gewahr, daß sie nackt waren, und flochten Feigenblätter zusammen und machten sich Schurze.« Das Augenöffnen bezieht sich auf einen gewandelten Bewusstseinszustand: Nacktheit ist ein Konzept, dessen man erst gewahr werden muss, um sich als nackt und bloß zu erkennen. Als Gott später nach Adam ruft und dieser sich – neuerdings – schamhaft vor seinem Schöpfer versteckt, weiß Er sofort, was los ist. »Wer hat dir gesagt, dass du nackt bist? Hast du nicht gegessen von dem Baum, von dem ich dir gebot, du solltest nicht davon essen?« Dass man nicht nur unbekleidet, sondern skandalös nackt ist, kann man nicht einfach sehen, es muss einem gesagt oder sonstwie vermittelt werden. Scham als Bewusstwerdung der Nacktheit ist der Verlust des Naturzustandes der Unschuld.

Schamgefühle können sich auf Anlässe ganz unterschiedlicher Art beziehen. Auch höhere Tiere kennen das Bedürfnis, bestimmte Absichten, Unsicherheiten oder Missgeschicke vor anderen zu verbergen, und zeigen Anzeichen von Peinlichkeit oder Scham, wenn sie sich ertappt fühlen. Die Nacktheitsscham, die Angst vor der Entblößung bestimmter Körperregionen aber scheint dem Menschen vorbehalten zu sein. Nun ist er unter den Säugetieren zugleich eines der wenigen weitgehend unbehaarten Wesen, kaum ein anderes zeigt so viel Haut. Doch gilt die Scham weniger der Haut als der ›Blöße‹, und deren Sichtbarkeit hat mit Behaarung nichts zu tun. Bei den meisten Säugetieren kann man die Genitalien gut erkennen, ohne dass sie versuchten, sie zu verbergen. Im Gegenteil, bei so manchen Arten ist es ein Begrüßungsritual, sich ebendort gegenseitig zu inspizieren, zu beriechen oder zu lecken. Kein Rüde oder Eselhengst fühlte sich bemüßigt, eine üppige Erektion zu verbergen. Tiere haben keine Blöße. Bei den Menschen umfasst die Blöße die primären Geschlechtsorgane, aber auch alles andere, dessen Anblick als sittengefährdend attraktiv gilt – und was das umfasst, ist kulturell höchst verschieden. Das Schamgefühl selbst scheint unabhängig von seiner jeweiligen Konkretisierung eine menschliche Konstante zu sein. Das Gebot der

Schamhaftigkeit ist eine Einschüchterung, das Konzept der Scham eine Ideologie der Unterwerfung, ein mentales Korsett. Doch wie jedes Tabu ist die Nacktheitsscham zugleich eine Einladung, es zu umgehen oder gar mit Gewinn zu übertreten – das heißt: entweder so zu tun, als wäre nichts dabei, oder aber genussvoll und stolz zu betonen, dass sehr viel dabei ist.

Idealistische Versuche, sich von der Scham zu befreien, hat es immer gegeben. Von der Überwindung der Scham erhoffen Menschen sich eine Rückabwicklung des Sündenfalls, eine Rückkehr ins Paradies. Die öffentliche Sauna (jedenfalls in Mittel-, Ost- und Nordeuropa) und der FKK-Strand sind solche Orte der unschuldigen Nacktheit, die gleichsam aufhören will, eine solche zu sein. Flirten, anzügliche Blicke, Zärtlichkeiten oder sichtbare Anzeichen sexueller Erregung sind dort verpönt. Die Lebensreformbewegungen um die Wende zum zwanzigsten Jahrhundert waren häufig mit programmatischer Nacktheit verknüpft. Auf dem Monte Verità, einer Aussteigerkommune in der Schweiz, die viele Künstler und Intellektuelle der Vorkriegszeit anzog, pflegte man Nackttänze und grub nackt den Acker um, von dessen Früchten man sich ernährte. Der zeitweilige Kommunarde Gusto Gräser malte ein Bild namens *Die Macht der Liebe*, das die Rückkehr zur Natur als Flucht eines nackten Menschenpaares aus der industriellen Hölle der Neuzeit zeigt. Auch innerhalb der christlichen Ideologie gibt es das Konzept der Auslöschung des Sündenfalls. Im engeren Sinne ist dies Jesu Tod am Kreuz, das auch in seiner Gestalt als Antwort auf den Baum der Erkenntnis verstanden werden darf. In der Tat lassen sich in mancher Darstellung des Paradiesbaums bereits die Kreuzesarme erahnen, sodass die Schlange und der ums Kreuz gewundene Jesus als Ursprung und Auslöschung der Sündhaftigkeit ein aufeinander verweisendes Paar bilden. Die Taufe stellt ebenfalls als Akt der Reinigung wie der Aufnahme in die Gemeinschaft der Erlösten eine Reinwaschung vom Sündenfall dar. In den ersten Jahrhunderten war es dabei sogar vielfach üblich, entsprechend dem Ur-Ritual im Jordan Ganzkörper-Taufen zu vollziehen, und das Untertauchen geschah in der Regel gänzlich nackt vor den Augen der Gemeinde. Diese Nacktheit bei der Taufe entspreche der unschuldigen Blöße Adams und der Jesu am Kreuz, wie der heilige Kyrill erklärte.

Doch mit der Schambewehrung nimmt man der Nacktheit zugleich ihren Stachel. Unschuldige und in Unschuld betrachtete Nacktheit ist aller Erotik beraubt, ebenso ihres Potenzials zur Provokation und auch aller Zauberkraft. So bezeichnet *Anasyrma* das weder unschuldige noch obszöne, sondern vielmehr kultisch-heilige Vorzeigen der Genitalien oder des Gesäßes, und meistens ist konkret das frappierende Enthüllen der Vulva gemeint. Die Urszene entstammt wiederum der griechischen Mythologie und handelt von der Tat der Magd Baubo. Weil Demeter, die Göttin der Fruchtbarkeit, um ihre von Hades entführte Tochter Persephone trauert, will nichts mehr wachsen und gedeihen: Es herrscht trostloser Winter auf der Erde. Damit es Frühling werden kann, muss Demeter aufgeheitert werden, und so versucht Baubo aus Eleusis, der niedergeschlagenen Göttin die Trauer zu vertreiben. Sie beginnt mit einigen derben Witzen, aber Erfolg hat sie erst, als sie plötzlich ihre Kleider emporreißt und ihren Unterleib zeigt: »und raffte empor die Gewänder und zeigte / die ganze Bildung des Leibs und schämte sich nicht« – da lacht die Göttin und die Schwermut fällt von ihr ab; so schildert es Clemens von Alexandria. – Das mutwillige Enthüllen der Vulva ist eine starke, machtvolle Geste, antike Kulturen wussten, dass dieser kühne Akt Dämonen vertreiben und finsteres Geschick abwenden kann. Daher waren Idole, die ein weibliches Anasyrma abbildeten, ebenso verbreitet wie phallische Glücksbringer. Noch Plinius wusste von der magischen Potenz weiblicher Nacktheit, die zur Zeit der Monatsblutung noch verstärkt werde. Er berichtet, es »sollen Hagel, Wirbelwinde und Blitze abgewendet werden, wenn sich eine weibliche Person während ihres Monatsflusses dagegen entblösst; ferner schlechtes Wetter und Stürme auf Wasserfahrten, wenn sie dasselbe auch ausser jener Periode thut. [...] Wenn Frauen entblösst durch die Felder gehen, sollen Raupen, Würmer, Käfer und andere schädliche Thiere von den Pflanzen abfallen.« Man bedenke: Das göttliche Wunder, mit dem Jesus das stürmende Meer besänftigte, ist gewöhnlichen Frauen möglich, indem sie ihre Vulva hervorholen! Aus den Schriften der Kirchenväter jedenfalls war dergleichen nicht mehr zu erfahren. Spuren phallo-zentristischer Geringschätzung vulvatischer Energie finden sich noch im heutigen Strafgesetzbuch: Die Straftat des Exhibitionismus als sexuelle Zudringlichkeit ist nur Männern möglich; wenn eine Frau sich vor anderen entblößt, bringt sie es allenfalls zur Erregung öffentlichen Ärgernisses. Egal, wie sie sich bemüht: Eine Frau kann keinen strafbaren Exhibitionismus begehen. Darüber hätte Baubo aus Eleusis nur spitz aufgelacht. Der entwaffnende, offensive Gebrauch von Nacktheit jedenfalls hat eine lange Tradition. Weibliche Nacktheit zeigt sich hier als besonders wirksam und skandalträchtig – der jahrtausendelangen Skandalisierung durch die abrahamitischen Religionen sei Dank. Vielleicht liegt die Trübseligkeit der monotheistischen Wüstenreligionen auch in der Unfähigkeit begründet, das Erotische als heilig und das Heilige als erotisch zu erfassen.

Für die aufgeklärte Naturwissenschaft des neunzehnten Jahrhunderts konnte es kein Tier mehr geben, das das Böse in sich trug oder Satan verkörperte. Doch das erwachende Interesse für das Obskure und Dunkle machte die Schlange wieder attraktiv, gerade *weil* sie für die Sünde stand. Der Münchner Maler und Erotiker Franz von Stuck schwelgte in Bildnissen namens *die Sünde, Versuchung, die Sinnlichkeit* oder schlicht *das Schlangenweib*, auf denen es viel Dunkel zu sehen gibt, aus dem verworfen-laszive Frauenaugenwinkel blitzen, und schwellendes Frauenfleisch, um das sich allzu gern eine Schlange windet, grün, dick, mit feuchtem Glanz. Von Stuck musste nicht auf das Erscheinen von Freuds *Traumdeutung* warten, um darauf zu kommen, welche erotischen Assoziationen ein Traum von Schlangen beinhalten könnte. An männermordenden, lasziven Frauen wie Judith, Salome, Kirke und Potiphars Weib konnte er sich nicht sattmalen.

Das Wahrnehmen von Nacktheit ist nicht nur der Anfang der Scham, es ist zugleich die Erfindung der Erotik. Das frohe Bekenntnis zur Scham im Sinne der Genesis dreht den Spieß herum. Wer dem Weg der Schlange folgt, gewinnt beides: Erkenntnis und Sinnenlust. So kommt es, dass intellektuelle und sexuelle Libertinage oft in Gemeinschaft angetroffen werden. Das hatte Eva schon auf der dritten Seite der Heiligen Schrift erkannt: »[...] daß er eine Lust für die Augen wäre und verlockend, weil er klug machte«. Für den Aufklärer, Freidenker und professionellen Hedonisten Giacomo Casanova war diese Verbindung eine Selbstverständlichkeit. Er übersetzte aus der Ilias, begann ein Lexikon der Käsesorten und sammelte lateinische Grabinschriften. Für Frauen, die ihn intellektuell nicht anregen konnten, interessierte er sich nicht. Geistige Verschmelzung und körperliche Durchdringung waren für ihn nicht zu trennen. In Platons *Symposion* lässt sich Sokrates von Diotima belehren: »Zu den schönsten Dingen gehört doch die Weisheit, und Eros ist Liebe zum Schönen; so muß also notwendig Eros weisheitsliebend sein.«

1903 entdeckte man auf Kreta zwei etwa dreieinhalbtausend Jahre alte Keramikstatuen, von denen schwer zu sagen ist, ob sie Gottheiten oder Priesterinnen darstellen, doch ohne Zweifel zelebrieren sie ihre Weiblichkeit wie ihre Verehrung für die Schlange. Die etwas kleinere hält zwei Schlangen in den ausgestreckten Händen, zuckenden Blitzen gleich. Ihr Gesicht wirkt erregt und streng, ebenso stilisiert wie ausdrucksstark. Sie trägt ein prachtvolles, detailreiches Kleid, das auch die Oberarme bedeckt. Umso entblößter erscheinen die allein nackten Brüste, die groß, sehr rund und symmetrisch mit pupillengleichen Brustwarzen den Betrachter bannen. Die Brüste und die Schlangen sind es, die an dieser Figur Göttlichkeit und Kraft ausstrahlen.

Erst als sich nach der Paradiesvertreibung die Aufregung gelegt hatte, dachte man daran, dieser Frau mit der Schlangenaffäre auch mal einen Namen zu geben: Eva. Vor dem Sündenfall hatte sie nur »das Weib des Menschen« geheißen oder »das Weib Adams«, das hatte genügt. Ohne den Vorfall mit der Schlange und der verbotenen Frucht hätten die beiden schön friedlich im Paradies sitzen bleiben können. Es wäre ein Ort der Unschuld geblieben, ohne irgendwelche Schamgefühle. Ohne Neugier, ohne Erotik, ohne Überraschungen, ohne das Ringen um Richtig und Falsch. Wir müssen uns das monotheistische Paradies als eine Hölle der Langeweile vorstellen, der Ahnungslosigkeit, der Stagnation. Danke, Schlange.

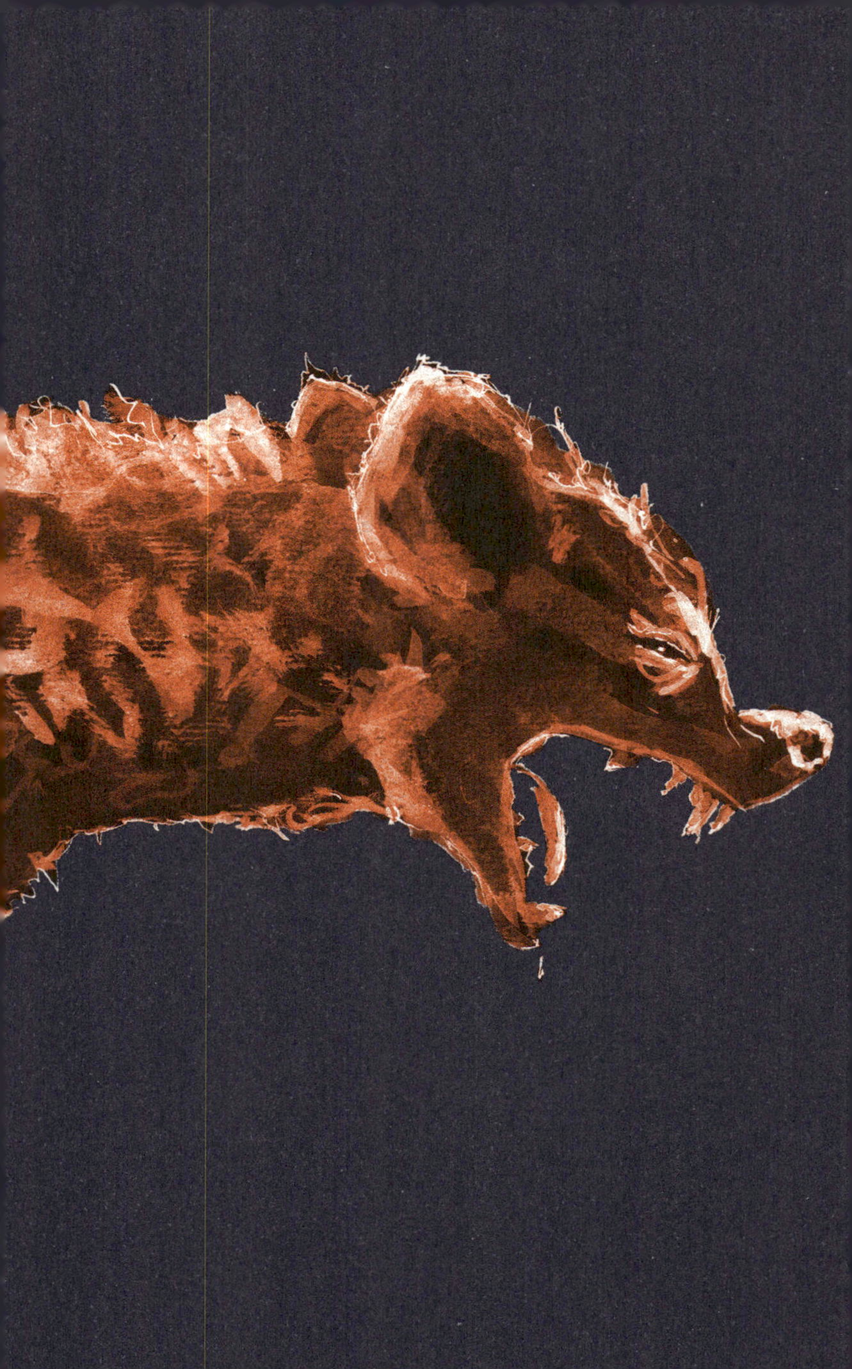

Hyänen

Er fühlte, daß in ihm wieder die Wut aufkommen wollte. Er fürchtete sich vor dieser dunklen Tollheit. Pfui, jetzt wird sie mich gleich wieder haben, dachte er. Ihn schwindelte, er hielt sich an einem Baum und schloß die Augen. Plötzlich sah er das Tier wieder, das in ihm saß. Unten zwischen dem Magen, wie eine große Hyäne. Hatte die einen Rachen. Und das Aas wollte raus. Ja, ja, du mußt raus.

– Georg Heym, *Der Irre*

Große Raubtiere haben den Menschen immer Respekt eingeflößt. Die Jagd war ein Privileg des Adels, und Löwen, Tiger, Wölfe sind nicht nur beeindruckend und gefährlich, sondern gelten auch als kühn, mutig, stark, sind edle Räuber. Aber die Hyänen? »Eine einzigartige Kreuzung aus erbärmlicher Feigheit und schlimmster Grausamkeit«, so nannte sie Theodore Roosevelt. Und er musste es wissen, denn er hielt sich in seiner beträchtlichen Menagerie auch eine Hyäne namens Bill. Überhaupt kannte er sich gut mit Tieren aus, denn der Präsident liebte die Großwildjagd und wusste, mit welcher Waffe auf welches Tier zu schießen war. Die Doppelbüchse, mit der er etliche Elefanten, Nashörner und Kaffernbüffel erlegte, ist heute ein bestauntes Museumsstück. Seinen Spitznamen ›Teddy‹ erhob man zum Synonym für Plüschbären, nachdem er einem zum Abschuss freigegebenen Bärenkind das Leben geschenkt hatte (dessen Mutter er zuvor bereits abgeknallt hatte). Auch Ernest Hemingway war ein großer Jäger. Im Erschießen von Tieren erfuhr er ein starkes, männliches Glück, die Erfüllung aller Versprechungen des Maskulinen, ob bei der Großwildjagd, beim Stierkampf, oder beim Fischen eines riesigen Marlins. Auch in Boxkampf und Krieg fand Hemingway existenzielle Intensität. In einem Brief erklärte er, in den Weltkriegen insgesamt 122 Deutsche getötet zu haben, was er allerdings später als Autofiktion relativierte. Nichts gegen Alkohol aus vielen Flaschen und Sex mit vielen Frauen, doch erst im Töten erglänzte ihm das Leben eines wahren Mannes. Sein Gewehr nannte er seine »glatte, braune Geliebte« – mit der er schließlich auch dem eigenen Leben ein Ende setzte. Wie so mancher Jäger verklärte er den Akt der Jagd zu einer Respektbezeugung für das Wild. Von Hyänen aber hielt er nichts, auch wenn er sie gerade erschoss. Mitten in die »verschlagene Hundebastardfratze« trifft er eine und spottet über ihre »erregte Entrüstung« beim Todeskampf. Hyänen waren ihm »Hermaphroditen, die sich an den Toten vergehen«, und sie verdienten keinen Respekt.

An Hyänen bleibt kein gutes Haar. Zunächst sind sie hässlich, haben räudiges Fell und böse funkelnde Augen, bewegen sich linkisch, geduckt und humpelnd und lassen ein boshaftes, halb irres Gelächter hören. Sodann sind sie feige, hinterhältig und grausam. Sie sind keine kühnen, mannhaften Jäger, sondern verschlagene Diebe und Aasfresser. Alfred Brehm schreibt: »Sie graben Leichen aus und fressen sie; sie verschmähen noch nicht mal von stinkendem Blut getränkten Sand. Sie sind feige und leicht zu vertreiben. Sie jagen nicht in offenem Feldkampf, sondern stehlen und überwältigen Schwächere. Sie wagen sich nur an Tiere, die sich nicht wehren können. Sie stehlen auch Kinder aus den Hütten.« Im edlen Daseinskampf dieser Welt sind sie die Pfuscher und Trickser, die sich nur mit unredlichen Mitteln durchschlagen und die Prüfungen der Natürlichen Auslese überstehen konnten. Dazu unterstellt man ihnen noch andere miese Tricks. Aelianus berichtet, Hyänen hätten sogar Zauberkräfte. Durch Auflegen ihrer linken Pfote könne eine Hyäne Menschen und Tiere einschläfern. Hat sie einen Menschen in Tiefschlaf versetzt, so »scharrt sie den Boden unter seinem Kopf so weit weg, daß sein Nacken in die Höhlung sinkt und seine Gurgel sich offen und ungeschützt darbietet. Die Hyäne legt sich darauf und erstickt ihr Opfer, und dann zerrt sie es in ihre Höhle.« Sie hat auch hypnotische Fähigkeiten: »Wenn der Mond voll ist, stellt sie sich in sein Licht und läßt ihren Schatten auf die Hunde fallen. Sogleich verstummen sie, und verzaubert wie von Hexen führt sie sie schweigend davon, und von da an kann sie mit ihnen machen, was sie will.«

Alfred Brehm war ein Sohn der rationalen Neuzeit und machte sich solche Geschichten natürlich nicht zu eigen. Doch die arabischen Diener auf seinen Afrikareisen kannten süffige Legenden, die er bereitwillig weitergab. So glaubten sie, dass Menschen verrückt würden, wenn sie Hyänengehirn aßen, und waren überzeugt, »daß die Hyänen selbst nichts anderes sind als verkappte Zauberer, welche bei Tage in Menschengestalt umherwandeln, bei Nacht aber die Hyänenmaske annehmen, allen Gerechten zum Verderben«. Sie rieten ihrem europäischen Herrn dringend davon ab, auf die »verlarvten, höllischen« Tiere zu schießen, denn das könnte üble Folgen haben: Ein junger Mann, der eine Hyäne getötet hatte, soll am folgenden Tag »entmannt, zum Weibe geworden« sein. Der Umgang mit Hyänen kann die Verlässlichkeit sexueller Zuordnungen und Orientierungen erschüttern, doch davon später mehr.

Der stereotype Vorwurf des Aasfressertums ist doppelt verwunderlich. Zunächst fragt man sich, was am Genuss von Aas verkehrt sein soll? Es gibt kaum ein Raubtier, das das glückliche Angebot einer zufällig vorgefundenen Mahlzeit verschmähen und einen halbwegs frischen Kadaver liegen lassen würde. In der Savanne bleibt nichts Fressbares lange unbeachtet. Für den Genuss von Aas sind Hyänen besonders gut ausgestattet mit ihrem enorm starken Gebiss, das mühelos Knochen zerbeißt, und ihrer Magensäure, die nahezu alles zersetzen kann und auch Krankheitserreger unschädlich macht. Andererseits sollte man sich die Aasfresserei nicht zu bequem vorstellen. Wer seine Ernährung ganz auf Aas umstellt, muss stets wachsam sein, ob es Hinweise auf ein frisch verendetes Tier gibt, muss gegebenenfalls weite Strecken zurücklegen und bereit sein, sich am Kadaver mit anderen Interessenten zu streiten. (Frühe Menschenformen konnten ein Lied davon singen. Nur, weil eine Primatensippe sich auf Savannenaas spezialisiert hatte, konnten aufrechter Gang und Haarlosigkeit sich als Gattungsmerkmale durchsetzen, da sie für Überblick und ausdauernde Läufe vorteilhaft waren.) Dabei stimmt es gar nicht, dass Hyänen sich überwiegend von Aas ernähren. Man nahm lange an, Hyänen würden mit Vorliebe vom Jagderfolg tapferer Tiere schmarotzen. Tatsächlich aber kommt es häufiger vor, dass umgekehrt Löwen die Hyänen von ihrer Beute vertreiben. Feldstudien erwiesen, dass Hyänen den größten Teil ihrer Nahrung im Gruppenverband selbst erjagen. Doch das änderte an ihrem Ansehen als »Prekariat des Tierreichs«, so Harun Maye, offenbar auch nichts: »Man müsste erst noch einen Begriff erfinden, der die Unter-Unterschicht der Hyänen adäquat benennt. [...] asoziale Tiere, die gegen fast alle kulturellen Tabus und Gebote verstoßen.«

Hyänen jagen in Gruppen. Sie umringen ihre Beute, treiben sie in die Enge, beißen sich mit Vorliebe in ihrer Flanke fest, reißen ihnen den Bauch auf und beginnen gleich mit dem Fressen. Die Meute fällt dann gemeinsam über das Opfer her, jeder beißt und frisst und schlingt, wie es nur geht. Rasch gerät auch mal eine Pfote oder das Ohr eines Clangenossen zwischen die Kiefer; so ist es dann eben. Das möchte man nicht ansehen? Jane Goodall schildert, wie sich ein Hyänenmahl *anhört:* »Die Geräusche wurden immer lauter, das Heulen und Knurren, das plötzliche Gebrüll, das einem die Glieder erstarren läßt, das nervöse Gelächter und Gekicher. Und mit diesen Lauten vermischen sich die schlürfenden, kauenden, reißenden und knirschenden Geräusche von etwa dreißig Mäulern, die Fleisch, Haut und Knochen fraßen.«

Wenn von der Hyäne die Rede ist, sind meist die Tüpfelhyänen gemeint. Sie sind die häufigste Hyänenart und prägen das typische Bild. Brehm ist nicht Urheber ihres schlechten Rufes, denn der hatte sich über Jahrtausende aufgebaut, aber seine Formulierungen bringen die Urteile über dieses Tier auf den Punkt: »Unter sämmtlichen Raubthieren ist sie unzweifelhaft die mißgestaltigste, garstigste Erscheinung; zu dieser aber kommen nun noch die geistigen Eigenschaften, um das Thier verhaßt zu machen. Sie ist dümmer, böswilliger und roher als ihre gestreifte Verwandte.« Zur Hyänenfamilie gehören noch die Streifen- und die Schabrackenhyänen sowie der etwas entfernter verwandte Erdwolf. Ihre Gestalt erinnert an Hundeartige, und man möchte sie zu Schakalen, Kojoten, Dingos und anderen Wildhunden gruppieren, doch sie gehören nicht zur weitläufigen Hundefamilie. Tatsächlich zählen Hyänen zu den Katzenartigen; die nächst verwandten Tierfamilien sind die

Mangusten, die Schleichkatzen und die Madegassischen Raubtiere.

Wer ein Kompendium über eigentlich alle Tiere schreiben will wie Alfred Brehm, kann nicht mit jeder einzelnen Art authentische Erfahrungen gemacht haben. Brehm war ein großer Sammler, Redakteur und Kompilator, dabei deckt er seine Quellen redlich auf und zitiert oft seitenweise unter korrektem Nachweis. Mit Hyänen aber kannte er sich aus. So hatte Brehm im Rahmen einer Expeditionsreise in Khartum Hyänenwelpen gekauft und machte den Versuch, sie zu halten und zu erziehen, so als wären es – nun ja, Hunde eben, welches Vorbild sollte man sich auch sonst nehmen? Wie da vorzugehen wäre, war ihm klar: Man verprügelt die Tiere, wieder und wieder, besser noch einmal zu viel als einmal zu wenig. Nachdem eines der widerspenstigen Tiere sich ein, zwei Tage kaum noch rühren kann, stellt der Erfolg sich ein: Der Wille ist gebrochen. Hunde und solche, die es werden sollen, verprügelt man mit der gleichen Selbstverständlichkeit, mit der man ein Fahrrad aufpumpt. Eines der Tiere hat Brehm, er berichtet es mit unbekümmerter Gleichmut, doch wahrhaftig »infolge eines Anfalles ihrer Raserei« totgeschlagen; nun, da waren es nur noch zwei. »Nach Verlauf eines Vierteljahres konnte ich mit ihnen spielen wie mit einem Hunde [...]. Sie gewannen mich mit jedem Tage lieber und freuten sich, wenn ich zu ihnen kam.«

Als Alfred Brehm seine Hyänen verdrosch, bis dass sie ihn von Herzen liebhaben mussten, folgte er einem Paradigma der Hundeerziehung, das bis dahin niemand infrage gestellt hatte und das noch heute viel Zustimmung genießt: Hunde müssen gehorchen. Brav sein und treu sein sind ihre ersten Tugenden. Ein Hund darf nicht einfach tun, was er will. Er muss auf Kommando kommen oder dableiben, sich hinlegen oder losspringen, nach Trüffeln, Sprengstoff oder Drogen schnüffeln, wenn sein Herr es will, und er muss auch auf Befehl einen wildfremden Passanten anfallen. Gleichzeitig darf er vieles nicht: in die Wohnung pinkeln, vom Tisch stehlen, Besuch anbellen oder an jemandem hochspringen. Damit unsere Hunde keine Tyrannen werden, müssen sie begreifen, dass ihr Bezugsmensch der Chef ist, und verstehen, welches die erlaubten und welches die verbotenen Verhaltensweisen sind. Das geht am besten, wenn man sie im Allgemeinen unterwirft und im Speziellen bestraft. Und das zu ihrem Besten: Denn das Unterwürfige, das Untertanentum ist gleichsam die Natur des Hundes. So jedenfalls hat es Thomas Mann beobachtet: »Es handelt sich da um einen von weither überkommenen patriarchalischen Instinkt des Hundes, wenigstens in seinen mannhafteren, die freie Luft liebenden Arten, bestimmt, im Manne, im Haus- und Familienoberhaupt, unbedingt den Herrn, den Schützer des Herdes, den Gebieter zu erblicken und zu verehren, in einem besonderen Verhältnis ergebener Knechtsfreundschaft zu ihm seine Lebenswürde zu finden [...].« Wie wunderbar, dass ein Hund instinktiv den Mann als Familienoberhaupt identifiziert und somit die Rollenhierarchie in der Familie als eine natürliche bestätigt. Als kennzeichnend für die Charakterfestigkeit des Hundes gilt Thomas Mann die mannhafte Tugend der Tapferkeit, wenn er gezüchtigt wird. Mann findet gar nichts dabei, dass er im Rahmen der Hundeerziehung gelegentlich »zum Äußersten gebracht, die Karbatsche vom Nagel nahm«. Einen seiner Hunde rühmt er dafür, dass »nicht ein Wehelaut über seine Lippen kam, wenn der Schlag und noch einer niedersauste, höchstens ein ernstes Stöhnen, falls es ihn allzu beißend getroffen hatte«. Der Nachfolgehund dagegen quiekt und schreit, wenn er ausgepeitscht wird: »Kurzum, keine Ehre, keine Strenge gegen sich selbst.« Der Hund, das ist der Untertan, der das patriarchale Herrschaftsverhältnis bejaht und darin seine Tugend findet, selbst die eigene Züchtigung als Manifestation der rechten Ordnung zu begrüßen.

Schon im Titel seines ›Idylls‹ *Herr und Hund* klingt mit der Formel »Herr und Knecht« das Dialektische dieses Machtverhältnisses an. Auch Brehm weiß, dass der Charakter des Hundes den seines Herrn spiegelt, und das – so wollte es die Natur – kann und darf nur ein Mann sein. Wenn Frauen sich in der Hundeerziehung versuchen, kommen weinerliche und zugleich dominante Schoßhündchen heraus, verzogen, verfressen und frech. Ein armer Hund, dem man die prädisponierte Eingliederung in die männliche Ordnung verwehrt hat! Gehorsam und Unterwerfung sind die Tugenden des Hundes. Er ist der geborene, durch menschliche Auslese geschaffene Untertan. Hunde haben per Geburt verstanden, dass sie in die menschliche Ordnung gehören. Gewaltausübung durch den Herrn bestätigt die Ordnung, die ihren natürlichen Lebensraum bildet. Die menschliche Zuchtwahl, die allmählich den Hund hervorgebracht hat, hat ausgelesen und aussortiert, was sich ins patriarchale Herrschaftsgewölbe nicht einfügen wollte; und so tun Hunde Dinge, die ein Wolf nicht täte. Auch können sie Getreidenahrung verdauen, was Wölfen nicht möglich ist, aber einen offenkundigen Selektionsvorteil darstellt, wenn man Menschenhaushalte zur natürlichen Umgebung hat. Und wer würde aus einem Wurf nicht dasjenige Hundchen auswählen, das am herzigsten dreinblickt? Der typische Hundeblick könnte sich ebenfalls auf diese Weise herausgemendelt haben. Und den wenden Hunde immer an, wenn sie allein nicht weiterkommen.

Zum Hund gehört ein Mensch, der ihn führt, ihn füttert und ihm hilft.

Wie aber kam es zur Domestizierung des Hundes? Wie begann es? Möglicherweise aus Schlafmangel. In Konrad Lorenz' Klassiker *So kam der Mensch auf den Hund* wagt sich der Autor an eine Fantasie des Erstkontaktes: Eine Menschenhorde streift durch die Wildnis, körperlich uns gleichend, doch im noch tierhaften Blick flackert die Angst der potentiellen Jagdbeute. Die erschöpfte Gruppe sucht einen Lagerplatz, die ständige Gefahr aber lässt sie keine Ruhe finden. Und das Wildschweinfleisch, das sie sich teilen, lockt auch noch Schakale an. Da kommt einer auf die Idee, den Schakalen ein Stück der Beute hinzuwerfen, und legt noch ein paar Knochen aus – mit dem Erfolg, dass die Tiere in der Nähe der Menschen lagern. Die Schakale nämlich wurden sofort unruhig, wenn eine Gefahr sich näherte, und bewährten sich als die ersten Wachhunde der Geschichte. – So hatten die Menschen in Lorenz' Schilderung es den Schakalen zu verdanken, dass sie endlich wieder ruhig schlafen konnten, sie duldeten die Tiere fortan gerne um sich und hielten sie durch gelegentliche Fütterung in ihrer Nähe. Bald folgten die Tiere den Menschen auf die Jagd, bald eilten sie voraus, bald halfen sie, ein Beutetier zu stellen. Schließlich wurde ein verwaister Welpe von einem – freilich weiblichen – Gruppenmitglied so süß gefunden, dass man das Fellknäuel zu sich nahm und in der Familie aufzog. Erwachsen geworden erwies sich dieses Tier als besonders treuer Begleiter. Beim nächsten Wurf suchte man schon das Zutraulichste heraus, und die Zuchtwahl begann ... – aber Moment, wieso erzählt Lorenz von Schakalen? Stammt der Hund denn nicht vom Wolf ab? Doch, das tut er. Der Wolf und nur der Wolf ist die Urform des Hundes. Archäologische Funde und genetische Forschungen lassen daran inzwischen keinen Zweifel mehr. Wann die Domestizierung aber ihren Anfang nahm, ist noch immer umstritten; die plausiblen Thesen bewegen sich zwischen 100 000 und 15 000 Jahren gemeinsamer Vergangenheit von Mensch und Hund. Ebenso gibt es unterschiedliche Vermutungen, ob es mehrere Wellen der Domestizierung gab, und von wo sie ausgingen. Von Ostasien? Von Mitteleuropa? Etwa neuntausend Jahre alt ist eine Grabstätte in Illinois, in der, neben menschlichen Gräbern, in aller Würde ein Hund bestattet wurde. Auch amerikanische Ureinwohner hatten also Hunde, aber DNA-Untersuchungen lassen vermuten, dass diese Tiere von den Hunden europäischer Eroberer vollständig verdrängt wurden. Immer wieder finden Archäologen Hundeschädel und Pfotenabdrücke; doch warum und wie die Tiere gehalten wurden, lässt viel Raum für Spekulationen. Würdevolle Grablegen aber beweisen Nähe, Freundschaft und Wertschätzung zwischen Mensch und Hund. Das älteste bekannte Hundegrab liegt bei Bonn: ein Mann, eine Frau und ein Hund liegen gemeinsam bestattet. Es ist 14 000 Jahre alt.

Als Konrad Lorenz 1950 seinen Hundebestseller veröffentlichte, war er noch ein Wissenschaftler mit ungewisser Zukunft und konnte nicht ahnen, dass er 1973 als erster Verhaltensforscher den Nobelpreis erhalten sollte. Den Zweiten Weltkrieg hatte er als Heerespsychologe und Militärarzt einigermaßen überstanden, auch die vierjährige sowjetische Kriegsgefangenschaft. Seine Lehrtätigkeit in Königsberg hatte er vor seiner Einberufung 1941 nur ein Jahr lang ausüben können; nach dem Krieg war der Lehrstuhl ebenso verschwunden wie das ganze Königsberg. Dabei war die Position mühsam errungen gewesen. Einen ersten Forschungsantrag hatte man ihm 1937 abgelehnt, weil Zweifel an Lorenz' arischer Abstammung aufgekommen waren. Er entgegnete mit entschiedenen Bekenntnissen. In seinem Aufnahmeantrag in die NSDAP beteuerte er: »Schließlich darf ich wohl sagen, daß meine ganze wissenschaftliche Lebensarbeit, in der stammesgeschichtliche, rassenkundliche und sozialpsychologische Fragen im Vordergrund stehen, im Dienste Nationalsozialistischen Denkens steht!« Nein, ausgerechnet Jungbiologe möchte man nicht gewesen sein im Hitlerdeutschland. Da hätte es weniger verfängliche Fächer gegeben. Aber Lorenz bemühte sich, seine Forschungsinteressen und die drängenden Fragen der Zeit miteinander zu vereinbaren. So betrieb er erbbiologische Studien in Polen und machte sich im Rassenpolitischen Amt nützlich. Was mit einer Tierart geschieht, wenn Domestizierung die Wirkung der natürlichen Auslese ausschaltet, hatte ihn von vornherein interessiert. So hatte er untersucht, wie es sich auf das Instinktverhalten von Wildgänsen auswirkt, wenn sie sich mit Hausgänsen vermischen. Dieser Forschungsansatz ließ sich leicht auf die Gesunderhaltung des Volkskörpers übertragen: »Versagt die Auslese, mißlingt die Ausmerzung der mit Ausfällen behafteten Elemente, so durchdringen diese den Volkskörper [...] Sollte es mutationsbegünstigende Faktoren geben, so läge in ihrem Erkennen und Ausschalten die wichtigste Aufgabe des Rassepflegers überhaupt.« Seine griffige Formel von der drohenden »Verhausschweinung des Menschen« gab vielen Menschen zu denken. Es scheint Lorenz wenig Mühe gekostet zu haben, sich so zu äußern, und wir wissen nicht, ob er mit weniger Anbiederung ebenso beruflichen Erfolg gehabt hätte. Aber nun waren die braunen Jahre ja glücklicherweise vorbei, und man konnte in Ruhe und ohne ideologische Eintrübung Bücher über Hunde und Wildgänse schreiben. Genetische Analysen standen Lorenz und anderen Zoologen in der Mitte des zwanzigsten Jahrhunderts nicht zur Verfügung, wenn sie die Verwandtschaft und Entwicklung von Arten verstehen wollten. Man musste Schädelrundungen bewerten und Skelette vermessen, um Vermutungen über die Abstammung zu begründen. Lorenz, der Tierpsychologe, war stolz auf seinen Ansatz, aus vergleichenden Verhaltensstudien auf die Stammesgeschichte zu schließen und nicht wie andere Zoologen aus der Vermessung von Knochen. So kam er zu seiner These, der Hund stamme nicht nur vom Wolf, sondern auch und sogar überwiegend vom Goldschakal *canis aureus* ab. Im Hundetum gäbe es also zwei Hauptrassen: die ›lupusblütigen‹ und die ›aureusblütigen‹, und das sei sehr gut am jeweiligen Verhalten abzulesen. Die rassekundliche Knochenvermesserei konnte Lorenz deswegen gestohlen bleiben: »Der Verhaltensforscher [...] *sieht* einfach, daß der Lupushund eine andere Spezies ist als der Aureushund.« Und woran genau erkennt er das? An der »Anhänglichkeit und Treue jener Hunderassen, in deren Adern Wolfsblut fließt«! Sogar das Wort ›Mannentreue‹ bringt Lorenz hier ohne jedes schiefe Grinsen zum Einsatz. Die harten Daseinsregeln im Wolfsrudel seien es, die diese Charakterzüge im wolfsblütigen Hunde geformt hätten. Man höre: »Straffe Organisation, treue Gefolgschaft dem Leitwolf und unbedingtes Einstehen füreinander im Kampf sind die Vorbedingungen für den Erfolg im bedrängten Dasein dieser Tiere.« So komme es, dass die weichlichen Aureushunde, gleichsam in einer verlängerten Infantilität, »in ihrem Herrn das Elterntier« erblickten, die Lupushunde ihm aber eine erwachsene »Treue von Mann zu Mann« hielten. Übrigens sind es vorwiegend die ›nordischen‹ Hundearten, die der hellsichtige Verhaltensforscher intuitiv als wolfsblütig erkennt. – Wenige Jahrzehnte später aber war die These vom zweierlei Hundegeblüt endgültig widerlegt: Alle Hunde stammen vom Wolf ab. Lorenz' Rassenlehre stimmte nicht im Geringsten. Außerhalb des deutschen Sprachraums hatte sie ohnehin wenige Anhänger gehabt.

Lorenz schreibt natürlich auch über die Erziehung von Hunden, und dabei geht es ihm vorwiegend um die Kunst der Dominanzbehauptung. Wann und wie und wie viel man den Hund bestraft, darauf käme es an; denn man beachte: »Zur Bemessung des Strafausmaßes bedarf es großer Feinfühligkeit.« Schließlich beruhe der Wert des Strafens weniger auf den zugefügten Schmerzen als vielmehr in der »Machtentfaltung des Gebieters«. Man darf Herrn Lorenz dafür bewundern, mit welcher Bereitwilligkeit er dieses Tyrannenamt auf sich nimmt. Vor siebzig Jahren, möchte man meinen, konnte man sich noch ungetrübt in der Herrscherposition sonnen, doch in Wahrheit war dieser Anspruch längst entlarvt und ins Lächerliche gezogen: »Welche Seligkeit, befehlen zu können! Welche Freude, einen um sich zu haben, der mit treu dämlichen, gefeuchteten Augen zu dir emporblickt, manchmal gehorsam jedem winke, und dem gegenüber du dich als Mann fühlst, als Freier und als Herr.« So gemein und so wahr beschreibt Tucholsky den menschlichen Gebieter in seiner Attitüde gegenüber dem *Hund als Untergebener*.

Die Logik der Hunde, nein, eigentlich der Hundezucht und -führung, beruht auf der Beziehung von Befehl und Gehorsam, von Macht und Strafen. Das Hundetum bestätigt, dass Recht hat, wer die Macht hat. Sie sind die vom Menschen geschaffenen Bejaher des Patriarchats. Thomas Mann veröffentlichte seine autobiografische Hundeerzählung 1919, unmittelbar nach der deutschen Niederlage im Ersten Weltkrieg, die Mann – im Unterschied zu der im Zweiten – sehr beklagte. Patriarchale Herrschaftsverhältnisse und Mannentreue befanden sich zu dieser Zeit in einer schweren Krise. Sein Bruder Heinrich hatte sich auch gründlich mit Untertanentum befasst, aber ihm gelang es nicht, dabei den Ernst zu wahren. Sein unvergängliches Abziehbild der preußischen Hierarchie, die vollendete Parodie des Gehorsams, die furchtbar übertreibt und dennoch die Wirklichkeit nicht übertreffen kann, das »Herbarium des deutschen Mannes« (so Tucholsky) namens *Der Untertan* schildert die endlose Kette von Knechtschaftsverhältnissen, die einen autoritären Staat ausmacht; eine Pyramide aus Hunden, die von oben geprügelt werden und nach unten prügeln und in beidem ihr hündisches Glück finden. Die Hauptfigur Diederich Heßling wird als Kind schon geprügelt und genießt die sich darin manifestierende Ordnung. »Scheu wedelnd« drückt er sich beim Pult des Vaters herum, bis der einen Grund vermutet, den Stock zu ergreifen. Und so beginnt sein Weg durch den Obrigkeits- und Untrigkeitsstaat, und ja: es ist ein Hundestaat! Immer wieder überkommt den Untertanen Heßling »die Lust, dankbar zu wedeln«, wenn er einen rechten Herrn gefunden hat. Er trifft auf seinem Marsch durch die Institutionen freche Hunde, schlappe Hunde, dreiste Hunde, falsche Hunde; und auch die Verlobte Guste blickt wie eine Hündin. Als es ihm schließlich gelungen ist, eine Familie zu gründen, gelingt sie als perfekte Miniaturhierarchie bis hinab zum Hund: »Wie Diederich in der Furcht seines Herrn, hatte Guste in der Furcht des ihren zu leben. Beim Eintritt ins Zimmer war es ihr bewußt, daß dem Gatten der Vortritt gebühre. Die Kinder wieder mußten ihr selbst die Ehre erweisen, und der Teckel Männe hatte alle zu Vorgesetzten.« Ja, richtig gelesen: Heinrich Mann hat den Hund seines Helden tatsächlich ›Männe‹ getauft. Unnötig zu erwähnen, dass auch der Kaiser Teckel hielt. Sein Lieblingsdackel *Erdmann* wurde 1901 im Bergpark Wilhelmshöhe beigesetzt. 2013 wurde der Park und mit ihm das Grabmal des kaisertreuen Dackels zum Weltkulturerbe erhoben.

Mit Hunden ist also gut ein Untertanenstaat einzurichten, für die Revolution dagegen eignen sie sich nicht. Mit Hyänen verhält es sich gerade umgekehrt. Sie unterwerfen sich nicht, sie taugen nicht zu Knechten. Das Wolfsrudel bildet sich um ein Elternpaar herum und ist im Grunde eine Kleinfamilie, bekanntlich die Keimzelle staatlicher Ordnung. Hyänen dagegen sind in größeren Verbünden unterwegs, die man sich geeinigt hat *Clans* zu nennen. Diese Clans umfassen bis zu hundertzwanzig Tiere, sie werden durch eine differenzierte Sozialstruktur zusammengehalten. Sie werden von Weibchen geführt, die matriarchale Dynastien begründen und aufrechterhalten. Gewöhnlich beerbt die Tochter des Alphaweibchens einmal den Rang der Mutter, jedenfalls hat sie beste Aussichten darauf. Junge Männchen müssen mit der Geschlechtsreife den Clan verlassen und sind froh, wenn sie einen anderen finden, der sie aufnimmt und dem ihre Erbanlagen willkommen sind. Hyänenmännchen umwerben die Weibchen mit demütig wirkenden Verbeugungsritualen, stets auf der Hut, weil ungewiss bleibt, ob sie vom körperlich überlegenen Weibchen erhört oder aber angefallen werden. In ihren fruchtbaren Tagen paart sich eine Hyäne gewöhnlich mit einer Reihe verschiedener Männchen. Kommen Junge zur Welt, ist dann ganz ungewiss, wer ihr Vater ist, aber offenbar spielt diese Frage im Clan auch keine Rolle. Es ist also keineswegs unbegründet, wenn Anhänger männlicher

Dominanzsysteme die Hyänenwirtschaft mit Argwohn betrachten. Dabei ist das Skandalon der Weiberherrschaft bei den Hyänen noch gar nicht allzu lange bekannt. Diese Ahnungslosigkeit hat ihren Grund darin, dass die Hyänen mit ihrer Geschlechtlichkeit ein ungebührliches Verwirrspiel treiben.

Alfred Brehm redet noch um den heißen Brei herum, wenn er unter verlegenem Lächeln schildert, dass die von ihm gezähmten Hyänen ulkigerweise den »umgestülpten Mastdarm« emporreckten, um ihn freudig zu begrüßen. Neinnein, lieber Tiervater, das war nicht der Mastdarm! Das Organ, das da aus dem Unterleib der Hyänen ragt, das sie willentlich bewegen können und das durch Erektion Freude und Erregung anzeigt, ist eine außerordentlich verlängerte Klitoris. Es fällt schwer, in dem Organ etwas anderes zu erblicken als einen Penis. Es gleicht dem Penis der Männchen so sehr, dass man genau hinsehen muss, um an der Krümmung der Spitze die Geschlechter zu unterscheiden. Zudem ist die Vulva so vergrößert, dass man sie für einen Hodensack halten könnte. Alfred Brehm hätte also der Tatsache ins Auge zu sehen gehabt, dass seine Hyänen, wenn er ihren Stall betrat, einen Ständer bekamen. Hat er etwas geahnt? Markus Krajewski kommentiert diese Szene recht spitz, erblickt in Brehm einen »Meister der zweideutigen Beschreibung« und unterstellt ihm gar sodomitische Anziehung zur Hyäne. Diese Einschätzung sei hier ohne Wertung weitergereicht. In jedem Fall hat die weibliche Hyäne dank ihrer penisgestaltigen und frei beweglichen Klitoris vollständige Kontrolle über den Paarungsakt, denn eine Vereinigung gegen ihren Willen und ohne ihre aktive Mitwirkung ist schon anatomisch ganz ausgeschlossen. Verständlich also, dass Tierbeobachter einst große Verwirrung litten, was die Geschlechtszugehörigkeit der Hyänen betraf, und die Tiere dadurch in schlechtes Licht gerieten. Wie war es zu erklären, dass Tiere, die durch ihren Penis als Männchen erkennbar waren, mit einem Mal Junge zur Welt brachten? Die naheliegende Erklärung war, dass die Hyänen in der Lage sein mussten, ihr Geschlecht zu wechseln. Der unerschütterliche Naturkundler Aristoteles konnte das noch ganz unaufgeregt zur Diskussion stellen. Der freisinnige Naturforscher fühlte sich keiner Ordnung verpflichtet, der so etwas zuwiderliefe. Für den frühchristlichen Tierdeuter *Physiologus* dagegen war in diesen Tieren nichts als ein drohender Fingerzeig Gottes zu erkennen: »Der Physiologus sagte von der Hyäne, sie sei mannweiblich; bald wird sie männlich, bald aber weiblich. Es ist ein verruchtes Tier, weil es seine Natur wechselt. [...] Werde also auch du nicht der Hyäne ähnlich, indem du einmal die männliche Natur und dann wieder die weibliche vorziehst; solche hat der göttliche Apostel verworfen, indem er sagte: ›Männer trieben Unzucht mit Männern‹.« Demnach wäre die Hyäne die tiergewordene Warnung vor der Erzsünde der Homosexualität. Im *Barnabasbrief,* einem theologischen Traktat aus dem ersten Jahrhundert, wird neben verschiedenen anderen Speiseregeln nachdrücklich vor dem Verzehr von Hyänenfleisch gewarnt, denn: »Du sollst kein Ehebrecher oder Knabenschänder oder etwas Derartiges werden. Weshalb? Weil dieses Tier jedjährlich sein Geschlecht ändert und bald männlich, bald weiblich wird.«

Welchen Grund aber hat diese unter den Säugetieren ganz exklusive Genitalgestaltung? Das ist nicht leicht zu sagen. Möglich, dass das Dominanzverhalten und die hohe Streitlust der Weibchen mit einem erhöhten Testosteronspiegel einhergehen, der ihren Genitalien eine maskuline Gestalt verleiht. Wer herrschen will, muss kämpfen können. Wenn Hyänenkinder geboren werden, haben sie mit der Tragzeit einen Hormonrausch hinter sich, der unter Säugetieren seinesgleichen sucht. Angefüllt von Aggressivität, blicken sie mit wachen Augen und scharfen Eckzähnen auf die Welt; bereit, von der ersten Sekunde an für ihre Interessen zu kämpfen und notfalls die eigenen Geschwister totzubeißen. Der Kampf um die Macht im Clan wird nur unter den Weibchen ausgetragen, und er erschöpft sich nicht in symbolischer Konkurrenz oder in unblutiger Machtdemonstration. Hyänen pflegen keinen verfeinerten Wettstreit um das schillerndste Balzgefieder, den lautesten Gesang, das schönste Geweih, sondern es wird gebissen und gewürgt, es gibt blutende Schnauzen und abgerissene Ohren. Stärke, Skrupellosigkeit und ein dichtes Netz an Allianzen und Abhängigkeiten sind Voraussetzungen, um im Clan die Oberhand zu behalten. Und bei Streitigkeiten zwischen zwei Clans gibt es erst recht kein Pardon. Jane Goodall schildert, was passierte, als eine Hyäne sich – wohl nur wenige Meter – zu weit über die Grenze zum Territorium des Nachbarclans gewagt hatte. »Sie packten ihn, und ein paar Augenblicke später war praktisch nichts mehr von ihm zu sehen, als eine immer größere Zahl seiner Feinde heranstürmte, um in seinen Körper zu beißen und ihn zu reißen. Die Nacht war erfüllt von gräßlichem Gebrüll, tiefem Geheul und Geknurr des siegreichen Clans und den entsetzlichen Schreien ihres Opfers.« Nein, das Matriarchat der Hyänen ist kein Friedensreich.

Wenn *Weiber zu Hyänen* werden, kündigt sich die Umkehrung oder Zerstörung der Ordnung an. Dazu gehört, dass Frauen Grausamkeiten begehen, die ihnen nicht gemäß scheinen, die ihnen nach traditionellem Geschlechterverständnis nicht zustehen. Männliche Gewalt ist Teil der bekannten Ordnung, sie ist uns vertraut, sie reguliert sich selbst. Männer schlagen sich im Streit, berauben einander, duellieren sich um die Ehre oder um eine Frau, sie schießen und töten. Dann werden sie von anderen Männern verfolgt und überwältigt und in Gefängnisse gesperrt, von wieder anderen Männern bewacht. Und selbst wenn Männer im Krieg einander auf männlichen Befehl zu Millionen und Millionen töten, tun sie dies in einer gewissen Ordnung. Auf manchen soll die geronnene, gezähmte Gewalt des Militärs gar eine stabilisierende, ja beruhigende Wirkung haben. Die eiserne Welt männlicher Gewalt ist grau und ernst, dabei fest und verlässlich. Weibliche Gewalt aber ist irritierend, schrill, unberechenbar, entsetzlich. »Noch zuckend, mit des Panthers Zähnen / Zerreißen sie des Feindes Herz«, schreibt Schiller im *Lied von der Glocke* über den Schrecken zu Hyänen gewordener revolutionärer Frauen. Zucken die Furien vor lüsterner Blutgier? Oder ist es das Herz, das noch schlägt, während sie es mit Raubtierzähnen zerreißen? Seit der Französischen Revolution gehört der Topos weiblicher Gewaltexzesse zum Genregemälde des Volksaufstands. Wie die Hyänen ihre Beute zu fressen beginnen, während sie noch lebt, Gedärme und Innereien zerfetzen, während das Herz noch frisches Blut pumpt, bestimmt der vampirhafte Blutrausch das Bild der Furie. Heinrich Heine berichtet von den Pariser Unruhen während der Cholera-Epidemie 1832 und schildert entsetzliche Lynchmorde: »Ich [sah] einen dieser Unglücklichen, als er noch etwas röchelte, und eben die alten Weiber ihre Holzschuhe von den Füßen zogen und ihn damit so lange auf den Kopf schlugen, bis er tot war. Er war ganz nackt, und blutrünstig zerschlagen und zerquetscht; nicht bloß die Kleider, sondern auch die Haare, die

Scham, die Lippen und die Nase waren ihm abgerissen [...]. Ein wunderschönes, wutblasses Weibsbild mit entblößten Brüsten und blutbedeckten Händen stand dabei, und gab dem Leichname, als er ihr nahe kam, noch einen Tritt mit dem Fuße. Sie lachte [...]« – Schön muss sie sein, nackt muss die Brust sein, und das Schwelgen in Blut ein einziger Ausdruck von Wollust. Der weibliche Blutrausch ist zugleich eine Orgie. Das revolutionäre, dabei sexuell aufgeladene Weib im Blutrausch hat sein Urbild in den Mänaden oder Bacchantinnen, den orgiastischen Anhängerinnen des Mysteriengottes Dionysos. Wo in den mythischen Zeiten der Gott des Weines, des Rausches und der sexuellen Ausschweifung erschien, da wurden seine Anhängerinnen von einem heiligen Wahn ergriffen, der sie in die Wildnis und in heillose Exzesse trieb. »Das Szenario ist immer dasselbe«, schreibt Marcel Detienne. »Erst werden dem Dionysos die Kulthandlungen verweigert; dann irren verwirrte Frauen durch das Land. [...] Doch dann nimmt der Wahn noch zu, breitet sich über die gesamte weibliche Bevölkerung aus. Die in die Wälder gejagten Frauen werden zu Mörderinnen ihrer eigenen Kinder.« Euripides hat mit der Tragödie *Die Bakchen* die wirkmächtigste Fassung zu diesem Stoff geschaffen, einen verstörenden Ausbruch einer Urgewalt gegen alle Zivilisiertheit. Auch hier nimmt das Verhängnis seinen Lauf, als Dionysos in seiner Heimatstadt Theben erscheint, aber nicht zu seinem Recht als Gott kommen soll. Pentheus, König von Theben, spricht ihm den Rang eines Gottes ab und will die Bacchanalien unterbinden. Die Zivilisation erweist sich als blind für die Göttlichkeit von Rausch und Wahn, will die orgiastische Weiblichkeit nicht wahrhaben. Dionysos wird buchstäblich eingesperrt. Ein Erdbeben befreit ihn, er zieht mit seinen Mänaden in die Berge, wo sie mit bloßen

Klauen jagen und das Wild roh verschlingen. Sie hüllen sich in Felle, die sie mit lebenden Schlangen umgürten, und stillen kleine Rehe und Wölfe mit Muttermilch. Als der König sie dort aufsucht, zerreißen sie auch ihn. Agaue, die Mutter des Königs, ist ebenso unter den wilden Frauen: »Mit dem Armen fassend seinen linken Arm / Riß sie, den Fuß ihm in die Seite stemmend, / Ihm Arm und Schulter aus. [...] Ino sodann riß von der andern Seite / das Fleisch ab«.

Wenn Raubtiere töten, ist das nicht schön. Ein Fleischfresser erjagt und tötet, wie er es eben vermag. Es ist kaum möglich, eine Jagd auf Leben und Tod zu verfolgen, ohne Partei zu ergreifen. Jeder Tierkampf wird in unserem Blick zum Drama, und wir können schwerlich vermeiden, die Rollen des Protagonisten und des Antagonisten zu vergeben. Wenn wir sehen, wie die Hyänenbande voller Vorfreude das kreißende Gnu umschleicht – gönnen wir dem Pack die leichte Beute? Wenn sie das noch feuchte Frischgeborene, wie es auf wackeligen Beinen die erste Milch der Mutter sucht, anfallen, niederreißen, zerfetzen, während die Mutter mit hilflosen Hornstößen das Raubgesindel zu vertreiben versucht – lehnen wir uns gleichmütig zurück und gewähren der Natur ihren Lauf?

Jede Hyäne fürchtet die Pranke des Löwen, doch wenn eine hinreichend große Gruppe einen Löwen gestellt und umzingelt hat, beginnt ein grausames Spiel. Er kann nicht überall zugleich sein; sie beißen ihn hier, reißen ihn da, und wenn er herumfährt, sich eine zu greifen, packen ihn sieben andere von hinten. So möchte man einen Löwen nicht sehen: keuchend, erschöpft, verzweifelt; mit taumelndem Schritt, fahrigen Hieben, panischem Blick. Er wäre stärker als jede Einzelne von ihnen, aber die Vielzahl der Frechen lässt ihm keine Chance. Sobald er einmal stürzt, werden sie alle zugleich über ihn herfallen. Und wenn sie dabei nur nicht so kichern würden!

Wie funktioniert eine Hierarchie? Wenn die vielen befehligt werden von einigen, über denen wenige stehen, die wiederum von einem Einzigen an der Spitze beherrscht werden. Eine Pyramide der Macht, getragen von dem Gerüst des Glaubens an die Ordnung und die Legitimation durch die Behauptung einer der Ungleichheit innewohnenden Harmonie. Doch was, wenn plötzlich die vielen den Einzigen umringen, ihn verlachen und rufen: Wenn wir die Ordnung aufkündigen, ist deine Macht keinen Pfifferling mehr wert! Deine Pyramide ist ein Kartenhaus! Der Löwe, umstellt von höhnisch geifernden Hyänen, das ist der vom Gesindel umringte Monarch. Edmund Burke schildert 1790 die »Rotte heilloser Räuber und Mörder, triefend von Blut«, die am 6. Oktober 1789 die königliche Familie gewaltsam zur Rückkehr nach Paris gezwungen hatten, und vergisst nicht, die »höllischen Furien, die die lügenhafte Gestalt der verworfensten Weiber angenommen hatten«, hervorzuheben. Die Konfrontation des verlegenen Monarchen mit den revolutionären Marktfrauen wurde zum beliebten Motiv vieler bildlicher Darstellungen. Zeitgenössische Karikaturen gaben mal der einen, mal der anderen Partei tierhafte Züge, je nach politischem Standpunkt.

Es ist das vielleicht Allerschlimmste, wenn naturhafte Bestialität und zivilisatorische Effizienz sich verbinden. Die Furien der ersten Revolutionsmonate, die Lynchmorde des Volksaufstands waren nur der Auftakt zu einem massenhaften Töten, das nun von Gremien ordentlich beschlossen, von der Bürokratie protokolliert und mit einer sinnreichen Maschine effizient und sauber vollzogen wurde. Die Zahl der Todesopfer aus den Revolutionsjahren geht in die Zehntausende. Im zwanzigsten

Jahrhundert aber würde man noch ganz andere Zahlen zu ertragen lernen müssen. Als die KZ-Aufseherin Irma Grese im Herbst 1945 im Bergen-Belsen-Prozess angeklagt wurde, verhalf die internationale Presse ihr zu furchtbarem Ruhm als *Hyäne von Auschwitz.* Zeugenberichte, aber auch ihre eigenen Aussagen ließen keinen Zweifel, dass der Reichtum ihrer Grausamkeiten weit über das Maß gewöhnlicher Pflichterfüllung hinausging. Sie nahm Selektionen vor, ordnete Vergasungen an, quälte, erschoss und prügelte Menschen zu Tode. Sie soll männliche wie weibliche Häftlinge vergewaltigt haben. Vor Gericht beschrieb sie in unbefangener Ausführlichkeit den Perlenschmuck ihrer Peitsche. Als sie im Dezember im Namen der britischen Krone hingerichtet wurde, war sie zweiundzwanzig Jahre alt.

Das Böse in der Welt, sagt Klaus Theweleit, kommt von bewaffneten Männern. Aber was ist ein Mann? Und auch ein Konferenztisch kann zur furchtbaren Waffe werden. Soll man die archaische Grausamkeit der Mänaden und Hyänen weiblich, die institutionalisierte Gewalt dagegen männlich nennen? In wie viele Anführungszeichen müsste man diese Zuschreibungen hüllen, um dem Geraune der Eigentlichkeit nicht auf den Leim zu gehen? Wissen wir doch, dass nur Konvention und kultureller Überbau das Weibliche und das Männliche zu etwas je Wesenhaftem emporfabeln. Oder nicht? Nach ausreichender Versorgung mit geeigneten Hormonen beißen Schwestern einander tot und erlernen Klitorides das Erigieren. Seltsam, dass man diesen Plural so selten hört, während man die Welt oft vor lauter Penissen nicht mehr sieht. Ist das sogenannte Böse am Ende etwa nur eine Frage von Testosteron? Verwirrt und müde blicken wir auf die leeren Hülsen dieser verdorrten Kategorien und warten, dass ein Wind sie davonbläst.

Quallen

QUALLE
gefräßiges auge,
einfachste unter den einfachen –
nur ein prozent trennt sie von allem,
was sie umgibt.

– JAN WAGNER, *Australien*

Fast hätte man sie übersehen: Doch schon eine Qualle im Hafenbecken erweckt ein ungutes Gefühl. Anmutig sind sie ja, wenn sie durchs Wasser schweben, graziös aufgefächert, manche zierlich, andere von fantastischer Schönheit, aber man erblickt sie nicht mit Behagen. Schon gar nicht möchte man sie in dem Wasser um sich wissen, dem man sich, die nackte Haut von Badekleidung kaum geschützt, anvertraut hat. Ihre Tentakel sind teils fast unsichtbar, können aber sehr lang sein und mit giftigen Nesselzellen besetzt. Findet man sie als angespülte Gallertklumpen am Strand, haben sie alle Schönheit verloren. Dann sind sie auch nicht mehr bedrohlich, doch sich ins Meer wagen möchte man nun nicht mehr, denn im nahen Wasser sind weitere Quallen zu vermuten. Wer weiß, wie viele? Quallen verheißen nichts Gutes.

»Nur ein prozent« (ungefähr) an ihnen umhüllt ein Etwas, das sich von Wasser kaum unterscheidet. Quallen, diese Wesen aus zartem Nichts, wirken so wenig robust, so verletzlich und ätherisch, dass man sich um sie Sorgen machen möchte. Doch nichts wäre unbegründeter, denn seit rund 650 Millionen Jahren behaupten sie sich als unübertroffenes Erfolgsmodell der Evolution. Als in der kambrischen Explosion des Lebens vor 550 Millionen Jahren die Evolution sich ihren ersten Rausch gönnte und Dutzende von abstrusen Stämmen entwarf, von denen die meisten sich als untauglich erweisen, aus anderen sich aber die Wirbeltiere entwickeln sollten, waren Quallen schon hundert Millionen Jahre lang durch das Weltmeer getrieben. Es gab ja vorerst nur eines. Als der Urkontinent Pangaea zerbrach und der Atlantik aufzureißen begann, existierten Quallen bereits seit 450 Millionen Jahren. Sie haben die Dinosaurier kommen und gehen gesehen. Und dass neuerdings ein Spross der Primatensippe von sich reden macht, die Atmosphäre verändert und das Gleichgewicht der Meere stört, ist nur Randnotiz und Wimpernschlag in der Quallenhistorie, die viele, viele Bände umfasst und noch lange fortgeschrieben werden dürfte. Mit gleichmäßigem Puls ziehen sie ihre Schirme zusammen, überlassen sich im Übrigen der Strömung und wissen, dass ihre Tentakel den Rest besorgen werden. Eine Qualle im Hafenbecken? Sieh nur hin, bald entdeckst du eine weitere. War die eben schon da? Und gleich noch eine, und da wieder … Je länger man schaut, desto mehr werden es.

Bis ins siebzehnte Jahrhundert gehörte es zu den gefestigten naturkundlichen Ansichten, dass Tiere durch Spontanzeugung oder Urzeugung entstehen könnten, dass also tote Materie lebendige Organismen hervorzubringen in der Lage wäre. Empedokles gehört zu den Ersten, die diesen Gedanken ausformulierten, und Aristoteles führte ihn fort. Insbesondere niederen Lebewesen traute man solches Entstehen zu, und die Alltagserfahrung schien zu bestätigen, dass Fliegen aus faulendem Aas,

Würmer aus Unrat, Frösche aus gärendem Schlamm entstünden. Spontanzeugung vermutete man auch bei Mäusen, Skorpionen, Krebsen, Motten und anderen Insekten; Schlangen sollten aus dem Rückgrat verwesender Menschen entstehen. Die Beobachtung des massenhaften Auftretens von Quallen wie aus dem Nichts legte ebenfalls den Eindruck nahe, das Wasser selbst habe sie gezeugt und geboren. Die antike Theorie der Spontanzeugung blieb durch das Mittelalter bis in die frühe Neuzeit unangefochten; erst seit Louis Pasteurs Experimenten Mitte des neunzehnten Jahrhunderts gilt die These als endgültig widerlegt. (Allerdings vielleicht doch nicht ganz so endgültig: Wer sich der Frage der Entstehung des Lebens auf der Erde zuwendet, kann nicht umhin, die Zeugung von Lebendigem aus Unlebendigem ins Auge zu fassen – sei es als ein Blitzeinschlag in eine halborganische Ursuppe, sei es in Gestalt autonom werdender chemischer Prozesse an Tiefseevulkanen oder anderes. Wer jede Möglichkeit einer Urzeugung von sich weist, müsste sich mit anderen Erklärungen anfreunden: dem Fingerschnipsen einer Gottheit vielleicht oder dem kosmischen Import lebender Zellen auf Meteoriten? Damit allerdings hätte man das Problem nur auf einen anderen Planeten verschoben.)

Tatsächlich liegt der Gedanke nahe, bei Quallen handele es sich um eine Art Wasserelementarwesen, sind sie doch gleichsam zu fantastischen Formen geronnenes Meerwasser. Wenn sie austrocknen, bleibt von ihnen fast nichts übrig; auf einem Blatt Papier in die Sonne gelegt, hinterlassen sie kaum mehr als ihre eigene Umrisszeichnung. Sie bestehen zu bis zu 98 Prozent aus Wasser.

Wenngleich jeder Badegast zu wissen glaubt, was unter einer Qualle zu verstehen wäre, ist der Begriff als zoologischer

Terminus unpräzise und mehrdeutig. Einerseits fasst das Alltagswort ›Qualle‹ aufgrund äußerlicher Ähnlichkeiten Tiere zusammen, die stammesgeschichtlich wenig miteinander gemein haben. Qualle darf heißen, was gallertartig und mit Tentakeln ausgestattet durch die Meere schwebt. Doch die Varianz unter den mit diesem Namen bedachten Tieren ist enorm. Je nach Definition von evolutionärer Nähe kann man offenbar die These vertreten, dass eine Feuerqualle enger mit dem Menschen verwandt wäre als mit einer Rippenqualle. Andererseits denkt man beim Wort ›Qualle‹ nur an die Medusen, also an freischwimmende Tiere mit Schirm und Tentakeln, doch die Meduse ist nur eines von mehreren Stadien im Lebenszyklus eines Wesens, das als Larve oder Polyp nicht weniger aufsehenerregende Dinge vollbringt. ›Qualle‹ ist also keineswegs der Name einer Tierart oder auch nur einer halbwegs homogenen Tiergruppe, sondern bezeichnet einen Kosmos an Farben, Formen und Größen. Quallen haben die verrücktesten Lebenszyklen, die vielfältigsten Reproduktionsmöglichkeiten, die effizientesten Fress- und Abwehrverhalten; manche sind zur Gründung unglaublicher Staatengebilde fähig. Einige sind nur wenige Millimeter groß. Die Tentakel anderer Arten können fünfzig Meter und länger werden. Bisher sind zweitausend Arten bekannt, vermutlich gibt es aber noch ein Vielfaches davon zu entdecken.

Die prominenteste Gruppe der Quallen sind die Schirm- oder Scheibenquallen, auch Echte Quallen genannt. Sie gehören zum Stamm der Nesseltiere, zu denen auch Seeanemonen und Korallen zählen. Das Charakteristikum der Nesseltiere sind die Nesselzellen. Sie enthalten ein aufgewickeltes Fädchen, das bei Berührung wie eine Harpune herausfährt und sein Gift in das Opfer spritzt – in ein Beutetier, einen Angreifer oder in das Bein eines nichtsahnenden Schwimmers. Die Nesselgifte zählen zum Verheerendsten, was die Natur in dieser Hinsicht hervorgebracht hat, aber nicht alle sind gleich schlimm. Eine Schirmqualle ist etwa auch die allbekannte *Ohrenqualle*, die als durchscheinendes Kleeblatt an fast allen Küsten der Weltmeere zu finden ist. Ihr Gift ist für den Menschen so harmlos, dass man es kaum spürt. Die *Gelbe Haarqualle* oder *Löwenmähne* dagegen hat sich ihren Beinamen Feuerqualle durch die verbrennungsähnlichen Verletzungen verdient, die sie beim Menschen hervorruft. Weitere bekannte Spezies aus dieser Klasse sind die *Kronenqualle*, die *Spiegeleiqualle*, die *Kompassqualle* oder die riesenhafte *Nomura-Qualle*.

Eine besonders verrufene Klasse unter den Nesseltieren bilden die Würfelquallen. Ihr Schirm fällt durch einen viereckigen Grundriss auf. Sie sind meist nicht besonders groß, Riesentiere von zwei Metern Schirmdurchmesser wie bei den Schirmquallen gibt es unter ihnen nicht. Man zählt bisher lediglich etwa 50 Spezies, doch darunter finden sich Rekordhalter an Tödlichkeit und besonders fatalen Vergiftungen, die schlimme Schmerzen und schwere systemische Reaktionen hervorrufen.

Die Staatsquallen, eine dritte Gruppe der Nesseltiere, gehören zu den bizarrsten Lebewesen dieser Erde. Man kann sie als Polypenkolonie betrachten, eine Art schwimmender Ameisenstaat aus Hunderten oder Tausenden Tieren, die sich auf je eine Aufgabe innerhalb des Gesamtorganismus spezialisiert haben. Die bekannteste Art ist die *Portugiesische Galeere*. Manche Polypen funktionieren als Fangarme, andere betreiben Verdauung oder bilden Eier und Spermien für die Fortpflanzung. Eine andere Abteilung bildet gemeinsam einen blauschillernden Beutel, der, mit Gas gefüllt, auf der Meeresoberfläche treibt und sich zu einem kleinen Segel aufrichten kann.

Rippenquallen dagegen haben nichts mit den Nesseltieren zu tun. Es ist umstritten, wie weit sie von den Nesseltieren entfernt sind, vor wie vielen Erdzeitaltern sich ihre stammesgeschichtlichen Wege getrennt haben. Doch offenbar haben sie auf verschiedenen Wegen erstaunliche Gemeinsamkeiten hervorgebracht. Der Grundaufbau ist sehr ähnlich; ein Schirm, der von Außenhaut und Innenhaut begrenzt wird, an der Unterseite liegt der Mund, der zugleich als Anus dient und direkt in den Magen führt. Wie die Nesseltiere verfügen Rippenquallen über Tentakel, aber diese tragen keine Nesselzellen, sondern sind mit Klebzellen ausgestattet. Daran haftendes Plankton kann die Qualle in ihren Mund befördern. Rippenquallen sind nur einige Zentimeter groß. Manche ihrer Namen beziehen sich auf ihre fruchtähnliche Gestalt, wie die *Meerwalnuss*, die *Seestachelbeere* oder die *Melonenqualle*.

Quallen gehören zu den giftigsten Tieren auf dem Planeten. Man schätzt, dass etwa hundert Menschen pro Jahr von Quallen getötet werden; damit übertreffen sie die Tötungsrate von Haien um das Zehn- bis Zwanzigfache. Der Stich der *Seewespe*, einer Würfelqualle vor der australischen Küste, wird als unerträglich schmerzhaft beschrieben. Ihr Gift führt zu schrecklichen verbrennungsähnlichen Verletzungen auf der Haut, wirkt aber auch auf den Blutkreislauf und lähmt den Herzmuskel und kann so innerhalb von Minuten zum Tod des Opfers führen. Das Gift eines Exemplars soll reichen, um zweihundert Menschen zu töten. Diese Hochrechnung ist glücklicherweise unbestätigt, doch gibt sie eine Ahnung von der unglaublichen Giftigkeit des handtaschengroßen Tiers. Berüchtigt ist auch die winzige *Iru-*

kandji-Qualle, die ebenfalls vor der australischen Küste lebt. Man übersieht sie leicht – der durchsichtige Schirm misst keine drei Zentimeter –, und auch ihren Stich bemerkt man kaum. Eine gute halbe Stunde nach der beiläufigen Berührung setzt jedoch das Irukandji-Syndrom ein. Manchmal passiert dabei wenig. Manchmal treten unerträgliche Schmerzen am Rücken oder an den Extremitäten auf, Übelkeit, Schwindel, sehr hoher Blutdruck, Hirnblutungen, Atemnot, Herzinfarkt, Schlaganfall, der ganze Körper kann anschwellen. Die Opferbilanz der Irukandji dürfte eine hohe Dunkelziffer haben, weil mancher Todesfall nicht mit dem unbemerkt gebliebenen Stich der Qualle in Verbindung gebracht wird und die Täterin somit unentdeckt bleibt. Auch die Tentakel der Portugiesischen Galeere verspritzen ein sehr schmerzhaftes Gift, das aber nur in seltenen Fällen unmittelbar zum Tod führt, etwa durch eine allergische Reaktion. Portugiesische Galeeren werden aber als Urheber verdächtigt, wenn geübte Schwimmer plötzlich untergehen. Der ungeheure Schmerz, den das Nesselgift ihrer Tentakel verursacht, kann unkoordinierte, panische Bewegungen auslösen, die den zuckenden, strampelnden Schwimmer ertrinken lassen. Portugiesische Galeeren kommen an der europäischen Atlantikküste vor, segeln aber auch immer häufiger ins Mittelmeer, sodass man auf den Balearen Quallenalarm auslösen und Strände sperren musste. Auch die *Leuchtqualle* (die wie die Löwenmähne manchmal *Feuerqualle* genannt wird) sucht immer wieder Mittelmeerstrände heim. An vielen Badestränden sind deshalb aufwendige Barrieren errichtet worden, um das Eindringen von Quallen zu verhindern. Zunehmend bedrohen sie auch Fischzuchten. Es wurde ein Fall in Nordirland bekannt, in dem ein großer Schwarm Leuchtquallen in die Netzbassins einer Lachszucht getrieben wurde; ihre abgerissenen Tentakel, noch voller Gift, töteten an die 140 000 Lachse.

Dass Quallen in derart großen Mengen auftauchen, ist nicht ungewöhnlich. Plötzlich ist das Meer voller Quallen, man spricht dann von *Quallenblüte.* Der Grund dafür liegt in den astronomischen Vervielfältigungsraten. Die für uns Wirbeltiere noch am wenigsten erstaunliche unter ihren Fortpflanzungsoptionen ist das sexuelle Verfahren: Erwachsene Medusen produzieren Eier und Sperma. Aus den befruchteten Eiern entwickeln sich Larven, die festen Grund aufsuchen und sich dort als Polypen ansiedeln. Der Polyp schließlich zerteilt sich in ein Türmchen aus 15 bis 30 Scheiben, von denen jede nach einer Weile als neue, kleine Qualle davontreibt. Nun muss man wissen, dass ein Quallenindividuum (wenn der Begriff erlaubt ist) Millionen von Eiern produzieren kann. Daraus lassen sich leicht monströse Vermehrungsraten abschätzen, ideale Bedingungen vorausgesetzt. Erwachsene Quallen können sich aber auch durch schlichtes Teilen vermehren, und zwar manche durchaus täglich. Das bedeutet, dass aus einer Qualle innerhalb eines Monats theoretisch über eine Milliarde von Quallen werden könnte, wenn in dieser Zeit keine von ihnen aufgefressen würde. Doch das ist nur eines von etlichen Klonverfahren, über die Quallen in ihren verschiedenen Stadien verfügen. Auch die Polypen können sich teilen, Knospen bilden und sich auf diversen anderen Wegen vervielfältigen. Man möchte sich fragen, wieso das Meer nicht längst nur aus Quallen besteht.

Auch Quallen, die für den Menschen nicht giftig sind, können große Probleme bereiten – indem sie als Fressfeinde ins ökologische Gleichgewicht eingreifen, oder einfach durch ihre schiere Biomasse. Wiederholt ist es vorgekommen, dass am

Meer gebaute Kraftwerke abgeschaltet werden mussten, weil Quallenmassen die Zuleitungen für das Kühlwasser verstopft hatten. Immer wieder treten in sogenannten Quallenjahren große Mengen einer Art in einem Gewässer auf, aber gewöhnlich regulieren sich die Bestände bald wieder von selbst. Im norwegischen Lurefjord tauchte in den Siebzigerjahren die Kronenqualle auf, die eigentlich in tausend Metern Tiefe im Atlantik zu Hause ist. Im Fjord fühlte sie sich offenbar ebenfalls wohl; sie kam, um zu bleiben, und vermehrte sich explosionsartig. Fische gibt es nun dort praktisch keine mehr, nur noch Quallen – Massen von Quallen. Obwohl sie nicht groß sind, haben sie das Fischen im Lurefjord sinnlos gemacht. Nun gehört der Lurefjord den Quallen. Man ahnt, dass ihnen dieser Coup auch in größerem Maßstab gelingen könnte. Auch japanischen Fischern machen Quallen zunehmend Schwierigkeiten. Die riesige Nomuraqualle kann bis zu zweihundert Kilogramm wiegen; sechs Monate reichen diesen Tieren, um von wenigen Millimetern Größe auf zwei Meter Schirmdurchmesser heranzuwachsen. Schon immer kannte man zyklisch wiederkehrende Quallenblüten, also die explosionsartige Vermehrung einer Art. Im letzten Jahrhundert zählte man drei Blüten der Nomura. In den letzten zwanzig Jahren aber kam es fast jährlich dazu. Im Jahr 2009 kenterte in der Bucht von Tokio ein Fischtrawler beim Versuch, das Netz einzuholen – es war von Dutzenden Nomuraquallen so schwer, dass sein Gewicht das Boot umkippte. Damals schätzte man ihre Anzahl in den japanischen und chinesischen Gewässern auf zwanzig Milliarden; heute könnten es viel mehr sein. Viel kleiner dagegen ist die Meerwalnuss, die sich seit wenigen Jahrzehnten in der Ostsee heimisch fühlt. Ihre Vermehrungsrate ist fantastisch, sie kann zehn- oder fünfzehntausend Eier am

Tag legen und breitet sich entsprechend rasant aus. Es heißt, dass, wenn sie blüht, sich das küstennahe Meer in farblosen Wackelpudding zu verwandeln scheint, weil es über und über mit glibberigen Wesen angefüllt ist.

Führt man sich die Reproduktionsweisen der Quallen vor Augen, wird es einem schwindelig. Es ist wie in einem Spiegelkabinett, in dem man das Original vergeblich sucht: Das Leben einer Qualle scheint keinen Anfang zu haben und kein Ende. Ebenso lässt sich nur mit ungutem Gefühl bei einer Qualle von einem Individuum – wörtlich: etwas Unteilbarem – sprechen, denn in der Teilbarkeit hat es das Quallengeschlecht zur Meisterschaft gebracht. Es wäre völlig untertrieben, zu sagen, Quallen könnten abgetrennte Körperteile nachwachsen lassen. Umgekehrt wäre es richtiger: Abgetrennte Körperteile können sich eine Qualle nachwachsen lassen. Man kann eine Meduse in vier, ja in acht Teile schneiden: Jedes der Fragmente wird sich zu einem kompletten Tier vervollständigen, allesamt perfekte Klone von – ja, von wem eigentlich? Auch die Unterscheidung von Original und Kopie geht hier fehl. Dieses verwirrende Vermögen der unendlichen Duplizierbarkeit wird nur noch durch die Fähigkeiten der Turritopsis-Sippe übertroffen. Diese Quallen erreichen Unsterblichkeit nicht allein als genetisches Muster, sondern wahrhaftig in ihrer Materialität als Zellverband. Statt zu sterben, verwandeln sich Teile des Medusenschirms in Polypen, die auf festem Grund siedeln und so den Lebenszyklus von vorne beginnen, ohne jemals gestorben zu sein. Rejuvenation (Wiederverjüngung) nennt man diese ans Wunderbare grenzende Begabung. Es ist, als könnte ein Frosch sich in eine Schar Kaulquappen zurückverwandeln, wenn er sein Ende nahen spürt, oder ein Menschengreis in befruchtete Eizellen. Die mindestens zehnfache Wiederholung dieses Zyklus ist belegt, es gibt wenig Grund zur Annahme, dass er nicht prinzipiell unendlich oft möglich wäre.

Quallen widersprechen vielen Intuitionen, die uns gewöhnlich bei der Begegnung mit Tieren Orientierung geben. Wir erkennen Drohgebärden und Warnmusterungen. Wir sehen, wann ein Tier aggressiv wird. Wir spüren, ob es Angst hat, müde, neugierig oder entspannt ist. Wenn wir das Verhalten von Tieren spontan interpretieren, ihnen Absichten, Bedürfnisse und Ängste unterstellen, die unseren eigenen nicht ganz unähnlich sind, liegen wir meistens richtig, und das auch bei Tieren, die uns stammesgeschichtlich nicht nahestehen, wie Reptilien, Insekten, sogar den fremdartigen Oktopussen. Doch Quallen bleiben fremd. Absichtslos, beiläufig scheinen sie durchs Wasser zu schweben. Als begehrten sie nichts, als fürchteten sie nichts. Sie verletzen und töten, doch ohne Zorn. Sie fressen und verdauen ohne Genuss und pflanzen sich exzessiv fort, doch gleichmütig und ohne Leidenschaft. So wie ihr radialer Körper kein Davor und kein Danach zu kennen scheint, wirken sie, als seien sie auf nichts gerichtet. Kaum ist ihnen anzumerken, dass sie auf etwas reagierten. Wie träumende Monaden, die von vorneherein alles richtig machen.

Sollen das überhaupt Tiere sein? Wann ist ein Tier ein Tier? Aristoteles hat die Qualle als ein Mittelding zwischen Tier und Pflanze beschrieben. – Animal, das soll doch das beseelte Geschöpf sein. Wir erwarten, dass ein Tier ein Gesicht hat. Die Quallen haben keins. Dabei besitzen sie durchaus Augen, wenn man Ansammlungen von lichtempfindlichen Zellen so nennen möchte. Würfelquallen haben bis zu 24 ›Augen‹, die, auf verschiedene Körperregionen verteilt, aufgrund bestimmter Informationen sofort muskuläre oder andere Reflexe auslösen. Manche haben sogar Augen mit Linsen entwickelt. Ein Gehirn aber, das aus den Sinneseindrücken ein Bild der Welt formen würde, gibt es nicht. Als Fenster zur Seele taugen diese Augen ebenso wenig. Sie blicken nicht. Es sind gleichsam Schalter in Gestalt von Fotozellen. Tiere, so möchten wir denken, sind Wesen, die sich auf ihre Nahrung zubewegen und ihren Kot hinter sich lassen, die etwas begehren und etwas von sich weisen. Darum blickt der Mund in die Zukunft und der Anus auf die Vergangenheit. Haben Tiere nicht ein Vorne und ein Hinten und sind um eine Längsachse herum organisiert? Sicher, es gibt Ausnahmen, wie die Seeanemonen. Man muss gar nicht viel an Anemonen denken; sie sind schön, aber es ist nicht schlimm, wenn man sie vergisst. Doch wenn wir uns an die Quallen wieder erinnern, erschrecken wir. Als hätten wir nicht aufgepasst und etwas vernachlässigt, das man besser nicht aus den Augen lassen sollte.

Tatsächlich haben Menschen sich jahrhundertelang kaum um Quallen geschert und daher auch wenig über sie gewusst. Seenesseln nannte man sie in frühneuzeitlichen Kompendien, und ihre Darstellungen waren ziemlich ungenau – man kannte sie vorwiegend als gestrandete Gallert-Wracks, denn unter Wasser hat man sie kaum beobachten können. In Zeiten, wo in Europa kaum jemand auf die Idee gekommen wäre, freiwillig und zum Vergnügen im Meer zu schwimmen, gab es auch wenig Grund, auf Quallen schlecht zu sprechen zu sein. »Die Quallen sind so ruhige, schöne Erscheinungen, daß man weder ihnen selbst Böses zutraut, noch ihr unschuldiges Erscheinen von Neidern und Feinden gefährdet glaubt«, schrieb Alfred Brehm noch 1876. Das würde man heute nicht mehr so sagen. »Warum diese schreckliche Bezeichnung für ein so anmutiges Wesen?«, so fragte Jules Michelet wenige Jahre zuvor in seinem großen, schwärmerischen Porträt *Das Meer* und meinte den Begriff ›Meduse‹. Die Medusa ist eine Frauengestalt der griechischen Mythologie, die von einer rachsüchtigen Göttin mit äußerster Hässlichkeit gestraft und vom Helden Perseus getötet wurde. Anstelle von Haaren war ihr Kopf von zischelnden Schlangen besiedelt, ihr abgeschlagenes Haupt war seit jeher ein beliebtes Bildmotiv.

Der schwelgerischen Schönheit der Quallen dürfte kaum jemand so verfallen sein wie Ernst Haeckel, der Zoologe und Grafiker. Er hat Quallen systematisiert und auf Bildtafeln gezeichnet, die die verschwenderische Mannigfaltigkeit der Schirme und die wilde Ornamentik der Tentakel in Kompositionen feiern, die, zwar vorderhand zum wissenschaftlichen Gebrauch bestimmt, dennoch imposante Kunstwerke aus eigenem Recht darstellen. Seine zoologischen Tafeln sind von der Ästhetik des aufkommenden Jugendstils beseelt und haben diesem wiederum Anregungen geliefert: Aus Quallenzeichnungen wurden Vorlagen für Lampenschirme und Deckenstuck. Das Vorrecht des erstbeschreibenden Taxonomen, die neuentdeckte Art zu benennen, nutzte Haeckel, um eine besonders schöne Meduse nach seiner verstorbenen ersten Frau zu benennen: *Desmonema annasethe*. Wer über solch ungewöhnlichen Liebesbeweis den Kopf schütteln will, möge das Bildnis dieser Qualle betrachten: Wie eine Meerjungfrau schwingt sie sich diagonal über das Blatt. Der Schirm gleicht einer halbgeöffneten Blume, in zarten blau-lila Tönen. Und wenn man aus dem opulenten Strudel der Tentakel Rückschlüsse ziehen darf, muss Anna Sethe volles, wallendes Haar gehabt haben, mit dem sie den jungen Naturforscher umstrickt hat. Er ließ die schöne Qualle als Intarsien von Perlmutt in ein Schmuckkästchen arbeiten. Die Ästhetik und Symmetrie der gallertigen Erscheinungen erkannte Haeckel als Ausdruck der in allem Lebendigen waltenden Ordnung. Er war leidenschaftlicher Verfechter der jüngst publizierten Evolutionstheorie, seine populärwissenschaftlichen Darstellungen *Die Welträthsel* und *Die Lebenswunder* wurden um die Jahrhundertwende vielfach übersetzte Bestseller. Die Schönheit galt ihm nicht als Zufall, sondern als Beweis von Harmonie und Erhabenheit der Natur. Dass die Menschheit durch exzessive Kohlenstoffverbrennung und mineralischen Dünger in der Lage sein würde (und zu seinen Lebzeiten schon Schritte dazu getan hatte), diese Ordnung nachhaltig zu stören, ahnte er nicht; schon gar nicht, dass unmäßige, nicht enden wollende Quallenblüten als Menetekel vom nahenden Untergang künden würden.

Das ungeheure Vermehrungspotential der Quallen gehört neben ihrer Giftigkeit zu ihren beängstigendsten Eigenschaften. Ohne es zu wollen, unternehmen Menschen alles dafür, den Quallen die Vermehrung zu erleichtern. Menschen erwärmen die Meere, das mögen die Quallen. Sie fangen Fressfeinde und Nahrungskonkurrenten der Quallen und erhöhen so deren Überlebensquote. Zudem überdüngen sie küstennahe Gewässer mit Nährstoffen, sodass das Phytoplankton gedeiht, von dem sich das Zooplankton ernährt; und das Zooplankton wiederum ist Futter für die Quallen. Schließlich helfen Menschen den Quallen, in anderen Meeren neue Lebensräume zu erobern, indem sie sie in Schiffen um die ganze Welt verteilen. Die Quallen hätten sich keine tatkräftigere Unterstützung wünschen können als die Aktivitäten der industriellen Menschheit. Aber Quallen wünschen ja nichts. Sie sind einfach und wesen.

Haben wir nicht gelernt, dass es im großen Haushalt der Natur keine überflüssigen oder gar schädlichen Mitglieder gibt? Dass jedes noch so hässliche, ärgerliche, lästige, gefährliche Tier im Kreislauf des Lebens eine unverzichtbare Aufgabe erfüllt? Früher hatten Menschen keinen Zweifel, dass Mäuse und Wölfe, Wanzen und Ratten, Heuschrecken und Malariamücken nichts weiter als Plagegeister wären, die man getrost zum Teufel wünschen, bekämpfen oder wenigstens geringschätzen und verachten durfte. Immer wieder hatten wir die Lektion zu lernen, dass ohne den Regenwurm gar nichts geht, dass Spinnen unverzichtbar sind, dass alles, was kreucht und fleucht, mithilft, das ewige Rad des Lebens weiter anzutreiben. Vielleicht aber sind die Quallen die Ausnahme. Vielleicht wäre es besser, es gäbe sie nicht. Sie scheinen wie ein Staat im Staate der Natur: fremd, desinteressiert, selbstgenügsam und nur der eigenen Logik gehorchend. Ihre Schönheit ist ein doppelter Trug. Die Zartheit der ewig langen Tentakel verbirgt Schmerz und Tod. Die Schwimmsäcke der Portugiesischen Galeere schillern blau in der Sonne und locken Kinder an, die sich dann schwer verbrennen. Doch der zweite Trug liegt in der Absichtslosigkeit, der Beiläufigkeit dieser Schönheiten. Schön finden wir das Rad des Pfaus, das imposante Geweih des Hirsches, das Schillern des Tagfalters, und schön sollen sie auch sein. Ihre Pracht soll beeindrucken, anziehen, verlocken, und auch wenn wir nicht zu den anvisierten Artgenossen zählen, liegt doch kein Missverständnis vor, wenn auch uns gefällt, was gefallen soll. So völlig anders als Reh, Vogel und Schmetterling werden wir wohl nicht sein, wenn wir doch die gleichen ästhetischen Berührbarkeiten teilen. Das Äußere der Quallen aber will niemandem gefallen, auch nicht ihresgleichen, und war auch nicht zur Abschreckung gedacht. Die Portugiesischen Galeeren funkelten im Sonnenlicht, lange bevor es spielende Kinder am Strand gab. Die Attraktivität der Quallen ist gleichgültig und kalt wie die verspielten Symmetrien des Schneekristalls; ein Spiel der Natur. Die ätherische Schönheit der Quallen wirkt wie ein morbider Hohn.

Wenn sich einmal der Leviathan erheben soll, das mythische Ungeheuer aus dem Meer, das vom Ende der Zeiten kündet: Wie wird er sich zeigen? Vielleicht kommt die Apokalypse nicht als riesenhaftes Monster von grässlicher Gestalt, nicht als atomarer Niederschlag, nicht als brüllender Meteorit. Sondern als eine letzte, grandiose Metamorphose des Meeres in eine lautlose, gigantische, alles erstickende Medusenblüte von betörender Pracht. Und während die zivilisierte Menschheit ahnt, dass sich in solch fataler Blüte das Ende des Anthropozäns ankündigt, darf das Quallengeschlecht gleichmütig einem weiteren Erdzeitalter entgegenblicken. Vielleicht werden es Abermilliarden von zarten Gallertwesen voller Nervengift sein, die dem Leviathan Gestalt verleihen.

Geier

> [...] *und die Hirtenkinder hören den Ruf eines Geiers – immer nur eines einzigen – hoch oben im Äther, so hoch, daß man ihn kaum sehen kann. Die Kinder wissen, was dieser schwarze Punkt in der Unendlichkeit zu bedeuten hat: Falls sie, von der Schlange gebissen, sterben würden – oder eins der Tiere umkäme –, so schösse dieser eine Geier pfeilschnell herab, und der nächste Geier, viele Meilen entfernt, würde folgen, dann der nächste und wieder der nächste, und der noch warme Körper wäre bald von einem Dutzend dieser Geier, die wie durch Zauber aus dem Nichts herbeifliegen, zerhackt und zerrissen.*
>
> – Rudyard Kipling, *Die Dschungelbücher*

Geier erinnern uns an den Tod. An den Tod, der immer schon da ist, immer schon da war und uns immer begleiten wird. Ihr Umgang mit dem Tod ist denkbar roh, unsentimental, ohne Mitleid oder Diskretion. Sie lassen keinen Zweifel daran, dass wir uns mit der Sekunde unseres Todes in nichts weiter als organische Materie verwandeln. Sie sind Atomisten der Tierwelt: Sie zögern keine Sekunde, auch die stolzesten Geistwesen in den Kreislauf der Natur zurückzuführen. Menschen, die mit Geiern zu tun haben, können von ihnen den nüchternen Umgang mit Vergänglichkeit lernen. Auch die Kinder in Kiplings *Dschungelbuch* wissen Bescheid, wenn sie beim Viehhüten den Ruf des Geiers hören. Der winzige Punkt im sonst reinen Äther ist das

Memento mori, der kleine Makel im hellen Blau. Selbst in Arkadien ruft der Geier: Ich bin da, und ich werde zur Stelle sein.

Geier töten nicht, sie warten auf den Tod. Professionell, leidenschaftslos, sachlich. Wenn ein Weidetier in der Savanne aufhört sich zu bewegen, ist es Zeit. Bald wird es Futter geben. Doch die Geier verweilen geduldig bei dem sterbenden Tier. Sobald aber der Lebensfunke erloschen ist, verlieren sie keine Zeit: Ohne Beachtung einer Rangordnung stürzen sie sich auf den Leichnam. Jeder ist sich selbst der Nächste, nur Körperkraft und Stärke des Hungers bestimmen, wer beim Zerreißen des Aases den Vortritt erhält. Für menschliche Bedürfnisse nach Pietät und Höflichkeit scheinen die Geier nur Hohn und Spott übrig zu haben. Sie geben sich keine Mühe, jene Gier zu verbergen, mit denen ihr Name dieselbe Wortherkunft teilt: das althochdeutsche *gīr*. Geier benehmen sich, wenn es um ihren Vorteil geht, wie die Geier. Über wessen Unternehmen der Pleitegeier schwebt, der braucht sich keinen Hoffnungen mehr hinzugeben. So allgegenwärtig der Geier als Redewendung und Sinnbild ist, so schwierig ist es, innerhalb Europas einem dieser Vögel zu begegnen. Schon aus klimatischen Gründen ist ihr Verbreitungsgebiet nach Norden hin begrenzt. Geier brauchen es warm. Auch für ihre Nahrungssuche sind sie auf verlässliche Thermik und gute Sicht angewiesen. So war ihr Vorkommen von jeher auf Europas Süden bis zu den Alpen beschränkt, auch bevor die im neunzehnten Jahrhundert beginnende Verfolgung und Verdrängung die Geier selten werden ließ. Im warmen Hochmittelalter sollen sie auch in deutschen Mittelgebirgen gebrütet haben; heute sieht man sie als gelegentliche Gäste.

Nichts prägt die menschliche Einstellung zu Geiern mehr als ihre Ernährungsweise. Geier sind im Wesentlichen und vor allem Aasfresser. Bei der Verwertung von Kadavern betreiben die vier in Europa vorkommenden Geierarten eine effektive Arbeitsteilung. Stellte man sich Mönchsgeier, Gänsegeier, Bartgeier und Schmutzgeier bei einem gemeinsamen Festmahl an einem üppigen Aas vor – in der Realität ein seltener, aber nicht ausgeschlossener Fall –, könnte man ihre Unterschiede in Größe, Körperkraft und Ernährungsspezialisierung an der Abfolge des Vortretens ablesen. Die Mönchsgeier beginnen damit, vom Fleisch des Kadavers zu fressen. Dann kümmern sich die etwas kleineren Gänsegeier vornehmlich um die Innereien, indem sie die Bauchdecke aufreißen oder in bereits vorhandene Körperöffnungen eindringen, mit Vorliebe in den Anus. Damit andere ihm nichts wegfressen, hackt und schlingt der Geier in größter Eile; bis zum Kragen verschwindet er dabei im Bauchraum der Leiche. Kommt er wieder hervor, sind Kopf und Hals von Blut und Exkrementen bedeckt. Ihre Wänste sind dann vollgestopft bis an die Grenze der Flugfähigkeit; anderthalb Kilogramm Leichenfleisch und Gedärm kann der Gänsegeier in seinem Kropf wegschleppen.

Dass die körperlich überlegenen Bartgeier sich nicht vordrängen, liegt an ihrer Vorliebe für Knochen. Sie können erstaunlich große Bruchstücke ohne Weiteres verschlucken. Für noch größere Knochen hat der Bartgeier eine besondere Technik entwickelt: Er lässt sie aus bis zu siebzig oder achtzig Metern Höhe auf Felsen fallen, bis sie zerbrechen und ihr Knochenmark preisgeben. Dafür muss er das Aufsteigen und Fallenlassen ein Dutzend Mal und öfter wiederholen. Der Bartgeier ergreift auch lebende Schildkröten (von ›Jagen‹ sollte man nicht sprechen, eher von ›Einsammeln‹, denn er bevorzugt sie offenbar wegen ihrer Langsamkeit). Auch sie lässt er aus der Höhe hinunterstürzen, immer wieder, bis ihr Panzer zerplatzt. Sollte stimmen, was vom unglücklichen Tod des Tragödiendichters Aischylos erzählt wird – er soll von einer Schildkröte erschlagen worden sein, die ein Raubvogel im Flug hatte fallen lassen –, dürfte ein Bartgeier dafür verantwortlich gewesen sein. Wenn aber nun Fleisch, Innereien, Haut und Knochen vertilgt sind, bleibt denn dann noch etwas für den kleinsten der vier, den Schmutzgeier? Durchaus, denn der kann fast alles Organische verwerten, auch solches, wogegen frisches Aas noch als Delikatesse anzusehen ist. Das Spektrum des Genießbaren hat er bis hin zu Kot und blutgetränktem Sand erweitert. Überhaupt frisst er Abfälle aller Art und hält sich daher gerne in der Nähe von Menschen auf.

Bei aller zoological correctness: Die Ernährungsgewohnheiten der Geier kann man sich schwerlich ohne ein gewisses Unbehagen plastisch vor Augen führen. Umso weniger sahen Naturbeobachter früherer Generationen einen Grund, sich mit ästhetischen und moralischen Urteilen zurückzuhalten. Alfred Brehm jedenfalls weiß, was man von den Leichenfledderern zu halten hat: »Geier sind scheu, selten jedoch wirklich vorsichtig, jähzornig und heftig, aber nicht unternehmend und noch viel weniger kühn, gesellig, aber keineswegs friedfertig, bissig und böswillig, dabei aber feig. Immer zeigen sie sich plump und roh in ihrem Auftreten.« Insbesondere am Gänsegeier lässt er keine gute Feder: Sie seien »die heftigsten, jähzornigsten und tückischsten Vögel der Familie. Ihre Geistesfähigkeiten sind noch geringer als die andrer Geier. Sie sind und bleiben immer die Störenfriede, die den meisten Streit erregen.« Voller Ekel schildert er ihre Tischmanieren, ihr gieriges Schlingen, wie sie sich durch den After der Leiche fressen und sich abscheulich besudeln bis sie »starren vor Schmutz und Unrat«. Selbst ihr Vorkommen in südlichen Zonen wird noch gegen sie ausgelegt: »Nur der reiche Süden liefert auch den Geiern so viel, daß sie sich durchs Leben schlagen können.« Faule und feige Tunichtgute, die sich am Überfluss schadlos halten; irgendwie ein welsches Viehzeug offenbar.

Dass so große und wehrhafte Vögel ihre Beute nicht im mannhaften Kampf erlegen, sondern risikolos warten, bis sie Aas abstauben können – das konnte in einem tugendhaften Naturkundler des neunzehnten Jahrhunderts nur Verachtung hervorrufen. Gar keine Grenzen kennt Brehms Empörung angesichts eines Verhaltens, das ihm über südafrikanische Geier zu Ohren gekommen war: Die Vögel hätten die Gewohnheit, »sich Nahrung in einer so unnatürlichen, abscheulichen Weise zu suchen, daß eines jeden Mannes Hand sich gegen sie kehrt. [...] Soviel steht fest, daß, sobald die Lammzeit kommt, zahlreiche Geier erscheinen und über den trächtigen Schafmüttern in der Luft kreisen, um die Gelegenheit abzuwarten, bis die armen Geschöpfe sich im hilflosesten Zustande befinden, um sie dann anzufallen, ihnen die Augen auszuhacken und sie mit ihren neugeborenen Lämmern in der schrecklichsten, qualvollsten Weise zu töten.« Schlimmer geht es kaum: Während der Schutz werdender Mütter doch höchstes Gebot der Ritterlichkeit sein sollte, kennen die ruchlosen Tiere selbst im Moment des Gebärens keine Skrupel.

Auch das scheinbare Unstete, Ortlose der Geier erweckte ungute Gefühle. Immer wieder wird, teils mit Bewunderung, teils mit einem gewissen Schaudern, das plötzliche und dann oft scharenweise Erscheinen der Geier bei einem soeben erst verendeten Tier geschildert. Tatsächlich ist es manchmal rätselhaft, ja fast unheimlich, mit welcher Geschwindigkeit und über welche Distanzen hinweg Geier von einem frischen Kadaver erfahren. Als 2013 in den Pyrenäen eine Bergsteigerin tödlich verunglückte, fand der nach zwei Stunden eintreffende Rettungshubschrauber nur noch ihre Knochen – die Geier waren schneller gewesen. Aus bis zu fünfunddreißig Kilometern Entfernung eilen Geier zu einem Leichnam. Neben ungewöhnlich guten Augen – Geier steigen zur Nahrungssuche bis zu tausend Meter hoch – hilft ihnen auch Kombinationsgabe und genaue Beobachtung der Umgebung, insbesondere des Verhaltens anderer Tiere, schnell bei frischem Aas zu sein. Erfahrene Geier wissen auch, was Gewehrschüsse zu bedeuten haben.

Man hat Geiern teilweise hellseherische Fähigkeiten zugeschrieben. Mehrfach ist zu lesen, dass sie einen Schauplatz bereits erwartungsvoll aufsuchten, *bevor* dort ein Kadaver zu finden war. So berichtet Plinius, sie flögen »schon drei Tage zuvor dahin, wohin Aas gebracht würde«. Dass Geier es als lohnend begriffen haben, Hinrichtungen beizuwohnen und Armeen auf ihrem Zug in die Schlacht zu begleiten, glaubt man gerne. Aelianus schreibt: »Den marschierenden Heeren folgen Geier, denn wie durch Prophezeiungen wissen sie, daß sie in einen Krieg ziehen, und ebenso ist ihnen bewußt, daß jede Schlacht Leichname liefert.« Doch wenn es gar heißt, dass sie sie sich aus maliziöser Vorahnung mit Vorliebe auf der Seite der künftigen Verlierer versammelten, begreift man, dass Soldaten ihr Auftauchen nur voller Grimm und Hass registrieren konnten. Solche fliegenden Orakel des nahen Unterganges waren kaum dieser Welt zuzurechnen: »Einige glaubten sogar, sie flögen aus der entgegengesetzten Welt herüber.«

Zu solchen Vermutungen haben auch die Schwierigkeiten

beigetragen, die schwer zugänglichen Horste zu finden. Wo pflanzten sich Geier fort, und wie? Es wäre ja kein Wunder, wenn Tiere, die mit dem Tod auf Du und Du stehen, für den Beginn von Leben nicht viel Sinn hätten. Aelianus vermutet: »Männliche Geier, heißt es, gibt es gar nicht, sondern nur Weibchen. Die Vögel wissen das, und da sie die Kinderlosigkeit fürchten, tun sie Folgendes, um sich Nachkommenschaft zu sichern: Sie fliegen gegen den Südwestwind an, und wenn der nicht weht, so sperren sie den Schnabel gegen den Südostwind auf, und die einströmende Luft schwängert sie, und nach drei Jahren gebären sie. Nester, sagt man, bauen die Geier nicht.« Solchen Annahmen stand Brehm fern, doch er erblickte schon beim jungen Geier die unguten Anlagen seiner Gattung: Hässlichkeit, Gier, Ekligkeit. »Das Junge ist häßlich. Anfänglich wird der kleinen Mißgestalt halb verfaultes und im Kropfe der Eltern noch mehr zersetztes Aas in den Rachen gespieen. Ihre Freßlust übertrifft, falls dies möglich, noch die Gier der ausgewachsenen Vögel.« Im Gelege des Bartgeiers schlüpfen gewöhnlich zwei Küken. Das Schwächere der beiden wird regelmäßig in den ersten Lebenstagen vom anderen getötet. Nach wie vor lautet der Fachterminus für dieses instinktive Verhalten ›Kainismus‹ in Anlehnung an den biblischen Brudermord.

Neben den Nahrungsgewohnheiten hat auch die optische Erscheinung zum Negativimage des Geiers beigetragen: geduckte Haltung, hochgezogene Schultern, lauernder Blick und vor allem der fast nackte, lange Hals widersprechen allen menschlichen Vorstellungen von Niedlichkeit und Vertrauenswürdigkeit. In der Emblematik der frühen Neuzeit versinnbildlicht der Geier durchweg Untugenden, die sich aus seiner Ernährungsweise ableiten. Als Aasfresser galt jemand, der aus dem Unglück anderer seinen Nutzen zu ziehen weiß, ohne selbst ein Risiko einzugehen. Er musste herhalten, um etwa Erbschleicher zu verkörpern, Verleumder oder auch, sehr konkret, habgierige und gewissenlose Advokaten, für die schon Apuleius das Bild vom ›Geier in der Toga‹ gefunden hatte. Die zugehörigen Abbildungen zeigen den Geier beim Zerreißen von Kadavern oder aber in Warteposition: Während andere sich in Gefahr bringen, sieht er geduldig aus sicherer Entfernung zu, um die Unterlegenen zu fressen.

In der Heraldik dagegen kommt der Geier so gut wie nicht vor, mit Ausnahme einiger Familien- oder Ortswappen. Ganz anders der Adler, neben dem Löwen sicher das verbreitetste Wappentier. In seiner Bildtradition, seinen symbolischen Zuschreibungen bildet der Adler den glatten Gegenpol zum Geier: Kühn, edel, stark, tapfer, Reichsmacht und Kaiserwürde verkörpernd. Adler und Geier vertreten wie ein ungleiches Geschwisterpaar gleichsam das helle und das dunkle Prinzip. Doch in manchen Kontexten verwischen die Grenzen. So wird der Geier im Alten Testament zwar unter die unreinen Vögel gerechnet, doch seine Schwingen, sein Flug und seine Schnelligkeit werden ebenso für positive Metaphorik verwendet. Dabei hat Luther in seiner Übersetzung offenbar aus manchem Geier des hebräischen Originals einen Adler gemacht; ob aus ornithologischer Unsicherheit oder als bewusste Entscheidung innerhalb der schwarz-weißen Adler-Geier-Dichotomie ist schwer zu sagen. Doch bis heute ist in vielen Bibelausgaben vom Adler die Rede, wo eigentlich Geier hätte stehen sollen. – Die grausame Bestrafung des Prometheus, der Zeus um sein Tieropfer betrogen und für die Menschen das Feuer gestohlen hat, wird von einem Adler vollzogen: Das von Zeus gesandte Tier frisst jeden Tag aufs Neue Prometheus' Leber. Doch in etlichen Fassungen und Bilddarstellungen des unzählig oft verarbeiteten Sujets ist es ein Geier, der Prometheus heimsucht; mindestens seit römischer Zeit bestehen beide Varianten nebeneinander. Auf der Prometheus-Darstellung von Gustave Moreau etwa ist eindeutig ein Gänsegeier abgebildet. Die Bildunterschrift im namhaften Antiken-Lexikon aber benennt ihn unbeirrt als »Zeus' Adler«.

So erscheint der Geier als das Andere des Adlers, als Patron des Verfemten, Unterdrückten, Verleugneten. Wenn Menschen sich auf den Geier berufen, dann stehen sie nicht im Einklang zum Normalen, Hellen, Siegreichen der Gesellschaft. Besonders passend, wenn man schon so heißt, wie der Anführer der Aufständischen im Bauernkrieg Florian Geyer, auf den sich die doppeldeutige Textzeile *Wir sind des Geyers schwarzer Haufen* dichten ließ. Im Titel von Karl Mays Abenteuerroman *Unter Geiern* sind ebenfalls nicht die Vögel gemeint, sondern ein Haufen ruchloser Banditen, denen es gefiel, sich nach den Vögeln zu benennen.

Für die jüdische Schriftstellerin Else Lasker-Schüler dagegen war der Geier »ein geflügelter Bote, der vor Jahren, früh am Morgen in Europa durch mein geöffnetes Fenster in meine Stube rauschte, mich zu tragen ins gelobte Land«. Sie selbst sprach sich eine Geierfeder als symbolisches Schreibgerät zu. Auch in Gertrud Kolmars Lyrik erscheint der Geier als Weltenvogel mit metaphysischer Gewalt: »Du hältst die Flügel gebreitet / Über ein Lehen von Licht.« Franz Kafkas Erzählung *Der Geier* mutet zunächst wie eine Aufnahme des Prometheus-Mythos an, wenn er schreibt »Es war ein Geier, der hackte in meine Füße.« Doch am Ende der rätselhaften Geschichte steht ein Blutrausch, in dem Geier und Erzähler gemeinsam untergehen und zugleich erlöst werden: Der Geier stößt mit dem Schnabel tief in den Rachen des Erzählers und ertrinkt sogleich in dem hervorstürzenden Blut. Der Geier, schreibt Kafka, hatte »alles verstanden«. Wilhelmine von Hillerns schroffer, irritierender Heimatroman *Die Geier-Wally* erzählt von einer siebzehnjährigen jungen Frau, die es wagt, den Horst eines Lämmergeiers (beziehungsweise Bartgeiers) auszunehmen, von dem die Dorfbewohner fürchteten, er bedrohe ihre Schafe. Das Geierküken behält sie bei sich, der Vogel sitzt fortan auf ihrer Schulter. Er begleitet die nun Geierwally genannte Frau durch ihr Leben, das das einer verkannten Außenseiterin werden soll. Die Geschichte beruht auf einer wahren Begebenheit: Die Malerin Anna Stainer-Knittel hatte tatsächlich als junge Frau eine solche Tat gewagt und sie später in einem Ölbild verewigt – allerdings war es ein Adlerküken gewesen, das sie aus dem Nest geholt hatte. Von Hillern aber drehte den Spieß um und machte für ihre Geschichte aus dem Adler einen Geier. Die Geierwally ist schroff, kompromisslos und rabiat und widersetzt sich allen Konventionen und Rollenzuschreibungen. So viel scheint festzustehen: Wer sich dem Weg des Geiers anvertraut, hat beschlossen, die festen Zuschreibungen und sicheren Ordnungen hinter sich zu lassen und sich dem Zweifel anzuvertrauen.

Wenn man bedenkt, wie prekär und ambivalent der menschliche Blick auf den Geier von alters her war, ist es erstaunlich, wie gut Mensch und Geier über Jahrhunderte hinweg miteinander, oder besser gesagt: nebeneinanderher lebten. Bauern und Hirten hatten in lebenspraktischer Hinsicht keine Probleme mit Geiern. Sie waren weder Nahrungskonkurrenten noch Schädlinge. Dass sie Kadaver diskret und spurlos beseitigten, störte niemanden und war eher von Vorteil. Der große Bartgeier wurde lange gern Lämmergeier genannt, weil man ihm unterstellte, er würde Lämmer schlagen, was vermutlich nicht stimmt. Selbst das Verschleppen von Kindern wurde ihm nachgesagt. Allerdings scheint es nicht ausgeschlossen, dass er Tiere, die schlecht gesichert am Abhang stehen, in die Tiefe stößt. Der Bartgeier jedenfalls wurde zunehmend bejagt und war Ende des neunzehnten Jahrhunderts weitgehend ausgerottet. Auch die Bestände der anderen Geierarten nahmen in Europa dramatisch ab. Bemühungen zur Wiederansiedelung und Zuchtprogramme blieben nicht erfolglos. Bejagt werden Geier in Europa nicht mehr. Allerdings drohen dem Geier von anderer Seite Gefahren. Kletterer in den Brutfelsen stören die Aufzucht, Strommasten gefährden die Tiere im Flug. In Folge der BSE-Krise durften verendete Weidetiere nicht mehr liegen bleiben und mussten schnell geborgen werden; den Geiern fehlte damit eine wichtige Futterquelle. Von Schlachtabfällen, die man den Geiern gerne überließ, ging eine weitere Gefahr aus: Entzündungshemmende Medikamente, insbesondere Diclofenac, mit dem das Vieh behandelt worden war, bedeuteten für Geier den Tod. Ihre Magensäure vermag Knochen zu zersetzen und macht Krankheitserreger sowie Leichengifte unschädlich. Noch Halbverwestes ist ihm bekömmlich. Doch schon geringe Mengen Diclofenac führen bei ihnen zu tödlichem Nierenversagen. So schwer es den Menschen fiel, den Geier zu lieben, so schwer gelingt es ihnen nun, ihn zu schützen.

Der Geier irritiert, der Geier verunsichert, der Geier gemahnt an Verstörendes. Viele denken lieber an den Adler. Doch der Geier erinnert uns, dass wir Materie sind, organisches Leben aus Kohlenstoffverbindungen. Der Geier weiß, dass wir, nach einem

Leben voller Leidenschaft und Genuss, anderen Wesen gut schmecken werden und in den ewigen Kreislauf zurückkehren. Was viele erschreckt, könnte für manche tröstlich sein. Das älteste bekannte Musikinstrument der Welt, eine kleine Knochenflöte, wurde vor vierzigtausend Jahren geschnitzt. Man weiß nicht, mit welchem Sinn sie gespielt wurde: zum Zeitvertreib? Zur Beschwörung von Geistern? Als Liebeswerben? Zur Besänftigung der Angst? Vielleicht waren es Zufall oder praktische Gründe, vielleicht aber hat der frühe Musiker mit Bedacht ausgerechnet den Knochen eines Gänsegeiers gewählt, um daraus seine Flöte zu machen und, in mildem Steinzeitlicht vor seiner Höhle sitzend, das Tor zur Transzendenz aufzustoßen.

Fledermäuse

Ich will die Nacht um mich ziehn als ein warmes Tuch
Mit ihrem weißen Stern, mit ihrem grauen Fluch,
Mit ihrem wehenden Zipfel, der die Tagkrähen scheucht,
Mit ihren Nebelfransen, von einsamen Teichen feucht.

Ich hing im Gebälke starr als eine Fledermaus,
Ich lasse mich fallen in Luft und fahre nun aus.
Mann, ich träumte dein Blut, ich beiße dich wund,
Kralle mich in dein Haar und sauge an deinem Mund.

– Gertrud Kolmar, *Verwandlungen*

Den Tieren der Nacht ist nicht zu trauen. Warum scheuen sie das Licht der Sonne, als wären sie Diebe und Meuchler, Schwarzmagier und Hexen? Vermutlich, weil sie Schlimmes vorhaben, Pläne, die man verbergen und nur im Geheimen ausführen sollte, weil Anstand, Kirche und Obrigkeit sie verdammen, unterbinden und verfolgen würden. Oder, weil sie allesamt von Grund auf verkehrte Existenzen sind; Gelichter und Gesindel, das es besser nicht geben sollte, weil es in der Ordnung der Helligkeit nicht vorgesehen ist. Da kann man noch froh sein, wenn das Nachtgetier sich nur als Dieb und Schmarotzer betätigt: Speck benagt, Kornsäcke aufbeißt, Wollsachen anfrisst, Hühner stiehlt, sich auf materielle Schädigung beschränkt. Schlimmer ist, wenn sie mit Dämonen im Bunde sind, Tod und Unheil verkünden, Siechtum bringen, als Wiedergänger verlorener Seelen die Lebenden erschrecken. Hunde paaren sich bei Tag auf der Gasse: Was haben denn dann die Katzen zu verbergen, wenn sie nachts zu verborgenen Orten schleichen? Mit wem treiben sie Unzucht, dass sie noch dazu so grauenvolles und schamloses Geschrei anstimmen? Wen wird der Tod sich holen, wenn die Eule vorm Fenster ruft? Welchem Ungeist ist der Ziegenmelker verfallen, dass er sich als Nachtschwalbe auf die dunkle Seite schlug, in die Euter hackt, sodass die Ziegen erblinden?

Wie Ratten, Mäuse, Motten, Wölfe, Eulen und Katzen sind Fledermäuse Kreaturen der Nacht, des Jenseits und der Dämonensphäre. Der Schlaf der Vernunft gebiert Ungeheuer, so sagt das Motto einer Radierung von Goya, und aus dem Dunkel über dem Schläfer materialisieren Fledermäuse. Vieles ist dunkel am Sein und Leben der Fledermäuse, und wo viel Dunkel ist, bleibt viel Raum für Imaginationen des Unheimlichen. Wie können sie sich in der Finsternis orientieren? Wo sind sie bei Tag, wohin verschwinden sie im Winter? Und wenn man sie doch aufstöbert, dann in Grüften, Höhlen, Katakomben und an anderen verrufenen Orten. Selbst im Schlaf sind sie verkehrt: Sie hängen wahrhaftig kopfüber von der Decke. Nach einem Volksglauben der Bukowina werden Mäuse, die an geweihtem Brot geknabbert haben, zur Strafe in Fledermäuse verwandelt. In Katalonien erzählte man sich, Gott habe die Fledermäuse verflucht, weil sie den Gottessohn verspottet hätten – verworfene Tiere, die sich am Heiligsten vergehen. In manchen Landstrichen hielt man sie für blind und fürchtete, dass ihr Kot und Urin die Menschen mit Blindheit infizieren könnte. Anderswo fiel dagegen auf, wie unfassbar gut sie in der Dunkelheit manövrieren, weswegen man ihnen besonders hohes Sehvermögen zuschrieb und glaubte, wer sich die Augen mit Fledermausblut einriebe, könnte dann selbst bei Nacht sehen. Treffsichere Kugeln ließen sich angeblich gießen, wenn man Überreste von Fledermäusen ins Blei mengte. Weil sie wie aus dem Nichts auftauchen und ebenso spurlos zu verschwinden scheinen, traute man ihnen mancherorts auch zu, sich unsichtbar machen zu können, und wollte diese Fähigkeit für Hexenzauber nutzen: Wer ein Auge oder das Herz einer Fledermaus bei sich trüge, könne sich gleichfalls diese Gabe aneignen. Aus ihren nackten Flughäuten schloss man auf ein missgünstiges Verhältnis zur Behaarung überhaupt. Darum hatte man Fledermausblut und -urin im Verdacht, Kahlköpfigkeit zu verursachen. Von besonders schönem Haupthaar, heißt es, fühlten die Tiere sich dazu provoziert, sich im Schopf festzukrallen und aus bösem Neid die Haare auszuraufen. Überhaupt könnte Kontakt mit Fledermäusen zu Haarausfall und Grauhaarigkeit führen oder üblen Grind hervorrufen. Weil die Nachttiere offenbar Spezialisten fürs Wachbleiben waren, glaubte man außerdem, aus ihnen Arzneien und Talismane gewinnen zu können, die entweder beim Schlafen halfen oder aber vom Schlafbedürfnis befreiten. Auch für Liebeszauber sollten Fledermäuse taugen, aber vor allem waren sie Todesboten und schlechte Omen. Fledermäuse verkündeten Unheil: den Seefahrern Stürme, den Reisenden Überfälle; ihnen folgten Pest und Krankheit. Schon früh und unabhängig vom Vampirglauben erblickte man in ihnen die Seelen ungut zu Tode Gekommener. In einigen Volksglauben heißt es, in die Flammen geworfene Fledermäuse stießen mit menschlichen Stimmen Verwünschungen und Flüche aus. *Galina del diavolo*, Teufelshuhn heißt sie im Veronesischen. Zahlreich sind die Belege im *Handwörterbuch des deutschen Aberglaubens*, die die Fledermaus mit Hexerei und Teufelsbeschwörungen in Verbindung bringen.

»Der *Aberglaube* ist jene Art der Zauberkraft, welche die Furcht auf unsere Seele ausübt. Als unglücklicher Sohn der Phantasie verwendet er Gespenster, Träume und Visionen. [...] Er wirkt deprimierend, vor allem in der Krankheit und im Unglück [...], vermag die natürlichsten Erkenntnisse auszulöschen und die vernünftigsten Köpfe zu verwirren. Kurz: Er ist die schrecklichste Plage der Menschheit. [...] Wird der Aberglaube in die Tat umgesetzt, so bildet er den Fanatismus.« – Die schrecklichste Plage der Menschheit? Schlimmer als Krieg, Erdbeben, Pest und Cholera soll die Seuche des Aberglaubens sein? Genauso ist es, meint Jaucourt in seinem kleinen, aber zentralen Beitrag zu Diderots *Enzyklopädie*. Ach, die Enzyklopädie: der strahlende Leitstern der Aufklärung, der Lobpreis der Ratio, der Hymnus auf Wissenschaft, Rationalität und Toleranz, Bekenntnis und Aufruf zum Fortschritt der Menschheit, ein Handwörterbuch der menschlichen Vernunft. Menschliche Vernunft, davon spricht jede Seite dieses Kompendiums, wird die Gerechtigkeit mehren, Landwirtschaft und Handwerk verbessern, Krankheiten heilen lernen, die Geheimnisse der Natur entschlüsseln – und dabei zeigen, was schon Demokrit und Lukrez wussten: dass sich zu allen Rätseln der Welt natürliche Erklärungen finden lassen. Hell sei die Zukunft! Dabei spürten Autoren und Herausgeber des Mammutwerks stets den kalten Hauch aus dunklen Grüften, den Odem der Gestrigkeit im Nacken. Aufklärerische Literatur bewegte sich am Rande des Illegalen, ihre Verfasser standen mit einem Bein im Gefängnis, Kirche und Zensur wachten auf jedes Wort, und noch immer kam es vor, dass an Ketzern Todesurteile vollstreckt wurden. Zur gleichen Zeit, als die Enzyklopädie entstand, fanden noch in Mitteleuropa Hexenprozesse statt. Kurz vor dem Erscheinen des ersten Bandes wurde Diderot tatsächlich für einige Monate inhaftiert, blasphemischer Frechheiten wegen und weil ein braver Pfarrer ihn als Gottlosen denunziert hatte. Kühn und vorsichtig zugleich mussten sie sein, Diderot, d'Alembert und ihre Mitstreiter. Das Dunkel, aus dem Gespenster und Vorurteile aufwachsen, war Hindernis für den Fortschritt und zugleich für seine Vertreter eine Gefahr und hatte sich so den Hass der Aufklärer verdient: Die Vernunft durfte man nicht schlafen lassen, man musste sie aufwecken!

Das konnte auch nur im Interesse der Fledermäuse sein, denn zählebiger Aberglaube veranlasste die Menschen, die armen Tiere an Scheunentore zu nageln, sie lebendig ins Feuer zu werfen, ihre Augen für Talismane auszustechen, mit ihrem Blut Beschwörungsformeln zu malen und ihre Gebeine zu Arzneien und Zauberpulvern zu zerstoßen. Noch im späten zwanzigsten Jahrhundert kamen Homöopathen auf die Idee, aus den Haaren des Großen Mausohrs ein Medikament herzustellen: vom Fledermaus-Globulus *Pel myotis* erhofften sie sich unter anderem Hilfe gegen Zahnbeschwerden und Schlafstörungen sowie gegen das Gefühl, in der Gruppe isoliert zu sein. Was haben Fledermäuse nur falsch gemacht, um sich solche Nachstellungen zu verdienen? Manches Tier hat Menschen ernsthaft geschadet; hat sie bedroht, gebissen, gestochen, vergiftet, hat gewildert, Ernten verdorben und Vorräte gefressen. Aber nichts davon wäre je einer Fledermaus vorzuwerfen gewesen, jedenfalls nicht in Europa (das Kuriosum der Säugetierblut saugenden Vampirfledermaus ist auf wenige Arten in Südamerika beschränkt). Fledermäuse sind kleine, leichte Geschöpfe, die sich von Insekten ernähren, von Früchten oder Blütennektar. Ihre besondere Lebensweise hat physiologische Anpassungen hervorgebracht, die zum Staunen, aber nicht zum Fürchten Anlass geben. Ihr ganzer Fehler ist, dass sie keine Vögel sind, bunt, singend, von duftigem Federkleid umhüllt. Engelsflügel haben Vogelfedern, Dämonen aber haben ihre Flügel von Fledermäusen geborgt. Ohne die Gunst der Feder müssen Fledertiere unter großer Anstrengung »die Luft schlagen«, wie Brehm es nennt. Kaum wird man eine Fledermaus, ihres Auftriebs gewiss, vom Gegenwind getragen in der Luft stehen sehen, wie eine Sturmmöwe, oder bei gelassen aufgespannten Flügeln mit den Aufwinden des Abends spielen, leicht und mühelos wie eine Dohle. Sie gleichen gefallenen Engeln, denen beim Sturz in die Tiefe die Federn bis auf die nackte Haut versengt sind. Nun müssen sie hart um die Überwindung der Schwerkraft kämpfen, und keine Sekunde des Auftriebs wird ihnen geschenkt. Ihr Fliegen ist ein ständiges Beinahe-Fallen, ihr Flattern immer besorgt und etwas zu rasch. Weil ihr Flug stets mit einem kurzen Fall beginnt, durch den sie Luft unter die Flügel bekommen, tun sie gut daran, hängend zu ruhen. Auffliegen können sie nur mit Mühe, daher wäre es zu riskant, sich der Bequemlichkeit eines Nestes anzuvertrauen. In Gesners *Allgemeinem Thier-Buch* kommt die Fledermaus nicht vor – warum? Weil er sie stattdessen im *Vollkommenen Vogelbuch* bespricht. Was fliegt, hat Vogel zu sein, auch wenn da offenbar etwas nicht stimmt. »Die Fledermauß ist ein Mittelthier / zwischen dem Vogel und der Mauß«, schreibt Gesner und weist ihr damit eine Ortlosigkeit zu, in der schon Aristoteles sie sah. Immer steht der Vergleich zum Vogel im Raum, und stets fällt er zuungunsten der Fledermaus aus. 2021 wurde die Lappenfledermaus in Neuseeland zum Vogel des Jahres gewählt – ein sicherlich gutgemeinter Akt freundlicher Ornithologen, der armen dunklen Schwester auch einmal das Licht der Öffentlichkeit zukommen zu lassen; aber ob es die Fledermaus gefreut hat, als Vogel-Travestie mit fremden Federn einen Preis zu erringen?

Der Fliegekünstler Otto Lilienthal hat sich den Vogelflug genau besehen, Flügel vermessen und Auftrieb berechnet, um sich künstliche Flügel zu bauen; doch man muss zugeben, dass seine mit nacktem Wachstuch bezogenen Gerippe aus Weidenruten eher hautbespannten Fledermausflügeln glichen als Vogelschwingen. Auch Lilienthal musste seine Flugapparate einen Hügel hinaufschleppen und abspringen, um das Stürzen so zu verlängern, dass es dem Fliegen immer ähnlicher wurde. Sein mythischer Vorgänger Daidalos hatte hingegen beim Bau seines Flugapparates auf Federn vertraut, die er mit – leider wenig hitzebeständigem – Wachs auf die Tragflächen geklebt haben soll; sein Sohn Ikarus stürzte ab, weil er zu hoch und also der Sonne zu nahe flog, wodurch das Wachs schmolz und die Federn abfielen. Der humanistisch gebildete Lilienthal wusste sicher, dass man sich beim Fliegen vor der Sonne in Acht nehmen musste. Bei seinem letzten Flug war es eine ›Sonnenbö‹, also ein unerwarteter Aufwind, der das Fluggerät zum Absturz brachte. »Nicht so schlimm, kann mal vorkommen«, soll er gesagt haben, bevor er ins Koma fiel, »gleich machen wir weiter.« Säugetieren, die fliegen wollen, wird nichts geschenkt.

Dagegen hatten die Vögel mehr Glück gehabt. Der Flugpionier Archaeopteryx wird es auch nicht einfach gehabt haben beim frühen Flattern, Gleiten, haarscharfen Abfangen eines Sturzes – und manchmal wird es auch schiefgegangen sein. Dagegen müssen sehr viele günstige Zufälle zusammengekommen sein, damit die Knochen eines solch kleinen Tieres noch hundertfünfzig Millionen Jahre nach seinem Unfalltod auffindbar sind und uns von seiner Existenz zeugen können. Wer beklagt sich, dass die Entwicklungsgeschichte der Arten lückenhaft belegt sei, weil manches Bindeglied fehlt? Vielmehr muss man staunen, dass so vieles erhalten ist, bedenkt man, dass unser Gebein gewöhnlich schon nach Jahrzehnten vergeht. Das Glück der Paläontologen hat zwölf Archaeopteryx-Fossilien überdauern lassen, zwölf Apostel der frohen Botschaft von der Evolution. Fast wie ein Wunder scheint es, dass ihre nassen Gräber auf der fränkischen Alb überdies von besonders feinem Sediment bedeckt wurden, dem dankbare Geologen den Namen Lithographenschiefer gaben, um zu würdigen, mit welcher Treue und Genauigkeit die Platten wiedergeben, was sich in ihnen abgedrückt hat: hauchdünne Strukturen, fein gezeichnet aus zartem Horn, kaum mehr als ein Nichts: Federn. Die Dinosaurierahnen hatten dem Archaeopteryx eine unschätzbare Starthilfe hinterlassen. Ja, tatsächlich: Es gab Federn, lange bevor jemand damit flog.

Vögel haben Federn; Fledermäuse müssen mit nackten Häuten flattern. Vögel bevölkern den Tag (die wenigen Ausnahmen gelten auch gleich als verdächtig), Fledermäuse verstecken sich vor dem Sonnenlicht und kommen nur nachts hervor, man weiß gar nicht, woher. Vögel dagegen sind Augentiere, sie haben die leistungsfähigsten Sehorgane des Tierreichs hervorgebracht, und ihr hervorragendster Sinn ist das Auge. Doch das Reich der Fledermäuse ist das Dunkel. Wie stellen sie es an, sich bei völliger Dunkelheit zu orientieren? Das war lange Zeit ein Rätsel und lud zum Spekulieren ein; erst in den 1940er Jahren verstanden Wissenschaftler das Prinzip der Echoortung. Mit heutigem Alltagswissen können wir es ungefähr erklären: Ausgesendete

Ultraschallwellen, die von Hindernissen reflektiert werden, geben der Fledermaus ein Bild ihrer Umgebung. Eine solche Fledermauserfahrung können wir erahnen, wenn wir bei einer Autofahrt horchen, was das zurückgeworfene Fahrgeräusch bei geöffnetem Fenster über die Umgebung erzählt: Es klingt anders, je nachdem, ob man an Häusern vorbeifährt, an parkenden Autos oder an Gebüsch. Wundersam ist aber, wie Fledermäuse mit diesem Verfahren ein so präzises Bild von der Umgebung gewinnen können, dass sie schnelle Flugbewegungen koordinieren, Beutetiere präzise orten und im Flug fangen können. Je nach Flugsituation variieren sie die Frequenz der ausgesandten Laute. Während des Jagdanflugs erhöhen sie die Rate der Ortungslaute, um dem akustischen Abbild ihrer Umgebung möglichst hohe Schärfe zu verleihen. Und auch mit den Augen können Fledermäuse durchaus etwas sehen; Blüten besuchende Arten nehmen wie die Bienen Farben im UV-Bereich wahr; viele haben überdies einen Magnetsinn wie die Zugvögel.

Klein sind Fledermäuse; klein und verblüffend leicht. Die meisten Arten wiegen unter zwanzig Gramm, viele nicht einmal zehn. Die Hummelfledermaus kann ihre Flügelchen zwölf Zentimeter weit ausspannen, dabei beträgt ihr Gewicht ganze zwei Gramm – das ist weniger als das eines mitteleuropäischen Papierfliegers. Leichter kann ein Säugetier nicht sein. Selbst die mit circa vierzig Zentimetern Spannweite größten europäischen Arten, der Große Abendsegler und das Große Mausohr, wiegen weniger als eine halbe Tafel Schokolade. Gewöhnlich würde die Lebenserwartung von Säugetieren ungefähr mit ihrer Körpermasse korrespondieren. Fledermäuse aber werden für ihre Größe erstaunlich alt: Viele von ihnen erreichen das dreißigste, manche gar das vierzigste Lebensjahr. Ihr Artenreichtum ist überraschend groß, von den gut sechstausend Säugetierarten stellen die häufig vergessenen Fledertiere rund 1000. Und die Zahl nimmt weiter zu, weil immer wieder neue Spezies entdeckt werden. Sie zu bestimmen kann auch für Fachleute schwierig werden, so fein sind die Nuancen zwischen manchen Arten. Oft geben erst Haaruntersuchungen unter dem Mikroskop letzte Gewissheit. Die Evolutionsgeschichte der Fledermäuse beginnt früh: Die Urfledermaus dürfte schon in den späten Dinosaurierjahren erste Flugversuche unternommen haben. Frühe Fossilfunde deuten darauf hin, dass sich die Fähigkeit zur Echoortung erst nach dem Flugvermögen entwickelte. Man schließt daraus, dass die Fledertiere anfänglich tagaktiv waren, dann aber von den aufkommenden Raubvögeln ins nächtliche Dasein verdrängt wurden; doch das ist spekulativ. Für Europa hat man bisher vierundvierzig Arten beschrieben, und fast alle sind mehr oder weniger gefährdet: Pestizide nehmen ihnen die Insektennahrung, versiegelte Fassaden und Dachböden nehmen ihnen Quartiere, Lichtverschmutzung nimmt ihre Dunkelheit. Fledermäuse können es in die Zeitung schaffen, wenn sie Bauprojekte zu verhindern drohen – meist gelingt es ihnen aber nur, die Durchführung um einige Gerichtsprozesse zu verzögern. Auch Windkraftanlagen stellen eine Gefahr für Fledermäuse dar.

Von Vampirfledermäusen hatte man schon im sechzehnten Jahrhundert in Europa gehört, aber man nannte sie noch nicht so. »In einer Landschafft der neuen Welt / wurden die Spanier zu Nacht von den Fledermäusen geplaget / welche / wann sie einen schlaffenden unversehens gebissen hatten / blutet er sich zu todt / wie dann etliche von diesem Schaden todt gefunden«, schreibt Gesner. Ganz so schlimm wird es wohl nicht gewesen sein. Von den drei Vampirfledermausarten ernährt sich nur die Gemeine Vampirfledermaus (*Desmodus rotundus*) von Säugetierblut; die beiden anderen bevorzugen überwiegend oder ausschließlich Blut von Vögeln. Dass ein Mensch daran über Nacht ›zu Tode blutet‹, ist an sich nicht zu befürchten, doch in der Tat enthält ihr Speichel gerinnungshemmende Substanzen, sodass die Wunde länger offen bleibt. Bevor eine Vampirfledermaus ihr Opfer beißt, betäubt sie die Stelle mit ihrem Speichel, entfernt soweit möglich die Behaarung und beißt dann mit Hilfe der Eckzähne ein wenige Millimeter großes Loch in die Haut, an der sie anschließend ein gutes halbes Stündchen leckt. Das geht sehr sanft vor sich, sodass die Opfer gewöhnlich nicht aufwachen. Bei einer Mahlzeit nehmen Vampirfledermäuse 20 bis 30 Milliliter Blut zu sich, was ihr Gewicht vorübergehend annähernd verdoppelt. Weil ihnen das Fliegen dann schwerfällt, gehen sie oft lieber zu Fuß nach Hause. Meistens sind Pferde oder Rinder die Opfer, und etliche Tausend sterben jährlich an Infektionen in Folge des Bisses. Wenn es menschliche Todesopfer gibt, dann deswegen, weil sie sich mit Tollwut infiziert haben.

Auch in der Welt der Horrorgeschichten wundern sich die Opfer des Vampirs am Morgen über die kleinen Wunden am Hals; ihr Blutverlust ist jedoch weitaus gravierender. Viele Seiten verbringt die klassische Vampirerzählung damit, herauszufinden, woher die rätselhaften Leiden des (zumeist weiblichen) langsam dahinsiechenden Patienten rühren und was zur Hölle hier überhaupt los ist – ein Drama der Diagnostik. So ist Bram Stokers *Dracula* in erster Linie ein Ärzteroman und schildert den Disput zweier Mediziner, deren einer auf Rationalität beharrt und damit nicht in der Lage ist, das Ungeheuerliche zu sehen: den Vampir, Überträger einer ansteckenden Krankheit, die von Osten kommt! Stokers Roman schildert schließlich den Versuch des Grafen Dracula, seinen Wirkungskreis über die transsilvanische Provinz hinaus auszudehnen. Nachdem er jahrhundertelang die immergleichen Dorfbewohner ausgesaugt hatte, plant er die Übersiedelung nach Westeuropa, nach England, ja, mitten ins Herz der Helligkeit: nach London! Genau hier, wo man die Weltausstellung mit einem lichtdurchfluteten Kristallpalast feierte, wo man der Naturwissenschaft einen Tempel baute, wo man mit Forschung und Geld die Welt im Griff zu haben glaubte: Just da nistet sich eine andere, eine nächtige, finstere Macht ein, die sich globalisieren will. Sie machte sich jene Schlupfwinkel zunutze, in die die siegesgewisse Ratio nicht blicken konnte: nächtliche Keller und Grüfte, aber auch die verborgenen Winkel menschlicher Begierden. Es gehört zum Kleingedruckten des Dracula-Paktes, dass die unschuldige Braut vom Vampir nicht nur heimtückisch gebissen wird, sondern sich auch recht bereitwillig sexuell verführen lässt. Wer vor dem Irrationalen die Augen verschließt, bleibt blind, sobald das Licht ausgeht und die Dämonen aufsteigen. Während das Jahrhundert verdämmerte und Stoker an der Geschichte des Dracula-Dämons schrieb, arbeitete Sigmund Freud in Wien an der *Traumdeutung*, seiner Version von nächtlichen Heimsuchungen aus dem Reich des Verdrängten.

Das Urbild zu Stokers *Dracula* hatte Lord Byrons Leibarzt John Polidori mit der Erzählung *The Vampyre* entworfen; sie entstand 1816 während jenes legendären verregneten Sommeraufenthalts junger Schriftsteller, in dessen Verlauf Mary Shelley mit *Frankenstein* ebenfalls einen Klassiker des Horror-Genres schrieb. Fünfundzwanzig Jahre vor Stokers Roman erschien die weniger bekannte, aber nicht weniger spektakuläre Vampirerzählung *Carmilla, der weibliche Vampir* von Joseph Sheridan Le Fanu. Auch hier ist das Hauptopfer weiblich, aber der Vampir ist es ebenso und wird hier unverkennbar und erstaunlich unverhüllt von lesbischem Begehren angetrieben. Um die Ursachen der rätselhaften Anämie streitet sich auch hier ein junger, fortschrittsgläubiger Arzt mit einem älteren, der tiefer blickt und Dunkles ahnt. »Mein gelehrter Kollege scheint zu glauben, Sie brauchten einen Zauberer, keinen Doktor«, spöttelt der junge Rationalist. Die Aufgabe der Vampirjäger besteht regelmäßig darin, das Rätsel überhaupt zu lösen, die übernatürliche Erklärung für das Hinschwinden des Opfers allmählich in den Verstand eindringen zu lassen, der sich verzweifelt an neuzeitliche Vernunft zu klammern versucht und nicht loslassen will. Interessanterweise sind so einige Vampire des neunzehnten Jahrhunderts weiblich. E. T. A. Hoffmann teilt in einer kurzen »grässlichen Geschichte« aus den *Serapionsbrüdern* einen Fall weiblicher Genealogie von Vampirismus mit: Die junge, unschuldige Gräfin kann nicht anders, als die Tradition der offen verhassten, hexenartigen Mutter nach deren Tod fortzuführen. Wie einst die böse Mutter schleicht sie sich nachts auf den Friedhof, um im Kreise satanischer Weiber Leichen zu fressen. Wie die Vererbung dieses Fluchs genau vor sich ging, lässt der Erzähler im Dunkeln. Auch Turgenjew und Tolstoi erzählen einige Jahrzehnte vor Stokers *Dracula* von verführerischen Vampirinnen. Der Maler Philip Burne-Jones gab 1896 einem Bild den Titel *The Vampire*, das eine Frau im weißen Negligé zeigt, die sich mit diabolischem Lächeln über einen schlafenden Mann mit geöffnetem Hemd beugt. Der befreundete Rudyard Kipling schrieb ein gleichnamiges Gedicht, das er mit Burne-Jones' Gemälde illustrierte; es handelt von einer ruinösen Liebschaft zu einer ruchlosen Frau, die den Liebhaber gleichsam aussaugt (»So some of him lived but the most of him died«). Im selben Jahrzehnt entstanden sechs Versionen eines Bildes von Edvard Munch, das eine Frauengestalt zeigt, die sich über den Nacken eines Mannes beugt. Es sollte zunächst *Liebe und Schmerz* heißen, bis Munch sich für den Titel *Vampir* entschied. Die Faszination für die Figur der Femme fatale und das Interesse an der Vampirgestalt verschmolzen im Fin de Siècle zu Begriff und Bild des *Vamps*.

Auch im zwanzigsten Jahrhundert kommen in Film und Belletristik weiterhin Vampirinnen vor, doch mit Dracula und Nosferatu ist das Vampirbild fortan männlich dominiert und trägt einen weiten schwarzen Umhang, der an Fledermausflügel erinnert. Vampire lassen sich von nun an von verschiedenen Tieren der Nacht begleiten und vermögen es, deren Gestalt anzunehmen. Dracula kann den Wölfen des Waldes befehlen, als schwarzer Hund verlässt er das Schiff, das vor Whitby im Sturm untergeht, und betritt so erstmals englischen Boden. In Sheridan Le Fanus Vampirgeschichte kommen noch keine Fledermäuse vor, dafür wird das Zimmer der Protagonistin von einem dunklen, katzenartigen Tier unbekannter Spezies heimgesucht, das am Fußende herumschleicht und schließlich auf das Bett springt. Dracula hingegen wählt die Fledermausgestalt, als er wieder und wieder versucht, ins streng bewachte Schlafzimmer von Lucy, seinem ersten englischen Opfer, einzudringen. Fortan war der Vampir mit der Fledermaus verknüpft. Der ungarische Schauspieler Bela Lugosi war Mitte des zwanzigsten Jahrhunderts der populärste Vampir-Darsteller Hollywoods und verschmolz so stark mit der Rolle, dass es heißt, er habe sich am von Drogen und Alkohol geprägten Ende seines Lebens wahrhaftig für Dracula gehalten. Lugosi schrieb selbst eine Vampirgeschichte namens *Die Fledermaus*. Er wurde nach seinem Tod im Dracula-Kostüm aufgebahrt und begraben.

Indirekt können doch auch die europäischen Fledermäuse Menschen schaden, aber dies ganz ohne Absicht und in aller Unschuld. Fledermäuse sind ungewöhnlich resistent gegen Viruserkrankungen, was mit sich bringt, dass sie von diversen Viren infiziert sein können, ohne darunter zu leiden oder gar zu sterben, sodass sie unverdrossen mit den Krankheitserregern leben und sie weiterverbreiten können. So können sie Tollwut übertragen, und wer eine lebende Fledermaus untersucht, sollte zur Vorsicht Handschuhe tragen, weil ein Biss des verängstigten Tiers nicht auszuschließen ist. Auch Viren von Ebola, MERS und Mumps hat man bei Fledermäusen nachgewiesen.

Auch beim Vampirismus der Schauergeschichten handelt es sich bei Lichte besehen um nichts anderes als eine Infektionskrankheit. Wer von einem tollwütigen Wesen gebissen wird, bekommt ebenfalls die Tollwut. Wer von einem Vampir gebissen wird, dem droht das Schicksal, selbst als Untoter die Lebenden aussaugen zu müssen; dann nämlich, wenn das Opfer an den wiederholten Heimsuchungen des Vampirs stirbt. In Stokers Roman beispielsweise kämpfen van Helsing und seine Helfer verzweifelt um das Leben von Lucy. Sie spenden ihr Blut und bewachen ihr Schlafgemach. Doch Dracula umflattert in Fledermausgestalt das Haus. Immer wieder gelingt es ihm, einzudringen und ihr Blut zu trinken. Lucy stirbt, doch van Helsing weiß, dass der Kampf gegen das Böse nach ihrem Begräbnis weitergeht. Zum Entsetzen von Lucys Verlobtem beobachten sie, wie die tote Lucy als Vampirin nachts das Grab verlässt und nun ihrerseits Opfer sucht.

Ähnliche Fälle wurden bereits im frühen achtzehnten Jahrhundert beobachtet, wenn sich nach dem Begräbnis eines – oft schon zu Lebzeiten missliebigen – Dorfbewohners mysteriöse Todesfälle zu häufen begannen. Derartige Verdachte auf einen Vampirfall meldete man zunächst aus Osteuropa. Manchmal vernahm man auch seltsame Geräusche aus dem Grab. Dann wurde der fragwürdige Leichnam exhumiert, und die finstere Ahnung schien bestätigt, wenn man die Leiche unerklärlich frisch vorfand, mit rosigem Teint, gar mit geöffnetem linken Auge, und wenn dazu noch Haare und Nägel nach dem Tode weitergewachsen schienen. Dann wurde der offenbar Untote geköpft, verbrannt oder auf andere Weise unschädlich gemacht. In der Regel hörten die seltsamen Unglücksfälle dann auf, und es geschahen fortan nur noch normale Unglücksfälle. Pandemisch breiteten sich die Fälle aus und auch aus Österreich und Süddeutschland meldete man immer häufiger Vampiralarm. Obrigkeit und Kirche schickten dann sachverständige Gutachter zur Klärung des Falls; sie kamen mal zu diesem, mal zu jenem Ergebnis. Der sächsische Theologe Michael Ranft machte sich in der Vampirismusforschung verdient, indem er seine Erkenntnisse 1734 zu einer Dissertation zusammentrug: *Tractat von dem Kauen und Schmatzen der Todten in Gräbern, Worin die wahre Beschaffenheit derer Hungarischen Vampyrs und Blut-Sauger gezeigt, Auch alle von dieser Materie bißher zum Vorschein gekommene Schrifften recensiret werden*, so heißt das gründliche Werk. Mit dem hellen Blick des Aufklärers fand er natürliche Begründungen für alle mysteriösen Phänomene und kam zu dem Schluss, dass es schlechterdings gar keine Vampire gäbe. Die österreichische Kaiserin Maria Theresia schickte ihren Leibarzt van Swieten zur Untersuchung derartiger Fälle in die östlichen Provinzen; auch er konnte keinen einzigen Verdacht auf Vampirismus bestätigen. Selbst die katholische Kirche begann im Laufe der Jahrzehnte der Ansicht zuzuneigen, dass es sich bei den Vampirberichten – anders als etwa bei bis heute gut beglaubigten Fällen von Wunderheilungen, Hexerei oder ausfahrenden Dämonen – um nichts als Aberglauben handele. Das Fach der Vampirologie geriet in Vergessenheit, da man allgemein von der Nichtexistenz des Forschungsgegenstandes überzeugt war.

Die Aufklärung hatte gesiegt – aber nur vorläufig. Die Vampirologie sollte gemeinsam mit anderen okkulten Strömungen im jungen zwanzigsten Jahrhundert wiederkehren. Besondere Verdienste erwarb sich hier der Dämonologe, Literaturwissenschaftler und selbstgeweihte Priester Montague Summers. Seine Studien zu Vampiren und Werwölfen gelten noch heute bei einschlägig Interessierten als Grundlagenwerke. Allerdings kam er zu ganz anderen Ergebnissen als die skeptischen Kollegen aus der Aufklärungszeit. Er zweifelte nicht im Geringsten an der Existenz dämonischer Wesen und Untoter. Für das Vorkommen von Vampiren fand er zahllose Belege, obwohl Kritiker einwandten, dass er den Begriff etwas zu weit fasste. Er erforschte auch gründlich die Geschichte der Hexerei und hielt die Hexenprozesse der Frühen Neuzeit im Großen und Ganzen für gerechtfertigt, da er an der Macht Satans und den Machenschaften seiner Diener keine Zweifel zuließ. Seine Bücher sind heute noch lieferbar. Noch nachhaltiger war der Erfolg des Okkultisten und Begründers der Anthroposophie Rudolf Steiner. In sein komplexes Weltgebäude wollen wir hier nicht eindringen, zumal er viel über Dämonen, Engel und Geistwesen, aber wenig über Vampire gesagt hat. Doch seine kosmologische Betrachtung der Fledermäuse hat tatsächlich aufsehenerregend Neues ergeben. Er erfasste die Fledermaus als Angstwesen, als »verkörperte Angst vor dem, was sie sieht und nicht sehen will«, und die Fledermausohren seien ganz auf »auf Weltenangst gestimmt«. Daraus ergeben sich verstörende Konsequenzen: »Die Fledermaus sondert die vergeistigte Substanz, welche in den gespannten Häuten zwischen den einzelnen Fingern lebt, ab während ihrer Lebenszeit, übergibt sie aber nicht dem Weltenall, sondern sondert sie in der Erdenluft ab. Und wenn wir wissen: die Luft besteht aus Sauerstoff, Stickstoff und anderen Bestandteilen, so ist das nicht alles; sie besteht außerdem aus dem Geisteinfluß der Fledermäuse. So sonderbar und paradox das klingt: dieses Traumgeschlecht der Fledermäuse sendet kleine Gespenster in die Luft herein, die sich dann vereinigen zu einer gemeinsamen Masse«. Diese Fledermausreste, so Steiner, erfüllen die Luft, die wir atmen, und wir verschlucken sie ständig. Die Fledermausreste gingen in den menschlichen Astralleib ein, und das habe durchaus üble Folgen, denn sie »sind die begehrteste Nahrung dessen, was ich Ihnen hier geschildert habe als den Drachen«. Ausgesprochen fett werde der innere Drache des Menschen von all den eingeatmeten Fledermausresten, fatalerweise; um es hier einfach auszudrücken, möge der Hinweis genügen, dass er die Elementarwesen der Natur verschlingt, was begreiflicherweise gar nicht gut sein kann. – Den Einsichten von Rudolf Steiner folgen bis heute landwirtschaftliche Betriebe, Kosmetikkonzerne, Pharmafabrikanten und zahllose Kindergärten und Schulen.

Mitte der Sechzigerjahre beschrieb die schottische Forscherin June Almeida einen Virustypus, der sich unter ihrem Elektronenmikroskop im Schmuck eines Strahlenkranzes zeigte, von dem Almeida sich an die Sonnenkorona erinnert fühlte. Sie benannte die Virussippe als *Coronaviridae*; ein Name, der über fünfzig Jahre lang kaum jemandem geläufig sein sollte. Das änderte sich gegen Ende des Jahres 2019, als sich im chinesischen Wuhan eine von einem Coronavirus hervorgerufene Lungenkrankheit auszubreiten begann. Wie schon im Falle anderer Krankheiten machten Experten Fledermäuse als Wirte dieser Viren aus. Möglicherweise waren sie unmittelbar von der Fledermaus auf den Menschen gewechselt; als wahrscheinlicher gilt, dass sie den Weg über einen Zwischenwirt nahmen – den Marderhund etwa oder eine Schleichkatze. Jedenfalls zog das Fledermausvirus mit großem Erfolg um die Welt. Vielleicht hatte eine Seuche niemals bessere Bedingungen, um sich schnell global auszubreiten, denn nie waren so viele Menschen und Güter so schnell so weit unterwegs. Aber nie war menschliche Klugheit besser gewappnet, um einer weltweiten Seuche zu begegnen: Man verstand die Infektionswege, konnte die meisten Erkrankten heilen und fand sogar binnen Monaten nicht nur einen, sondern gleich mehrere wirksame Impfstoffe von erstaunlichem Wirkungsgrad. Ein Triumph von Wissenschaft und menschlicher Rationalität – Diderot und seine Freunde hatten Recht behalten! Doch seltsam, seltsam: Im Gefolge der Krankheit erblühten Irrationalität und Aberglaube, wie man es der Spätmoderne kaum noch zugetraut hatte. Der Flug des Fledermausvirus um die Welt hinterließ dunkle Schatten auf vielen Gemütern. Sonderbare Gerüchte machten die Runde. Manche raunten, es gäbe das Virus gar nicht, man wollte uns nur einschüchtern und kontrollieren. Einige vermuteten, das neu eingeführte 5G-Mobilfunknetz habe die Krankheit ausgesandt. Andere hielten die Krankheit für eine mutwillig verbreitete

Bio-Waffe aus einem Geheimlabor. Immer mehr Menschen bekannten sich zu freiwilligem Rationalitätsverzicht und schlossen sich zu selbsternannten ›Querdenkern‹ zusammen; entschlossen, der Regierung, der institutionalisierten Wissenschaft und etablierten Medien nicht mehr zu glauben und sich stattdessen obskure Internetlinks wie geheime Kassiber einer anderen Wahrheit zuzuschieben. Prominente Wissenschaftler und Aufklärer wurden angefeindet und mussten um ihr Leben fürchten wie einst Diderot. Ionescos Stück *Die Nashörner* schildert, wie eine Epidemie die Bewohner einer kleinen Stadt nach und nach zu Nashörnern mutieren lässt. Der Protagonist muss erleben, wie immer mehr seiner Mitmenschen sich in sprachlose, blindwütige Stampftiere verwandeln, die für jeden vernünftigen Diskurs verloren sind. Die Geschichte lässt sich leicht als Allegorie auf den Faschismus lesen. In den Tagen von Corona lebte der Vernünftige in der Angst, morgen könnte die Epidemie den nächsten Freund, die vertraute Kollegin, den umgänglichen Nachbarn in einen Querdenker, Coronaleugner oder Aluhutträger verwandelt haben. Die Verstandesflucht wurde epidemisch.

Am meisten Misstrauen und Feindseligkeit rief das ersehnte Hilfsmittel der Impfung hervor. Manche befürchteten nun, der Impfstoff mache unfruchtbar. Andere glaubten, er beinhalte Microchips, und empfahlen, den geimpften Oberarm mit Alufolie zu umwickeln, um sich der Kontrolle von Bill Gates zu entziehen. Immerhin recht wenige schlossen sich der Vermutung an, dem Impfstoff wären Eier einer außerirdischen Spinnenart beigemengt, die dann den Körper des Geimpften besiedele. Besonders unter Homöopathen, Anthroposophen und anderen Anhängern okkulter Weltbetrachtung war die Abneigung gegen das Impfen sehr verbreitet. Dabei war das Verfahren des Impfens schon vor etwa zweieinhalb Jahrhunderten in Europa eingeführt worden. Der französisch-schweizerische Arzt Théodore Tronchin gehörte vermutlich zu den Ersten, die eine Pocken-Impfung vornahmen. Die Enzyklopädisten baten ihn, einen Artikel zum Stichwort *Impfung* beizusteuern. Tronchin kam der Bitte gerne nach. Er nutzte den Beitrag für ein leidenschaftliches Plädoyer für die Segnungen des Impfens. »Die Impfung wird eines Tages in Frankreich eingeführt werden«, so schrieb er, »& man wird sich dann wundern, daß man sie nicht schon früher zunutze gemacht hat; aber wann wird dieser Tag endlich kommen? Werden wir denn immer nur durch Unglück weise?«

Die Vernunft, so scheint es, verharrt im Halbschlaf, und hat sie eben noch munter umhergeblickt, wird ihr bald der Kopf schwer und sie droht einzudösen. Darauf haben die alten Gespenster nur gewartet, um gleich wieder aufzuflattern. Auch das alljährliche Fortbildungsangebot in Teufelsaustreibung an der Päpstlichen Universität Regina Apostolorum in Rom musste wegen der Corona-Seuche zum Leidwesen der Wissbegierigen in den Jahren 2020 und 2021 abgesagt werden.

Wespen

Angst […], *du könntest irgendeinem Geschöpf den Tod geben: Als Du ein Dichter warst, vor vierzig Jahren, war dieselbe Angst in dir, aber verborgen, ungenannt* […]. *Seit du sie ausgesprochen hast, bist du gelähmt, die Wespe Tod hat dich gestochen und in ihren Bau getragen. Vorrat. Vorrat wofür?*

– Elias Canetti, *Das Buch gegen den Tod*

Nicht schlagen! – so lautet der klassische Warnruf, den Eltern reflexhaft ausstoßen, wenn sie ihre Kinder von einer Wespe belästigt sehen. Allerdings nicht aus Tierliebe, sondern aus Gründen der Vorsicht, denn von hastigen Fuchtelbewegungen könnte die Wespe sich bedroht fühlen und tun, was jeder fürchtet: stechen. Man darf sie also nicht mit der Hand verscheuchen, was man doch so gern tun würde, und die Reflexe derart zu unterdrücken fällt nicht nur Kindern schwer. So bedrängen sie mit furchtloser Dreistigkeit vieltausendmal größere Wesen wie uns; setzen sich auf unsere Kuchen, vertreiben uns von Bänken (insbesondere wenn ein gefüllter Mülleimer danebensteht) und schneiden in provozierender Gelassenheit mandibelgerechte Stücke aus dem Schinkenbelag unserer Brötchen, während wir in hilflosem Zorn zusehen müssen.

Wespen wissen genau, was sie sich erlauben können: nämlich alles. Der Schmerz ihres Stiches leuchtet schnell und groß auf; ganz unverhältnismäßig für so ein kleines Tier. Dabei zählen die mitteleuropäischen Wespen noch zu den vergleichsweise harmlosen Vertretern. Der Insektenforscher Justin Schmidt hat einen Schmerz-Index angelegt, auf dem sich Insektenstiche nach ihrer Schmerzhaftigkeit zwischen 1,0 und 4,0 eintragen lassen. Die Deutsche Wespe liegt dort nur im Mittelfeld, während etwa der Stich der mittelamerikanischen Wegwespe *Pepsis formosa* sich die Höchstnote errungen hat. Schmidt hat sich dadurch Respekt erworben, dass er die unterschiedlichen Schmerzgrade im Selbstversuch erforscht und in farbigen Metaphern umschrieben hat. »Leicht, flüchtig, fast fruchtig« nennt er den noch fast kitzelhaften Affekt nach dem Stich kleinerer Bienen und bewertet sie mit der Note 1,0 als Schmerzanfänger. Die Deutsche Wespe verdient sich eine respektable 2,0; Schmidt beschreibt ihren Stich als »reichhaltig, herzhaft und heiß«. Doch für Pepsis und die 24-Stunden-Ameise vergibt er mit Überzeugung die glatte 4,0 und die Attribute »heftig, blendend, schockierend elektrisch« beziehungsweise »reiner, intensiver, strahlender Schmerz« und führt schwelgerisch aus: »Als ob man über glühende Kohlen läuft und dabei einen sieben Zentimeter langen rostigen Nagel in der Ferse stecken hat.« Sieben Zentimeter! Die elaborierten Ausschmückungen zeugen von einer Verfeinerung der Schmerzwahrnehmung, zu der nur ein Profi mit lebenslanger Erfahrung in der Lage sein kann. Schmidt rühmt sich, im Laufe seines Insektenforscherlebens die Schmerzangebote von hundertfünfzig verschiedenen Arten verkostet zu haben.

Man schätzt, dass in Deutschland jährlich etwa zwanzig Menschen durch Stiche von Wespen oder Bienen ums Leben kommen. Das kann durch allergische Reaktionen geschehen, durch Stiche innerhalb der Mundhöhle, die das Opfer ersticken lassen, oder selten auch durch Angriffe eines ganzen Schwarmes. In anderen Ländern kommen Wespen und Hornissen mit schlimmeren Giften vor, auch größere Arten, deren Stich dem Opfer eine entsprechend größere Giftmenge verabreicht. Die Asiatische Riesenhornisse *vespa mandarinia* injiziert bei einem Stich etwa die acht- bis zehnfache Dosis einer Honigbiene. Ihr Gift enthält zudem Alarmpheromone; ihr Geruch brandmarkt den Gestochenen als Hornissenfeind und animiert andere Hornissen, ebenfalls anzugreifen. Die mittelamerikanische Wespe und Schmerzmeisterin *pepsis formosa* vermag bei einem Stich üppige zweieinhalb Gramm Gift zu spenden, so viel wie circa sechzehn Bienen zugleich. Ihre Kinder füttert die Wespe mit gelähmten Vogelspinnen. Die vielen Tausend verschiedenen Hautflüglergifte folgen einer hohen Varianz von Zusammensetzungen. So können manche Arten auch mit geringen Giftgaben erstaunliche Effekte erzielen; es kommt ganz auf das Rezept an. Je nach Lebensweise erfüllen die Gifte für die jeweilige Art spezifische Zwecke. Es kann lähmen oder töten und ist in seiner Wirkung oft auf bestimmte andere Arten ausgerichtet, die in der Lebenswelt des Hautflüglers als Konkurrent, Bedrohung oder Jagdbeute fungieren. Die Wirkung der Gifte auf Warmblüter aber besteht hauptsächlich aus Schmerz. Die Zahl der Todesopfer nach Wespenstichen ist vergleichsweise klein, bedenkt man, wie häufig solche Stiche vorkommen. Verglichen mit Quallen oder Schlangen sind Wespen keine profilierten Killer. Ein Wespenstich bedeutet gewöhnlich viel Schmerz um nichts und hat doch einen deutlichen Zweck, selbst wenn die Angreiferin selbst nicht überlebt: *Dass du ewig denkst an mich.* Und wir haben alle die Lektion gelernt. Jeder Wespenstich dient der kollektiven Erziehung der Warmblütler, auf dass sie Trägerinnen der schwarz-gelben Warnwesten jederzeit mit Respekt begegnen und ihnen freien Zugang zu ihrem Picknick gewähren. Andere Insekten stechen, um Blut zu saugen; Hautflügler aber stechen, um gemein zu sein. Wer gab ihnen bloß diesen Stachel und füllte ihn mit Gift?

Dass Hautflügler – zu dieser großen Ordnung gehören Wespen, Bienen und Ameisen – über Giftstachel verfügen, hängt mit ihrer Fortpflanzung zusammen, genauer gesagt mit ihrer Brutpflege. Fliegen etwa kümmern sich nicht um ihren Nachwuchs. Sie paaren sich hastig, auch im Flug, und setzen ihre Eier ab, viele, schnell, beiläufig, in irgendeinen Kot und Aas. Dann fliegen sie weiter und vergessen das Ganze. Die Brut überlassen sie ihrem Schicksal. Wenn von den ausgesetzten Maden, die sich bald durch die Fäulnis wälzen, zwei oder vielleicht drei zur Fliege reifen und davonsurren, so hat die Eierlegerin für das Fliegentum genug geleistet. – Wespen und Bienen aber, die ganze Sippe der Hautflügler, überlassen ihre Eier und Larven nicht sich selbst. Überhaupt überlassen sie wenig dem Zufall. Sie legen Höhlen, Nester, kunstvolle Bauten für sie an und versorgen die Brut mit Nahrungsvorräten. Dafür sammeln sie unermüdlich Blütenpollen oder machen Jagd auf andere Insekten, die sie unter größter Mühe ins Nest schleppen. Und investieren viel, sie geben alles und sie sind bereit, die Brut mit allem Einsatz zu verteidigen. Bei vielen Arten ist es nur ein einziges Ei, ein Einzelkind, dem die alleinerziehende Mutterwespe alle Arbeit, alle Gefahr, ihr ganzes Leben widmet. Wenn es um ihre Brut geht, schrecken sie vor nichts zurück, scheuen keine Mühe und geben kein Pardon. Tatsächlich hat sich der Stachel aus einem weiblichen Geschlechtsorgan entwickelt, dem durch Chitin verhärteten Eilegeapparat. Was also einst der Eiablage diente und

Leben spendete, ist nun umgewidmet und verspritzt Gift, das tötet, lähmt und quält. Das hätte Freud bedenken sollen, bevor er alles Lange, zum Eindringen Geeignete als phallisch verbuchte. Bei den Wespen ist der Stachel das Weibliche selbst.

Wespen sind Schreckensmütter. Ein Wesenszug unerbittlicher Fürsorglichkeit ist es, im Voraus an alles gedacht zu haben, und darin sind die instinktsicheren Tiere unübertrefflich. Grabwespen etwa sind Einzelgänger und bilden keine Staaten. Sie verstecken ihre Eier in Erdhöhlen und schieben einen Stein davor oder verschließen sie auf andere Weise. Damit das geschlüpfte Würmchen fressen und groß werden kann, hat die Mutter Proviant beschafft. So soll das Kind an einem Frühlingsmorgen den Stein beiseite wälzen und als neue Wespe in den Himmel schweben. Zum Heranwachsen gibt es dabei nichts Besseres als tierisches Eiweiß: Würmer, Maden, Raupen, Heuschrecken böten sich an. Sie zu jagen traut die Wespenmutter sich ohne Weiteres zu, doch wie soll man sie frisch halten? Das einzige Wespenkind, Stolz und Lebenssinn der rastlosen Mutter, soll nichts Verdorbenes fressen müssen. Tote Insekten würden verfaulen, lebendige würden fliehen oder gar die Brut gefährden. Gelähmte Insekten, lebende Tote bilden daher den idealen Futtervorrat. Wenn die Wespe also Tiere jagt, tötet sie sie nicht. Sie lähmt sie. Sie sticht sie mit chirurgischer Präzision einmal, zweimal, dreimal, gerade so oft, wie es nötig ist, und trifft exakt die Nervenzentren, die für die Bewegungsfähigkeit des Opfers unverzichtbar sind. Einige Arten vollbringen es sogar, mit gezielten Stichen den Fluchtwillen, nicht aber die Motorik abzutöten; die solcherart entseelten Tiere lassen sich von der Wespe buchstäblich an den Fühlern packen und abführen. Die Wespe entledigt sich so der mühsamen Schlepparbeit; das Beutetier trottet widerstandslos in seine Marterkammer. Die Wespen sind auf je eine Spezies als Beute spezialisiert und mit einem Verhaltensprogramm ausgestattet, das sie unfehlbar und ohne zu zögern tun lässt, was getan werden muss, um die Raupe, die Grille, die Zikade in unbewegliches Frischfleisch zu verwandeln – einen Fleischvorrat, der dennoch lebt, atmet, empfindet. Lebendig in die Grabkammer gelegt, wird das Opfer den Tag erwarten, an dem die Wespenlarve schlüpft. Mit dem Erwachen der Larve beginnt das letzte Kapitel im Leben des Opfers; es nahen die Tage des langsamen Gefressenwerdens. Kein Zufall war es, wo die Mutter das Ei ablegte, kein Zufall ist, wo die Larve zu nagen beginnt, und mit tiefem Kalkül wird sie ihren Weg durch den Leib des wohlgenährten Opfers fressen: den Weg nämlich, der das Opfer möglichst lange leben lässt.

Wir wissen nicht allzu viel von der Erlebniswelt von Raupen, von ihrer Fähigkeit zu Schmerz und Verzweiflung. Wir kennen nicht die Begabung einer Grille, Qual zu empfinden. Das langsame, tagelange Aufgenagtwerden bei lebendigem Leib aber können wir uns nicht anders denn als Martyrium vorstellen. Bei der Betrachtung der Natur geraten Menschen gern ins Schwärmen und fühlen sich von Erhabenheit angeweht. Gerade Naturforscher, die die gewaltige Kathedrale alles Lebenden tief durchschritten haben, berichten, unter ihrer Kuppel eine Ahnung von Heiligkeit erfahren zu haben. Für Charles Darwin allerdings galt das nur sehr bedingt. Der bescheidene Prophet der Evolution, dem in seinem Forscherleben so viele Anlässe zum Staunen beschert worden waren, glaubte dem Nihilismus in die leeren Augenhöhlen zu blicken, wenn er an die grausame Brutpflege der Wespen dachte: »Ich kann mich nicht davon überzeugen, dass ein wohlwollender und allmächtiger Gott die

Schlupfwespen mit der Absicht erschaffen haben sollte, dass sie sich vom Inneren von Raupen ernähren«, schrieb er an einen Freund. Er konnte kein heiliges Schaudern empfinden angesichts eines Schöpfungsbaus, der so grausige Details aufwies.

Brutparasitismus lautet das unschöne Wort für diese Strategie der Wespen. Doch es gibt noch eine Steigerung dafür: Im noch unschöneren Begriff des Kleptoparasitismus verbinden sich gleich zwei verwerfliche Verhaltensweisen. Nicht genug, dass die Wespenmutter eine Höhle gräbt, um dort ein gelähmtes Insekt ihrer Brut zum Fraß vorzuwerfen. Manche Arten stehlen Höhle und Proviant von anderen, statt selbst dafür zu sorgen. Sie legen ihre Eier in eine bereits vorbereitete, mit Nahrungsvorräten ausgestattete Brutkammer einer anderen Wespenart. Nun ist der Proviant nicht für zwei Larven ausgelegt, sondern reicht aus, um genau eine Larve bis zur Schlupfreife zu ernähren. Es ist also klar, dass eine Wespenmutter, deren Brutkammer von einer Kleptoparasitin heimgesucht wird, die ganze Mühe des Anlegens der Kammer und des Beschaffens von Nahrung nur vollbracht hat, damit dann eine fremde Larve frech davon profitiert, während das eigene Ei zugrunde geht. Weil nichts verschwendet werden soll, frisst das Wechselbalg schließlich auch noch das Ei der redlichen Inhaberin. Unter den kleptoparasitären Wespen gibt es grundsätzlich zwei Strategien. Entweder sie führen die Okkupation durch, wenn die Wirtswespe mit ihrer Arbeit fertig geworden ist, die Brutkammer mit Nahrung ausgestattet und verschlossen wurde. Dann ist die Wespenmutter bereits erschöpft davongeflogen und glaubt ihr Kind in wohlversorgter Sicherheit. Daraufhin muss die diebische Wespe die sorgsam versiegelte Kammer öffnen, zuvor noch Erde oder Lehm wegschaufeln, und sie hinterher wieder ordentlich verschließen. Oder die Wespen, die sich selbst diese Mühe nicht machen wollen, schmuggeln ihr Ei in die Brutkammer, wenn sie noch offen steht und die Erbauerin der Höhle gerade ausgeflogen ist, um Proviant zu erlegen. Die schmarotzende Wespenmutter muss also den Moment abpassen, in dem die rechtmäßige Inhaberin der Brutkammer wieder unterwegs und die Höhle unbewacht ist, um dann schnell und heimlich ihr Ei abzulegen. Das spart viel Arbeit, birgt aber die Gefahr, von der heimkommenden Wespe überrascht zu werden. Falls das passiert, kann man gleich eine weitere Funktion des Stachels erleben: Er dient nicht nur zur Jagd auf Nahrung, sondern auch zur Rache an dreisten Konkurrenzmüttern, die auf frischer Tat ertappt wurden.

Brutparasitäre Wespen, die ihr Ei in die fertiggestellte und von der Mutter verlassene Brutkammer legen, vermeiden eine solche unschöne Auseinandersetzung. Dafür muss dann die nächste Generation den Streit austragen, denn in der Brutkammer ist kein Platz für zwei. Während gewöhnliche Larven in der Regel nichts als wehrlose, weichliche Würmchen darstellen, sind die Kinder brutparasitärer Arten mit helmartigem Kopfpanzer und scharfen Kiefern ausgestattet. Sie sind auf die Konfrontation also bestens vorbereitet, die arglosen, rechtmäßigen Wespenkinder dagegen haben keine Chance. Sie werden die erste Mahlzeit der kleptoparasitären Brut.

Die Kämpfe der Hautflügler beschrieb Darwins Zeitgenosse Jean-Henri Fabre im hohen Heldenton und mit homerischem Atem. Er war Pionier der Insektenforschung und zugleich ein großer Epiker. Moralische Urteile oder metaphysische Bestürzung waren ihm dabei fremd; seine Anteilnahme löst sich in olympisches Gelächter auf. Fasziniert schildert er, wie die

Dolchwespenlarve sich durch einen noch lebendigen Engerling frisst: »Es ist ein ergreifender Anblick, wie dieses schwache, eben erst ausgeschlüpfte Wesen sich sogleich an den ersten Versuch macht, den fetten Wanst seines riesigen, auf dem Rücken liegenden Opfers anzubohren. Der schnell wachsende Zahn braucht einen ganzen Tag für diese schwere Arbeit. Am nächsten Tag hat die Haut nachgegeben, und ich entdecke das Neugeborene, wie es gerade seinen Kopf in eine kleine runde, blutende Wunde steckt. [...] Die Dolchwespe und die anderen Räuber, deren Vorräte üppige große Stücke sind, gehen beim Fressen mit einer besonderen Kunstfertigkeit vor, und zwar mit einer höchst ausgeklügelten Kunstfertigkeit, die bis zum endgültigen Aufzehren in der ausgehöhlten Beute Spuren von Leben bewahrt.«

Um dem Treiben der Schlupf- und Grabwespen auf die Spur zu kommen und die kaum glaubliche Raffinesse und Varianz ihrer Brutpflegepraktiken zu erforschen, musste sich Fabre an Lehmhängen und vor Sandhaufen auf den Bauch legen, denn von sich aus haben die Tiere keinen Grund, unsere Nähe zu suchen. Die Ausnahmen unter den Vieltausend Arten bilden die beiden, die unseren Begriff der ›Wespe‹ prägen: die Deutsche Wespe und die zum Verwechseln ähnliche Gemeine Wespe. Anders als die allein kämpfenden Verwandten leben sie in arbeitsteiligen Staaten; insbesondere im Spätsommer terrorisieren sie Picknickdecken, Balkonfrühstücke und Parkbankimbisse. Unter den über 150 000 bekannten Spezies der Ordnung der Hautflügler sind es diese beiden Arten, die sich dem Menschen nähern und ihm lästig werden, weil sie mit menschlichen Lebensmitteln so viel anfangen können. Aber sie prägen das Bild dieser großen und vielfältigen Tiergruppe und begründen die Abneigung, die der Gedanke an die Wespe erregt. Dass sie gerade mit der Pflaumenkuchenzeit notorisch werden, hat seinen Grund im Lebenszyklus eines Wespenstaates. Er nimmt seinen Anfang darin, dass im Frühjahr eine junge Königin aus dem Schlupfwinkel hervorkriecht, in dem sie überwintert hat. Sie sucht sich erste Nahrung an Frühblühern; dann macht sie sich an den Nestbau. Sie formt mit einem Brei aus Holzfasern und Speichel die ersten Zellen und legt Eier hinein – befruchtete Eier, denn von der Begegnung mit einer Drohne im letzten Spätsommer hat sie einen Samenvorrat zurückbehalten. Bald schlüpfen die ersten Larven, und die alleinerziehende Königin muss sich um alles selbst kümmern: das Nest erweitern, Eierlegen, Beute jagen, die Larven mit bekömmlichem Insektenbrei füttern. Aber sie hat nicht vor, das lange so weiterzumachen. Sobald die ersten Jungwespen ausgewachsen sind, wird sie ihnen die Arbeit überlassen. Diese Wespenkinder sind nicht zu Höherem geboren. Obwohl auch sie alle Anlagen einer Königin in sich tragen, werden sie einfache Arbeiterinnen bleiben. Und schon hier zeigt sich, dass die hochgelobte und effiziente Arbeitsteiligkeit mit einer Ungleichverteilung an Versorgung, Privilegien und Glücksaussichten einhergeht. Ob es Überforderung war oder Kalkül der jungen Königin, jedenfalls hat Mangelernährung die ersten Larven nur zu Schwundstufen stolzer Wespenpracht heranwachsen lassen. Bei guter Versorgung hätten sie zu wahren Königinnen erblühen können, doch so bleiben sie unterentwickelte Geschöpfe mit verkümmerten Sexualorganen. Sie werden nie eine Sommernacht mit einer Drohne durchschwärmen und keine Ambitionen entwickeln, ihr eigenes Ding zu machen und selbst einen Staat zu gründen. Und so reihen sie sich ein ins graue Heer der Arbeiterinnen;

werden Beute jagen, das Nest erweitern, die Brut füttern und das große Ganze wenn's sein muss mit ihrem Leben verteidigen; einem Leben, das kaum mehr als zwanzig Tage währt. Einige ihrer jüngeren Schwestern aber werden so gut versorgt werden, dass sie im Spätsommer zu jungen Königinnen heranwachsen, bereit, auszufliegen und sich mit einer Drohne aus einem benachbarten Staat zu paaren. In andere, besonders große Zellen legt die Königin unbefruchtete Eier – aus ihnen werden Drohnen schlüpfen. Schließlich, im Spätsommer, stirbt die Königin und mit ihr das Staatswesen. Kein Ei wird mehr gelegt, keine Larve gefüttert, keine Zelle repariert. Es hat ja nun alles keinen Sinn mehr. Niemanden hält es jetzt noch an diesem seelenlosen Ort. Das Nest aus Pappmaché wird verfallen, die Ruine wird im folgenden Jahr nicht wieder hergerichtet und bewohnt werden. Keine Wespe kennt mehr die Schwester, jede zieht ihrer Wege. Der Gemeinsinn erlischt. Und so schlägt sich jede auf eigene Faust durch und versucht dem Spätsommer noch ein paar letzte Tage, wenn's hoch kommt Wochen an Lebenszeit abzuringen. Als marodierende Einzelkämpferinnen vagabundieren sie über Picknickwiesen und Biergärten. Sie haben keine Heimat mehr, dafür ständig Hunger und nichts zu verlieren. Frech, zudringlich und streitlustig suchen sie nach Essbarem. Und spätestens mit den ersten Frösten wird niemand aus dem einstigen Wespenstaat mehr am Leben sein – bis auf eine junge Königin, die einen Liebhaber gefunden hatte und einen Unterschlupf, in dem sie den Winter übersteht – vielleicht. Im Frühling wird sie erwachen, einen ersten Schluck Nektar nehmen und eine erste Zelle bauen.

Wespen sind Mütter. Und doch fehlt ihnen alles, was Menschen sich reflexhaft als mütterlich zu benennen angewöhnt haben. Männlichen Tieren, den Drohnen, gehört beileibe nicht die Hälfte des Himmels. Sie tragen nichts zum Gelingen des Staats bei. Man traut ihnen nicht zu, eine halbwegs gerade Zellenwand zu bauen, für das Wenden und Befächeln der Eier gelten sie als zu ungeschickt, an die Kinder lässt man sie gar nicht erst heran. Teilweise können sie sich nicht einmal selbst ernähren. Sie sind fliegende Samenvorräte, genau das und nicht mehr, und ihre Aufgabe ist die Bereitstellung und Distribution von Erbanlagen. Nur dafür und auch nur bis zur Erfüllung dieser Aufgabe schleppt der Wespenstaat sie augenrollend mit durch. Mit ihnen kopulieren darf eh nur die junge Königin eines Nachbarstaates, schließlich sind sie ja Klone der Königin und hätten im Heimatstaat an Erbgut ohnehin nichts Eigenes beizusteuern.

So manches böse Tier hat ein liebes Geschwister, ein Kontrasttier, das in Gestalt und Vermögen ähnlich ist, uns aber gut und edel erscheint. Im Falle der Wespe müssen wir nicht lange suchen: Die Biene ist der Wespe helle Schwester. Ihr Lobpreis durchzieht alle Zeiten und Kulturen. Vor circa siebentausend Jahren sind Wandmalereien entstanden, die frühe Formen von Imkerei darstellen. Aristoteles schrieb über Bienenzucht, antike Heilkunst wusste aus Honig viele Arzneien zu machen und nordosteuropäische Völker verdanken den Bienen ihr bevorzugtes Rauschgetränk. Vergil widmete in seinen *Georgica*, den Lobgesängen auf das bäuerliche Leben, den vierten Teil ganz den Bienen und ihren Verdiensten. Jupiter selbst habe den Bienen ihre segensreichen Eigenschaften verliehen: »Sie wohnen in ihrem Stadthaus und führen ihr Leben unter großen Gesetzen, kennen auch allein eine Heimat und bleibende Wohnsitze; sie denken an den künftigen Winter, mühen sich im Sommer und legen das Gewonnene als Gemeingut zurück.« Dabei sind sie unbeirrt staatstragend und königstreu: »Übrigens ehren sie ihren König. Ihn umstehen sie mit anhaltendem Gesumm, werfen im Kampf ihre Leiber vor ihn und suchen den glorreichen Tod durch Wunden.« Auch für Bienenkrieger war es offenbar süß und ehrenvoll, für König und Vaterland zu sterben. Leicht verhört man sich hier und möchte meinen, es sei nicht von Insekten, sondern von römischen Bürgern die Rede. Auch für die Arbeitsteiligkeit und den hohen Organisationsgrad bewundert Vergil die Bienen.

Nicht nur ihm, auch anderen antiken Naturbeobachtern war die Annahme selbstverständlich, dass es sich bei der großen, dicken Hauptbiene um einen König, also ein männliches Staatsoberhaupt handeln müsse. Ein Matriarchat konnten sie sich nicht vorstellen bei einem Staatswesen, das an Wohlorganisiertheit noch den römischen Staat fast übertraf. Aufgrund dieser Fehlauffassung konnte man die Fortpflanzung der Bienen nicht begreifen. Offenbar hatte der vermeintliche Bienenkönig weder Harem noch Konkubinenschwarm; sexueller Wollust wie dem Schmerz des Gebärens schienen die Bienen enthoben: »Sie begatten sich nicht und lösen die Körper nicht im Dienst der Venus in Ermattung, gebären auch keine Kinder in Wehen, sondern lesen die Kleinen, die von Laub und lieblichen Kräutern geboren sind, mit dem Mund auf.« Bienen wachsen also von selbst, denkt Vergil, man kann sie einsammeln wie Waldbeeren. Er weiß auch ein Rezept, wie man sie geradezu anbaut: Aus einem erschlagenen Stierkalb, das nach allen Regeln der Kunst präpariert wird, kann man einen Bienenschwarm züchten, da ist er sich sicher. Ähnliches vermeldet Aelianus auch von den Wespen: Sie entwickelten sich aus dem verwesenden Rückenmark gefallener Pferde.

Armer, nichtsahnender Vergil, hättest du geahnt, wie die Bienen es treiben! Mit Schaudern hättest du dich abgewandt. So ist das Staatsoberhaupt in Wahrheit eine Königin, und den Dienst der Venus übt sie durchaus. Womit wir bei dem dunkelsten Kapitel der Bienen-Staatsräson wären: der Sache mit den Drohnen. Im Frühsommer gefällt es der Herrscherin, sich einige Drohnen aufziehen zu lassen – die einzig männlichen Wesen im nur von weiblichen Tieren geschaffenen, bewachten, durchdrungenen Bienenstaat. Diese Drohnen taugen nichts – fast nichts: Sie sind dümmlich und etwas dick, haben keinen Stachel und vermögen nicht einmal, sich eigenständig Futter zu suchen. Sie sind überall im Weg und müssen sich von den Arbeiterinnen füttern lassen – bis endlich die Schwarmzeit kommt. Dann fliegen die Drohnen aus und suchen nach einer jungfräulichen Bienenkönigin, mit der sie sich im Flug paaren. Das stellt man sich schön vor – die Drohnen aber müssen diesen Moment der Erfüllung mit dem Leben bezahlen. Die Bienenkönigin behält das ausgestülpte Begattungsorgan der Drohne kurzerhand bei sich; die entmannte Drohne stirbt. Denjenigen Drohnen, die keine Partnerin gefunden haben, bleibt zwar dieser Liebestod erspart, doch sie werden zu spüren bekommen, dass der Staat keine Verwendung mehr für sie hat. Auch jugendliche Drohnen, die bis zur Sonnenwende nicht die Geschlechtsreife erlangt haben, merken, dass der Wind sich gedreht hat. Denn von nun an sind die Drohnen unerwünscht. Sie werden nicht mehr gefüttert. Heimkommenden Kopulationsversagern wird der Zutritt zum Stock verwehrt, teilweise unter Einsatz von Stachelgewalt. Unreife Jünglinge werden von Wächterinnen vor die Tür geschleppt, gebissen, sogar gestochen. Sie leisten keine Gegenwehr, denn sie haben ja keinen Stachel, und nun wissen wir, warum: damit sie bei ihrer Abschaffung keine Scherereien machen können. Bald werden die abgeschobenen Drohnen tot im Niemandsland vor dem Stock liegen. Drohnenschlacht nennt man diesen sommerlichen Brauch. Im Schwarm spricht niemand davon.

Und doch dürfen sich die Bienen in allgemeinem Wohlwollen sonnen. Die Liebe zu ihnen hat in den letzten Jahren besonderen Aufschwung erhalten, seit ein Bewusstsein für ihre Bedrohtheit gewachsen ist. Bienenweiden werden angelegt, man bemüht sich um bienengerechte Gärten und Balkonbepflanzungen, immer mehr Menschen versuchen sich als Hobby-Imker. Neben der Honigproduktion macht die Biene sich auch noch durch ihre Bestäubungsleistung verdient und steigert mit ihrem Beitrag zum Obstanbau nachrechenbar das Bruttosozialprodukt. Dass es neben der Honigbiene über fünfhundert Wildbienenarten in Deutschland gibt, wird gern übersehen. Tatsächlich stellt die bestens versorgte, über den Winter gefütterte Zuchtform selbst eine Bedrohung für die Artenvielfalt dar, denn wo die Honigbiene weniger stark vertreten ist, geht es den Wildbienen deutlich besser.

Die Wespe dagegen leistet nichts für das Wachstum, sondern macht nur Ärger. Schon ihr Summen ist unangenehm, aggressiv, unheilvoll; ihr angespanntes Umherpendeln im Flug macht nervös. Das Brötchen, den Apfelkuchen, den sie drohend umsurrt, gibt man lieber auf. So was täten die braven Bienen nie. Sie sind Vegetarierinnen und ernähren sich redlich in ihrem Eigenheim, während die nicht sesshaften Wespen des Spätsommers fremdes Hab und Gut auffressen. Wie es im Bienenstaat zugeht, kümmert uns nicht, solange es uns keine Umstände macht und wir von der reibungslosen Honigproduktion profitieren. »Hüte Dich vor den Hornissen und Wespen. Die Hornissen sind unsere mächtigsten und bösesten Feinde, und die Wespen sind ein unnützes Räubergeschlecht ohne Heimat und Glauben. Wir sind stärker und mächtiger als sie, aber sie stehlen und morden, wo sie können«, so wird die kaum geschlüpfte Biene Maja von ihrer Erzieherin Kassandra unterwiesen. Wespen und Hornissen, das ist der Erbfeind des rechtschaffenen Bienenvolks, und tatsächlich endet das kurz vor dem Ersten Weltkrieg entstandene Kinderbuch in einem heroischen Endkampf.

Der Lyriker Thomas Kling war hingegen von Wespen fasziniert. In vielen seiner Gedichte tauchen sie auf und bei Lesungen kleidete er sich mit Vorliebe schwarz-gelb. Kling wollte kein lieber Dichter sein, der seinem Publikum mit tröstlichem Sprachbalsam schmeichelt. Das Nervöse, Erregte, Aggressive der Wespe entsprach seiner Schreibnatur. Der Literaturwissenschaftler Geisenhanslüke erkennt in Klings Lyrik den wespenhaften Willen zum »Angriff auf den Leser«. In seinen Gedichten kommen immer wieder Wespen vor. Wie Kampfflugzeuge lässt er sie im Tiefflug über Pflaumenkuchen ziehen. Die Flugpioniere Lilienthal und Lindbergh ernennt er zu Wespen ehrenhalber, denen man »die alfabetisierung der luft« zu verdanken habe; zwei Zeilensprünge später ist er schon bei Marschflugkörpern angekommen. Noch die Spritze der Krankenschwester lässt den späten Thomas Kling, den frühen Tod schon vor Augen, an den Stachel der Wespe denken.

»Wespe, komm in meinen Mund, / mach mir Sprache, innen, / und außen mach mir was am / Hals, zeigs dem Gaumen, zeig es / uns«, so fleht Marcel Beyer den erlösenden Stich herbei, den euphorisierenden, befruchtenden, grundgeilen

Schmerz. »Zeig mir / Wort- und Wespenfleiß, machs / dem Deutsch am Zungengrund«. Und am Ende des Gedichts nochmal: »Mach / es mir, mach mich gesund, / Wespe, komm in meinem Mund.« Eine seltsame Muse sehnt er da herbei, die ihn Schmerz und Relevanz lehren möge, auf dass die Zunge ihm geschärft und seine Rede nicht zu süßlich werde. Das wollte auch Thomas Kling auf keinen Fall. Daher fügte er in die Mitte seines Zyklus zum Ersten Weltkrieg ein Wespengedicht ein, als Antidot, wie er selbst kommentiert: »Der ganze Zyklus wird so erst möglich und erträglich. Sonst hat man's nämlich schnell mit Schützengrabenkitsch zu tun.« Wer die Behaglichkeit so verabscheut wie Kling, befindet sich in Wespengesellschaft genau richtig. Sie lassen einen nicht in Frieden, sie kennen ja selbst keine Ruhe: »ihr hinterleib in ständiger bewegung, und in bewegung ihre fühler mit / dem schwarzen haar, die sie mit schwarzen füßen ständig wieder putzen / muß«. Wer die Wohlfühlzone fürchtet, soll die Wespen beschwören, dass sie uns lehren, das Angenehme als das Trügerische zu erkennen, und dass sie uns anstacheln zu der Einsicht, das Bittere sei das Relevante. Ihr Stich ist ein Konzentrat an purer, zweckloser Bitterkeit; Schmerz um des Schmerzes willen, weil jede Idylle verdächtig ist. Oder ist sie gar sündhaft? Der Stachel im Fleische, schreibt Paulus im Zweiten Korintherbrief, das sei der Engel Satans, der ihn mit Fäusten schlage; aber sein Gutes sei, dass er sich »wegen der einzigartigen Offenbarungen nicht überhebe«. Es mag der Stachel einer Wespe gewesen sein.

Ein Nachlassen, ein Abschlaffen, ein Zufriedensein: Das dulden die Wespen nicht; sie bleiben unruhig, misstrauisch, aggressiv, ständig in Bewegung. Sie sagen: Nein, das Leben ist nicht schön. Überhebe Dich nicht. Da ist kein Grund, sich zu entspannen. Das Leben ist Schmerz, ein Sich-Behaupten, ein Du-oder-Ich. Man spielt dieses Spiel hart und konsequent oder scheidet bald aus. Es ist niemals Frieden; und wenn, ist es ein trügerischer. Bleib in Bewegung. Der Krieg ist die Mutter aller Dinge. Die Evolution ist weiblich. Ihr Prinzip ist die Effizienz, und Effizienz kennt kein Pardon, keine Kompromisse und keine Grauzonen. Keine Sentimentalität, kein Gesäusel, keinen Schnickschnack. Ein Du, das kein Gegner ist, gibt es nur in Gestalt des eigenen Kindes: als anderes, erweitertes, nachdrückliches Ich. Das Kind ist die Fortsetzung der Mutter mit anderen Mitteln, mit allen Mitteln; eine zweite, womöglich verbesserte Auflage des eigenen Selbst. Die große Mutter ist nicht milde, nicht nachsichtig, nicht tröstend. Sie lobt kein treuherzig hingebasteltes Muttertagsgeschenk, wenn es nicht höchsten Ansprüchen genügt. Von Wespen lernen heißt siegen lernen. Leben ist Kampf, und Leben ist Fortpflanzung. Also ist Fortpflanzen ein Kämpfen, und die Aufzucht ist es auch und das Aufwachsen ebenfalls. Wir sind nicht zum Spaß hier. Nur wer Erfolg hat, lebt und kann den Erfolg weitertragen. Härte und Anstrengung sind der Schlüssel zum Erfolg, die Lizenz zur Weitergabe, zum Leben überhaupt. Wenn konkurrierende Mütter für ihre Brut einen Vorteil erstreiten wollen, sollen sie den Stachel spüren. Das Kind wird bestes Futter erhalten, ordentlich gekleidet sein, auf die beste Schule gehen, und es wird verdammt noch mal sein Bestes geben. In der knappen Freizeit wird es sich nicht mit Gesindel abgeben.

Die Worte *Gabe* und *Gift* entspringen der gleichen Wurzel; das englische Wort *gift* für Geschenk und die deutsche *Mitgift* zeigen es. Was Mütter mitzugeben haben, kann beides bedeuten. Etymologisch ist jede Gabe vergiftet. Sehr gut meint es ja auch die Mutter des *Grünen Heinrich*, wenn sie ihm in Gottfried Kellers Roman den Koffer für den großen Aufbruch ins Leben packt. Aber wie schwer ist er, wie viel Ballast enthält er doch, und jedes Mitgegebene ist eine Einengung, wird mit Ermahnungen und Pflichten versehen; ordentlich umgehen soll er damit, es putzen und schonen und nichts verschwenden! Heinrich versucht, Schwärmerutensilien wie einen Farbkasten, eine Flöte und gar einen Totenschädel mit in den Koffer zu schmuggeln, aber die Mutter duldet solchen Tand nicht. Ökonomie und Effizienz lassen es nicht zu. Die letzten Lücken im Koffer füllt sie mit nützlichen Dingen, spitz und scharf, Nähzeug mit Nadeln und Schere beispielsweise. Alles, alles wird sie ihrem einzigen Spross geben, noch den letzten Groschen, falls nötig; doch er soll mit seiner Freiheit dafür zahlen und ist ihr ewiges Wohlverhalten schuldig. C. G. Jung beschrieb seine Mutter als von »großer animalischer Wärme, ungeheuer gemütlich und sehr korpulent«. Sie mag ihm als Vorbild für den Archetypus der Urmutter vor Augen gestanden haben. Zugleich erinnert er sie als »eine dunkle, große Gestalt, die unantastbare Autorität besaß«. Die Große Wespenmutter jedenfalls hat eine eng geschnürte Taille und einen durchdringenden Blick. Sie verbreitet keine Gemütlichkeit. Sie ist die schwarz-gelbe Göttin der Effizienz und der Härte. Ihren Stachel trägt sie offen.

Kraken

Below the thunders of the upper deep;
Far, far beneath in the abysmal sea,
His ancient, dreamless, uninvaded sleep
The Kraken sleepeth: [...]
There hath he lain for ages and will lie
Battening upon huge seaworms in his sleep,
Until the latter fire shall heat the deep;
Then once by man and angels to be seen,
In roaring he shall rise and on the surface die.

– ALFRED TENNYSON, *The Kraken*

Der Wostok-See ist der größte See des Kontinents. Zweihundertfünfzig Kilometer lang und fünfzig Kilometer breit ist er und über tausend Meter tief, ein wahres Binnenmeer. Doch niemand hat je gehört, wie die Brandung an seine Ufer schlägt. Niemand hat gesehen, wie die antarktische Abendsonne auf seinen Wellen spielt, oder kennt sein Antlitz, wie es sich bei Sturm verfinstert. Kein Kind hat in ihm gebadet, kein Fischerboot an seinem Ufer angelegt. Denn dieser See ist verborgen. Er ist von einem Eispanzer bedeckt, der sich vor Ewigkeiten über dem See schloss, um ihn nie wieder freizugeben. Das Eis wuchs, Schicht um Schicht, auf unglaubliche vier Kilometer Dicke. Schwarze Finsternis erfüllt nun sein Wasser, kein Lichtstrahl dringt hinab, und nur der enorme Druck hindert das eisige Wasser am Gefrieren. Seismische Messungen hatten den sowjetischen Antarktis-Forscher Andrei Petrowitsch Kapiza Anfang der Sechzigerjahre vermuten lassen, dass dort unten, tief unterhalb der Wostok-Forschungsstation, ein riesiger See sein müsste. Radarmessungen bestätigten später die These. Und so begann man zu bohren. Die Ungewissheit ließ die Menschen lange Rohre in das Eis treiben. Was war dort in der Tiefe? Was konnte dort leben im ewig schwarzen Eiswasser?

Nichts, so möchte man wohl antworten. Da unten ist nichts, dort kann kein Leben sein. Ohne Licht kann doch wohl nichts leben, und das Wasser dort ist eiskalt und kaum noch mehr recht flüssig. – Alles, so könnte man ebenso gut antworten. Dort unten kann alles sein, denn was wissen wir schon von den Wegen des Lebens? Wie tief ist das Meer? Wie weit der Himmel? Wie viele Sterne stehen? Was verbirgt sich in den tiefsten Tiefen? Größere Fragen gibt es kaum, und der Mensch ist das Tier, das es nicht unterlassen kann, sich solche Fragen zu stellen, selbst wenn es keine Aussicht auf Antworten gibt. Über die Tiefsee gab es verschiedenste Ansichten und Theorien, die lange Zeit gänzlich unüberprüfbar waren. Erkenntnisse über tiefe Gewässer zu gewinnen, war Menschen Jahrtausende lang kaum möglich. Man blieb aufs Ahnen angewiesen. In seiner Fassung des Alexanderromans schreibt Leo von Neapel im zehnten Jahrhundert, Alexander der Große habe es gewagt, sich in einer gläsernen Tonne bis auf den Meeresboden herabsenken zu lassen. »Da hieß er Glasmacher zu sich kommen und befahl ihnen, ein Fass aus kristallklarem Glas zu machen, damit er alles unter Wasser deutlich erkennen könne. [...] Dort sah er Fische von vielerlei Gestalt und mannigfaltiger Färbung, aber auch Wesen, die den Tieren des Festlandes glichen und mit den Füßen auf dem Meeresboden liefen wie die Tiere auf dem Lande. Dort gab es Seekühe, Seelöwen, Seehasen, Seepferde, Seehunde, Seeelefanten und Seeigel. Sie fraßen Seegras, Seegurken und die Früchte der Bäume, die in der Tiefe der See wachsen.« Hier findet sich der Gedanke, dass unter dem Meer eine zweite Erde liege, eine Wiederholung des Irdischen, wo es zu jedem Erdentier und Erdending eine Entsprechung gäbe, und noch frühneuzeitliche Bestiarien führen diese Vorstellung fort. Aber auch Riesenfische und noch vieles Ungeheuerliche mehr habe der Welteneroberer gesehen, von dem er gar nicht erst gesprochen habe, weil man ihm eh nicht geglaubt hätte. Die Technik der Tauchfahrt in einem Fass aus Glas jedenfalls wirkt plausibel; tatsächlich hatte schon Aristoteles das Prinzip der Taucherglocke erkannt und beschrieben.

Ferdinand Magellan ließ 1521 ein siebenhundert Meter langes Seil flechten und in die Fluten des Pazifik hinabrollen. Es traf nicht auf Grund. Weil Magellan kein längeres Seil mehr hatte, erklärte er den Ozean für unendlich tief. Aber muss er nicht irgendwo enden? Der Gedanke einer unendlichen, unergründlichen Tiefe ist nicht leicht zu ertragen. Sollte unter dem Kiel der Seefahrer wirklich nur Wasser sein, ein unermesslicher Abgrund? Dem Menschen der Neuzeit, der sich anschickte, die Unterwerfung der Natur zu vollenden, traten Schweißperlen auf die Stirn. Da war ein Raum, dessen Grenzen nicht zu ermessen und dessen Beschaffenheit nicht zu ergründen war, der sich der Erforschung verweigerte. Vielleicht hielt sich deswegen so lange eine Theorie, deren Unhaltbarkeit uns heute offensichtlich scheint. Man glaubte – bis ins zwanzigste Jahrhundert hinein! –, das Meerwasser würde unter zunehmendem Druck in der Tiefe immer fester und zäher, bis hin zur Undurchdringlichkeit. Versinkende Gegenstände blieben daher irgendwann stecken. Sie verschwänden nicht ins Bodenlose. Es gäbe ein Ende. Als man die ersten Unterwasserkabel verlegte, war man gar nicht sicher, ob sie bis auf den Meeresgrund sinken würden. Was passierte dann mit einer Lotleine, die man zur Tiefensondierung herabließ? Vielleicht sank sie gar nicht in beängstigende Tiefe, sondern bildete ein Knäuel im gallertartigen Wasser, verharrte im Schwebezustand des Ungefähren, den Messenden zur Verwirrung, sodass die Meerestiefe prinzipiell unauslotbar wäre? Die Vorstellung von der Undurchdringlichkeit des Meerwassers war wie eine Schutzschicht gegen verunsichernde Erkenntnisse. Wo nichts mehr eindringen und nichts mehr gemessen werden konnte, da war ja gewissermaßen ein Ende. – Sicher war man auch, dass es mit dem Leben irgendwann ein Ende haben müsste. 1844 formulierte Edward Forbes die *Abyssus-Theorie*, der zufolge unter fünfhundert Metern Meerestiefe kein Leben mehr möglich wäre. Wo kein Sonnenlicht mehr hindrang, da musste Schluss sein. Musste! Die praktische Unergründlichkeit der Tiefsee schmerzte weniger, wenn man theoretisch herleiten konnte, dass es da gar nichts zu ergründen gab.

Wo auch die besten Taucher umkehren müssen, wo die längste Angelschnur endet, wo die Wissenschaft das Reich des Nichts verkündet, da endet auch der Hoheitsanspruch des menschlichen Erkenntnisdrangs – aber es beginnt das Paradies der Spekulation. Die Fruchtbarkeit der menschlichen Fantasie füllt leicht die Leere des Unbekannten mit zahllosen erstaunlichen Wesen, denn darin hat sie jahrhundertelange Übung. Hohe Berge und ferne Inseln, karge Wüsten und dunkle Wälder waren gleichfalls gut mit Fabelwesen zu bevölkern, doch die Tiefe und Weite des Meeres ist als Lebensraum für Ungeheures seit jeher nicht zu überbieten. Die Meeresbewohner, die Fischer leibhaftig in ihren Netzen fanden, waren ja schon erstaunlich genug; was durfte man sich da nicht noch alles vorstellen? Wie bunt, wie skurril, und vor allem: wie groß? Seereisende brachten fantastische Berichte mit, und je weiter ihre Reisen gewesen waren, desto lieber glaubte man ihre Geschichten; und je weiter das Meer, desto größer wuchsen die Wesen. Unter dem Wort *Kraken* versteht man seit dem neunzehnten Jahrhundert im Deutschen gewöhnlich armlange Tiere aus der Ordnung der Tintenfische. Doch ursprünglich dachte man dabei nur an ein riesiges, achtarmiges Seeungeheuer, und das englische Wort *the kraken* bezeichnet noch heute ausschließlich das Monster, das ganze Schiffe umschlingen und in die Tiefe ziehen kann, für das reale Meereslebewesen verwendet man es nicht. Seit der Antike gab es Berichte über furchtbare Meerestiere, die mit riesigen Armen nach Schiff und Besatzung griffen, oder die von Schlangengestalt waren, was sich leicht als Arm eines Kopffüßers deuten ließ. Die Gestalt der siebenköpfigen Hydra erinnert, wenn man die Hälse zu Armen umdeutet, an einen Kopffüßer. Aus Eifersucht vergiftet die Zauberin Kirke das Wasser, in dem die schöne Jungfrau Skylla badet; so verwandelt sich der Unterleib der Armen in einen Kranz aus sechs bissigen Hundsköpfen, die auf langen Hälsen sitzen. Immer wieder gibt es Geschichten von Inseln, die sich als riesige Meerestiere herausstellten, etwa die vom Riesenfisch aus den Erzählungen um Sindbad, den Seefahrer.

Auch Olaus Magnus kennt Berichte von den Schiffe versenkenden Kraken. Der Gelehrte beschenkte die Welt 1539 mit der *carta marina*, einer detailreichen Landkarte Skandinaviens und des Nordmeers. Seine Darstellung der See dürfte noch mehr staunende Blicke auf sich gezogen haben als die des Landes, denn sein Ozean ist angefüllt mit den abenteuerlichsten Ungeheuern: Seeschlangen, Kraken, schnaubenden Meer-Pferden, Walfischen mit struppigem Bart und Eberhauern … Man kann sich nicht sattsehen: »Eynes auß diesen Meerwundern ist so starck, daß es vil großer Schiff, ob sie schon mit mannlichen und starcken Schiffleuthen gar wol besetzet sein, leichtlich umwerffen und versencken kann.« Auch wer die Karte zum ersten Mal betrachtet, glaubt viele Bekannte zu treffen, denn die Gestalten wurden vielfach kopiert. Auch Gesner hat sich für sein *Vollkommenes Fisch-Buch* reichlich daraus bedient. Erik Pontoppidan sprach in seiner *Naturgeschichte Norwegens* 1752 dem Kraken eine enorme Größe zu: »Sein Rücken oder Oberkörper, der wohl einen Umfang von eineinhalb englischen Meilen hat, sieht aus wie eine Reihe kleiner Inseln und ist umgeben von etwas, das hin- und hertreibt wie ein Algenteppich. Dann tauchen mehrere leuchtende Spitzen oder Hörner auf, die dicker und dicker werden […] Manchmal reichen sie so hoch wie die Masten eines mittelgroßen Schiffes.« Der Naturforscher Pierre Denys de Montfort zeichnete 1801 den Angriff eines Riesenkraken auf ein Schiff und folgte dabei Augenzeugenberichten französischer Matrosen, die dieses furchtbare Ereignis vor der Küste Angolas überlebt hatten. Das Bild gewann schnell an Beliebtheit; kaum ein Buch über Seeungeheuer und geheimnisvolle Meerestiefen verzichtet darauf, es abzudrucken. Der aufstrebende Zoologe Montfort war der Idee von monsterhaften Tintenfischen bald restlos verfallen. Seine Naturgeschichte der Mollusken war als seriöses Fachbuch geplant, doch er füllte es mit Berichten über sensationelle Krakensichtungen und hatte viel Spott dafür zu ertragen. Gerade Geschichten von Krakenattacken hörten die Menschen mit wohligem Grusel im Herzen und einem Kopf voller Zweifel. Jules Michelet, hellsichtiger Epiker des Meeres, blickt mit Milde auf die Grauzone zwischen Seemannsgarn und haltbarem Bericht und schildert Krakenangriffe mit der Bildlichkeit des industriellen Zeitalters: »Der Krake, diese fürchterliche Maschine, kann sich wie eine Dampfmaschine mit Kraft aufladen und überladen und dadurch eine unberechenbar starke Spannkraft erhalten, einen so großen Elan, daß es aus dem Meer heraus auf ein Schiff zu springen vermag.« In Herman Melvilles Roman *Moby Dick* fürchten die Seeleute den Riesenkalmar sogar noch mehr als den diabolischen weißen Wal: »Man sieht ihn so selten, dass alle zwar einmütig erklären, er sei das größte lebende Wesen im Weltmeer, aber nur wenige mehr als eine vage Vorstellung von seiner wahren Gestalt und Natur gewinnen.« Auch Jules Verne hatte offenbar Montforts Bild vor Augen, als er in seinem Tiefseeroman *20.000 Meilen unter dem Meer* den Angriff eines Riesenkalmars auf das Unterseeboot *Nautilus* schildert. Man hat sich über die zoologische Unmöglichkeit dieses Monsters öfter lustig gemacht: ein Gewicht von zwanzig Tonnen und eine unverwüstliche Mordlust, die das Wesen nach dem Verlust von sieben Fangarmen mit dem letzten noch einen armen Matrosen ergreifen lässt. Doch das ist ungerecht, denn Verne hatte die poetische Lizenz, zwischen dem wissenschaftlich Haltbaren und dem Fantastischen so zu wechseln, wie sein epischer Instinkt es ihm gerade eingab. Die Traditionen der Meeresfantastik kannte er offenbar gut; auch den Topos der unterseeischen zweiten Welt nimmt er in der Schilderung von Unterwassergärten und -städten auf.

Im Meer konnte alles sein. Besonders aufregend war es, wenn man am Strand oder im Fischernetz Überreste von etwas fand – etwas, das offenbar einmal gelebt hatte, aber als was? Besonders viel Raum für Spekulationen ließen die sogenannten *Globster*. Dabei handelte es sich um angespülte Klumpen organischen Materials von enormer Größe, gummiartiges Gewebe ohne Knochen und ohne erkennbare Gestalt. Das *Monster von St. Augustine* strandete 1896 an der Küste Floridas. Dabei handelte es sich um einen stark angefressenen Kadaver von … irgendwas. Das Irgendwas war etwa sieben Meter lang und wog über fünf Tonnen. War das mal ein Wal gewesen? Oder abgelöster Blubber, also die Speckschicht eines Wals? Etwas ganz anderes? Addison Verrill, Zoologe in Yale, analysierte an seinem Schreibtisch die Fotos und kam zu dem Schluss, dass es sich hier um einen riesigen Oktopus handeln müsse; er glaubte deutliche Armstümpfe zu identifizieren. Die Beweislage schien ihm ausreichend, die Entdeckung einer neuen Art zu verkünden, die er *octopus giganteus* taufte und der er eine Größe von sechzig Metern zusprach. Als er später Gewebeproben untersuchen konnte, geriet er ins Schwanken und vermutete hinter dem Globster eher Überreste eines Wals, genauer: eines Pottwals mit abnorm vergrößerter Nase; so etwas mochte es ja geben. Er sagte das Auftauchen weiterer großnasiger Wale voraus, was sich aber nicht bewahrheiten sollte. Inzwischen waren weitere Vermutungen gesprossen; man konnte sich auch vorstellen, dass es sich um Teile eines lange ausgestorbenen Riesentiers handelte, das kürzlich von einem schmelzenden Eisberg freigegeben worden wäre. Verrill wurde immer stutziger und zog alle Mutmaßungen zurück. Als 1971 Präparate des Fundes erneut untersucht wurden, glaubte man doch wieder an die Oktopusverwandtschaft. Einige Jahrzehnte später kam man nach neuerlichen Untersuchungen hingegen zu dem Schluss, dass es ganz bestimmt *kein* Oktopus gewesen sein konnte. Doch die Vorstellung von einem gigantischen Tintenfisch war zu faszinierend, um gänzlich zu verschwinden. Auch Jaques-Yves Cousteau war überzeugt, bei einem Tauchgang in der Karibik einem riesigen Oktopus begegnet zu sein.

Mit der Entdeckung und Identifikation von Dinosaurier-Fossilien und der immer deutlicher werdenden Erkenntnis, dass in früheren Zeiten eine ganz andere, spektakuläre Tierwelt diese Erde bewohnt hatte, gewann die Vorstellung an Leuchtkraft, dass etwas überlebt haben konnte. Arthur Conan Doyle erdachte sich für den Abenteuerroman *Die vergessene Welt* (das Urbild aller Jurassic-Park-Filme) ein Hochplateau im südamerikanischen Dschungel als Refugium für überlebende Dinosaurier, doch war das unendliche, tiefe Meer nicht noch viel plausibler? Wiederholt glaubte man, am Strand Überreste eines Plesiosauriers oder ähnlichen Tieres gefunden zu haben, doch meist konnten die Kadaver als halbskelettierte Walhaie identifiziert werden. Der Gedanke machte Karriere, dass das Meer ein Rückzugsraum auch vor dem ewigen Fortschreiten der Evolution sein könnte: An Land wechselten das Klima und das Glück, schlugen Meteoriten ein und brachen Kontinente auseinander, doch im Meer, so stellte man sich vor, bliebe alles gleich. Und wenn die Umweltbedingungen konstant blieben, käme dann der Wandel der Arten nicht auch zum Stillstand? Funde von sogenannten ›lebenden Fossilien‹ gaben dieser These Nahrung. Dieser Begriff ist etwas ungenau, im allgemeineren Sinne versteht man darunter Arten, die sich über sehr lange Zeiträume nicht oder wenig verändert haben, wie etwa der seit dem Jura präsente Gingko oder die urtümlichen Pfeilschwanzkrebse, zu denen man sehr ähnliche Fossilien mit dem enormen Alter von vierhundertvierzig Millionen Jahren kannte. Wahren Sensationswert erhalten lebende Fossilien aber dann, wenn der ›Lazarus-Effekt‹ hinzutritt – wenn sie also für lange ausgestorben gegolten hatten, bis plötzlich ein lebendes Exemplar auftrat. Schon im neunzehnten Jahrhundert, mit dem erwachenden Bewusstsein für das Kommen und Gehen von Arten, machte man solche Entdeckungen von Seelilien, Schwämmen oder Seesternen, die Forscher bislang weit zurückliegenden Erdzeitaltern zugeschrieben hatten. Die jüngsten bekannten Fossilien des Quastenflossers – ein interessanter, urtümlicher Fisch, aus dessen Familie die Vorfahren der ersten Landwirbeltiere stammen – waren siebzig Millionen Jahre alt, als Marjorie Courtenay-Latimer 1938 über den Fischmarkt im südafrikanischen East London ging. Wäre sie nicht Leiterin des Meeresmuseums gewesen, wäre sie wohl nicht stutzig geworden, als sie auf einer Fischtheke ein großes Tier erblickte, das aussah wie ... das konnte doch nicht? – das sich dann doch tatsächlich und wahrhaftig als Quastenflosser herausstellen sollte! Der hinzugezogene Ichthyologe James L. B. Smith sagte, einen Dinosaurier auf der Straße anzutreffen hätte ihn nicht mehr überraschen können als dieser Fund. Obwohl man nun intensiv suchte, dauerte es vierzehn Jahre, bis ein weiteres Exemplar gefangen wurde. Die Tiere waren also selten, und doch gab es sie. Diese Wiederentdeckung war eine große Bestätigung für alle, die dem Meer jede Überraschung zutrauten.

Kryptozoologie heißt die Wissenschaft von den unentdeckten Tierarten, und man darf sich streiten, ob diese Forschungsdisziplin das Prädikat der Wissenschaftlichkeit wirklich verdient. Unstrittig ist aber, dass Kryptozoologen gute Nerven haben müssen und besser nicht zum Beleidigtsein neigen, denn sie haben lange Phasen der Frustration auszuhalten und werden viel ausgelacht. Roy Mackal, der an den Untersuchungen des St.-Augustine-Monsters beteiligt war und es entschieden für einen Riesenoktopus halten wollte, war Gründungsmitglied der Internationalen Gesellschaft für Kryptozoologie. Nun ist es keineswegs so, dass Kryptozoologen sich Tierarten einfach ausdenken. Sie gehen vielmehr Hinweisen auf Tiere nach, deren Existenz – bisher! – nicht zweifelsfrei bewiesen und offiziell anerkannt ist. Solche Hinweise können in Augenzeugenberichten bestehen, in Fußabdrücken, seltsamen Bälgen, schwer identifizierbaren Funden wie den Globsters oder auch Gerüchten und Legenden. Zu den Kryptiden – so nennt man die geheimnisvollen Tiere – zählen natürlich das Loch-Ness-Monster und der Yeti, aber auch in England heimische Großkatzen, ein Flugsaurier namens Kongamato und eine reiche Varietät an Affenmenschen. Die eineinhalb Meter große Riesenspinne J'na Fofi wurde zufällig von einem reisenden Kryptozoologen gesichtet, der eigentlich auf der Suche nach einem kongolesischen Dinosaurier war. Seitdem aber hält sie sich verborgen.

Zur inneren Festigung verweisen Kryptozoologen gern auf Erfolge ihrer Zunft; auf Tiere also, an deren Existenz zunächst niemand glauben wollte. Das Emblem der Gesellschaft zeigt ein Okapi – die seltsame Waldgiraffe aus dem Kongo. Obwohl das Tier den Indigenen natürlich schon immer bekannt war, hielt die offizielle westliche Wissenschaft es bis 1901 für eine Legende. Bis dahin war das Okapi also ein Kryptid gewesen. Wenn in unseren Tagen neue Tierarten entdeckt werden, handelt es sich häufig lediglich um differenziertere Beschreibungen bekannter Tiere, bei denen man näher hinsieht oder die Artgrenzen enger fasst, sodass man sich zur Definition einer neuen Unterart berechtigt fühlt. Manchmal aber kommt es noch immer zu echten

Neuentdeckungen auch bei größeren Tieren. Die Laotische Felsenratte zum Beispiel wurde erst 2005 entdeckt; andere Mitglieder ihrer Familie kannte man nur aus elf Millionen Jahre alten Fossilien. Doch in der Frage des Kraken können Kryptozoologen ihren stärksten Trumpf ziehen.

Wie man am Beispiel des Globster sieht, geben Fundstücke aus dem Meer oft viel Deutungsspielraum. Sicher gab es Oktopoden, natürlich waren sie unterschiedlich groß. Manche auch größer. Aber ab wann durfte man sie riesig nennen? Wann hat man es mit einem wahren Kraken zu tun, der sich mit dem mythischen Seeungeheuer vergleichen ließe? Walfänger wussten, dass es große Kopffüßer da unten geben musste, denn manchmal fanden sie halbverdaute Tentakelarme im Magen von Pottwalen. Die Haut der Wale wies oft kreisrunde Narben auf, die den Saugnäpfen auf den Armen sehr ähnlich waren. Manchmal waren die Narben groß, manchmal auch sehr groß, und die Seefahrer schauderten, wenn sie auf die Größe der Urheber hochrechneten. Sie stellten sich ungeheure Kämpfe in der Tiefsee vor, und hatten wohl recht damit … Aber wer glaubt schon Walfängern? – 1857 war es dann soweit. Jemand hatte dem dänischen Biologen Japetus Steenstrup den Schnabel, also das harte Mundwerkzeug eines angespülten großen Kopffüßers gebracht. Steenstrup untersuchte und vermaß und rechnete und fühlte sich schließlich berechtigt zur wissenschaftlichen Beschreibung einer neuen Tierart: *architheutis dux*, der Riesenkalmar. Groß sind die Tiere tatsächlich, doch sie erreichen nicht die Ausmaße wie bei Jules Verne oder Erik Pontoppidan. Große Exemplare mögen hundertfünfzig bis zweihundert Kilogramm wiegen, was in den Ohren von Monsterjägern beinahe etwas enttäuschend klingt. Man hat noch nicht allzu viele vollständige Exemplare gefunden, bisher kennt man Gesamtlängen von etwa fünfzehn Metern – allerdings ist angesichts der sehr elastischen und dehnbaren Fangarme schwer zu sagen, was ihre eigentliche Länge wäre. Die Länge des die Eingeweide umschließenden Mantels ist daher eine bessere Vergleichsgröße: Man hat sie auf bis zu 2,25 Meter gemessen. 1925 erfolgte die Erstbeschreibung eines noch größeren, offenbar deutlich selteneren Tieres, des Kolosskalmars *Mesonychoteuthis*. Seine Mantellänge kann bis zu fünf Meter betragen, er wiegt an die fünfhundert Kilogramm. Seine fußballgroßen Augen sind die größten des Tierreichs. Von ihnen wurden bisher nur eine Handvoll Exemplare gefangen, sodass es noch viel über diese Tiere zu lernen gibt.

Unter den Tieren des Meeres, wie etwa Conrad Gesner sie versammelt hat, finden sich unglaubliche Gestalten: *Schwalb-Fische*, die sich auf Flügeln aus dem Meer erheben können, der *Meerteuffel*, ein Wassermännlein mit gefährlichen Hörnern, der *Meer-Schlegel*, dessen Kopf in einen gewaltigen Knochenhammer mündet, der *Meer-Bischoff* mit Habit und Mitra, *Schwerdt-Fische*, denen ein rechtschaffenes Sägeblatt aus Stirn oder Schnauze ragt, flossenbewehrte *Meer-Pferde*, die in einen Fischschwanz münden, und *Wasser-Schildkrotten* mit Flossen statt Beinen! Wer wollte da unterscheiden, was wahre Tiere waren und welche nur Seemannsgarn? Verwunderlich sind auch die *Kuttel-Fische*, »ein scheußlicher Fisch / ohne Bein und ohne Blut«, der nur aus einem Kopf und Füßen besteht. Gesner konnte erstaunliche Details über die Kopffüßer zusammentragen. So berichtet er, dass die Kraken eingesogenes Wasser »teils durch ihre Röhren heraus sprützen«, und kennt ihre Fähigkeit zum Farbwechsel: »Er häfftet sich an die Felsen / verwandelt seine

Farb in die Farb derselbigen Felsen / also / daß sie für Stein angesehen werden.« Auch die Tinte ist beschrieben: »eine schwarze Farb in ihren Leib / welche sie in der Gefahr und Forcht durch ein Loch oder Fistel herauß kotzend / sich damit zu beschirmen / und das Wasser zu trüben.« Das ist wahrhaftig alles kaum zu glauben, und doch ist es wahr!

Kopffüßer sind unwahrscheinliche Tiere. Würde es sie nicht geben, kein Science-Fiction-Autor hätte sie sich ausdenken können; dabei wären sie als Bewohner fremder Planeten eine gute Besetzung. Sie gehören zum Stamm der Mollusken, aber was für erstaunliche Fähigkeiten haben sie entwickelt! Sie haben nicht einmal rotes Blut, sondern grün-blaues, weil nicht Eisen, sondern Kupfer die Funktion des Sauerstoffbindens übernommen hat. Ihr Blut ist also Patina-farbig. Ihr anatomisches Bauprinzip ist ganz anders als das von Wirbeltieren oder den ebenfalls entlang einer Achse organisierten Gliederfüßern. In der Mitte eines achtzähligen Kranzes von Armen befindet sich der Mund mit seinem schnabelförmigen Kiefer. Darüber befinden sich die großen, erstaunlich leistungsfähigen Linsenaugen und dazwischen das Gehirn. Jenseits des Kopfes liegt der Mantel, der bei Kraken wie ein Hinterkopf anmutet, aber eigentlich als Bauch fungiert, der die inneren Organe enthält. Bei Sepien und Kalmaren ist der Mantel eher spindelförmig langgestreckt, außerdem erkennt man sie an den beiden zusätzlichen Fangarmen.

Erstaunlich ist die Intelligenz der Kopffüßer. Man vergleicht ihre kognitiven Fähigkeiten mit denen von Ratten oder Hunden. Nachdem sie einmal den Weg durch ein Labyrinth erkundet haben, können sie ihn ohne zu irren sofort wiederfinden. Es ist leicht begreiflich, dass diese Fähigkeit nützlich ist, wenn man sich viel in Höhlen, Riffen und Felsspalten herumtreibt. Sie können aber auch zählen und addieren. Sie sind sogar in der Lage, einen Schraubdeckel zu öffnen, wenn sie Futter aus dem Gefäß holen wollen; bei welcher Gelegenheit die Evolution sie mit diesem Talent ausgestattet hat, harrt noch der Erklärung. Wir haben allen Grund, ein waches Auge auf die Kraken zu behalten. Sie sind die einzigen Nicht-Wirbeltiere, deren Kognition und Persönlichkeitsstruktur der von Wirbeltieren gleichkommt, doch sie haben diese Qualitäten auf ganz eigenen evolutionären Wegen errungen, weil, schreibt Peter Godfrey-Smith, »die Evolution den Geist zweimal erfunden hat. Wahrscheinlich werden wir der Erfahrung, einem intelligenten Alien zu begegnen, nie näher kommen.« Vielleicht wissen und verstehen sie anders, aber nicht weniger als wir Wirbeltiere. Vergessen wir dabei nicht, dass ihre nächsten Verwandten Schnecken sind.

Der letzte gemeinsame Vorfahr von Mensch und Oktopus lebte vor etwa sechshundert Millionen Jahren und wusste gerade mal, wie man verdaut und sich vermehrt. Das bedeutet, dass wir diesen Tieren entwicklungsgeschichtlich wirklich sehr fern sind. Kraken in menschlicher Obhut können zu ihren Betreuern differenzierte Beziehungen aufbauen, entwickeln Sympathie wie Abneigung und sind zu großer Treue fähig, können aber auch sehr nachtragend sein. Ihre Arme sind Wunderwerke an Geschicklichkeit und Beweglichkeit. Zwar haben Oktopoden nur ein Gehirn, doch am Ansatz jedes Arms findet sich eine neurologische Zwischenstation, eine Gehirn-Filiale, die bestimmte Reize autonom verarbeitet und sich dazu verhält. Manchmal scheint es, als würden die Arme unabhängig voneinander irgendwelche Dinge tun; dann wieder handeln sie koordiniert nach einem gemeinsamen Plan. Das Nervensystem scheint partiell dezentral organisiert. Man hat beobachtet, dass auch abgetrennte Arme zwar natürlich nicht überlebensfähig sind, aber eine Weile in Maßen sinnvoll reagieren. Der Begattungsarm des *Papierboots* – ein altertümlicher Kopffüßer, der noch in einer dünnen Kalkschale lebt – trennt sich vom Männchen und schwimmt durchs Meer, um selbstständig ein Weibchen zu suchen. Der Arm wohnt fortan allein bei dem Weibchen, weshalb er früher für eine eigene, wurmförmige Tierart gehalten wurde. Das Männchen hingegen stirbt nach der Abtrennung des Arms. Die Tentakelarme der Kopffüßer sind mit Saugnäpfen bestückt. Sie können etwas festhalten und dienen zum Tasten oder zur Fortbewegung. Bei manchen Arten weisen sie einen harten Ring mit kleinen Zähnchen auf, der sich in die Beute krallt. An Saugnäpfen von Kraken entdeckte man zudem chemosensorische Zellen, die den Armen eine Art von Geschmackssinn verleihen dürften.

Kopffüßer besitzen Chromatophoren, die ihnen blitzschnelle Farb- und Musteränderungen ermöglichen, auch ein Pulsieren oder wandernde Farbwellen. Viele Arten können leuchten und blinken. Diese Fähigkeiten dienen nicht nur der Tarnung, sondern haben offenbar diverse kommunikative Funktionen wie Warnung, Werbung oder das Mitteilen von Stimmungen. Ihre Haut ist ein Bildschirm mit Millionen von Pixeln, und welchen kommunikativen Gebrauch genau sie von diesem hochauflösenden Display machen, ist noch lange nicht ausgeforscht. Kühne Thesen trauen ihnen ein Zeichensystem zu, das in die Nähe einer Sprache käme. Wenn die Breitarm-Sepie auf eine Krabbe trifft, pflegt sie dunkle Ringe über ihren Körper laufen zu lassen. Die verständlicherweise völlig verwirrte, gleichsam hypnotisierte Krabbe erstarrt daraufhin und wird ihr zur leichten Beute. Nicht zu vergessen ist die Ausstattung mit Tinte. Der Ausstoß von Tinte bei Gefahr nimmt Angreifern die Sicht oder irritiert sie dadurch, dass die Tintenwolke in Größe und Form dem Kopffüßer ähnelt und gleichsam eine Attrappe formt. Andere Arten verlassen sogar für kurze Zeit das Wasser, wie die Flugkalmare, die die Fähigkeit entwickelt haben, wie Fliegende Fische aus dem Wasser zu schnellen und ein Stückchen zu segeln. Und schließlich sind manche Kopffüßer ausgesprochen giftig. Der kaum handgroße Blaubandkrake zählt zu den giftigsten aller Tiere; sein Biss führt innerhalb von Minuten zum Atemstillstand. Als letzte Warnung lässt er seine blauen Ringe aufblitzen. Das ist gewiss ein schöner Anblick, doch leicht könnte es der letzte sein.

Der Erdbeerkalmar *Histioteuthis heteropsis* hat zwei ganz unterschiedliche Augen; ein kleines blaues und ein großes gelbes. Er bewegt sich in der Meereszone, die noch etwas Restlicht erreicht. Deshalb blickt das große Auge nach oben, um Feinde zu entdecken, das kleine schielt abwärts nach selbstleuchtenden Tiefseetieren, die der Kalmar fressen könnte. Viele der über tausend Kopffüßer-Arten leben in der Tiefsee. Der Abyssus-Theorie von der unbelebten Tiefsee war kein langes Leben beschieden; die Erfahrung widerlegte sie schnell. Immer zahlreicher wurden Funde von Muscheln, Krebsen, Fischen und Tintenfischen, die unzweifelhaft aus tiefen Wassern stammten, aus sehr tiefen Wassern. Ja, es gab dort kein Sonnenlicht mehr, doch Tiere fanden etwas zu fressen. Ja, es war dunkel, doch die Tiere fanden Sexualpartner und pflanzten sich fort. Ja, die Drücke waren unfassbar hoch, doch man traf auf obskure Fischlein und kleine zarte Garnelen, die das gut aushielten. 1960 reisten Jacques Piccard und Don Walsh mit dem Tauchboot Trieste bis zum Challenger-Tief im Marianengraben auf bis dahin unerreichte 10916 Meter Tiefe, und sie trafen überraschenderweise auf muntere Fische und allerlei anderes Getier. 2012 hat James Cameron als dritter und bisher letzter Mensch diesen tiefsten Punkt der Erde aufgesucht; den Mond haben immerhin schon zwölf Menschen betreten. Die unfassbarste Sippschaft von Tiefseebewohnern findet sich um *Schwarze Raucher* herum versammelt, das sind heiße Quellen am Grund der Tiefsee. Sie stoßen eine kochend heiße Chemiebrühe aus. Bestimmte Tiere können und wollen dort und nur dort leben: darunter Würmer, Muscheln, Krabben und Seesterne. Die Nahrungskette in diesen sehr speziellen Biotopen beginnt bei Bakterien, die nichts Geringeres als Schwefelwasserstoff verstoffwechseln, das heißt: Sie verzehren dieses Höllengebräu. Da sage jemand, es könne irgendwo zu kalt oder dunkel für tierisches Leben sein oder das chemische Umfeld sei zu unwirtlich oder es gäbe nichts Ordentliches zu essen? Es gibt Vermutungen, denen zufolge an einem solchen Ort das Leben überhaupt entstanden wäre.

»Das weit Meer gibt allen Nationen wunderbarliche Spectackel in seinem Wasser und Wällen«, schreibt Olaus, »dann man findet nichts, weder am Himmel noch auff Erden oder in der Erden, dessen man nicht auch eyn Gestalt finde im Meer und das das Wasser nicht nachgebildet hette.« Da ist er wieder, der alte Gedanke, unter den Wellen gäbe es eine zweite Welt, eine nasse Wiederholung des Festländischen. Wie auch nicht? Was immer Menschen an Wunderbarem finden, sie vergleichen es mit dem, was sie kennen, und erklären es als dessen Variante und Spielart. Aber wenn nun wir Landbewohner die Kopie wären und die Meereswelt das Original? Wären wir Meermenschen und man zeigte uns Gras, wir würden es vielleicht *Land-*

alge nennen. Wölfe wären für uns *Landhaie*, Pilze *Landanemonen*, Kühe *Landmanatis* und die Vögel *Luftfische*. Was träfe man nicht alles auf dem Festland: Walfische mit Beinen statt Flossen, Kelpwälder mit harten Stämmen, rosige Robben mit Ringelschwänzchen; als wäre das Land ein zweites Meer! Verwegene Landesforscher würden Gefährte bauen, mit denen man sich in die feindliche Zone über dem Meeresspiegel vorwagen könnte. Und immer wieder würde man von Landnixen raunen; menschenähnlichen Wesen, die das Festland bevölkerten und in Mondnächten seltsame Gesänge hören ließen. Alles nur Landmannsgarn?

Wunder, nichts als Wunder. Je besser wir staunen können, desto mehr Wunder begegnen uns. Olaus Magnus war reich mit der Gabe des Staunens beschenkt, ihm war das Meer ein einziges Reich der Wunder. Schon frühe Seefahrer waren darauf gefasst, unter den Wundern des Meeres auch eine Wiederholung des Menschen zu erblicken, und wahrhaftig begegneten sie immer wieder Seejungfrauen und Meermännern. »Es sein Meerwunder, die sehen schier wie eyn Mensch, haben eyn traurig Gesang, als da sein die Meerfräulin. Deßgleichen hat es Meermännlin, die am gantzen Leib eynem Menschen gleich sehen.« Das Meer ist eine Wunderkammer. Und es ist eine Schatzkammer, aus der man von alters her Perlen hervorholt, schöne Steine, Korallen und köstliche Speisen, später auch brennbare Stoffe. Doch wenn Menschen ihren aquatischen Gegenübern begegnen, ist Vorsicht geboten. Wie viele Geschichten von Meermenschen kennen wir, aber wie wenige nehmen ein gutes Ende? Olaus hat gehört, »wann man eyn solches Meermännlin fange und nit gleich wider ledig lasse, so erhebe sich eyn solches greuliches Wetter und Heulen von den übrigen

Meermännlin und etlichen andern Meerwundern, daß eyner vermeynet, es werde der Himmel herabfallen und die Fischer kaum ihr Leben erhalten können. […] Derhalben es dann eyn besonder Fischerrecht und Gesatz hat, darinn gebotten wird, daß man solche Meerwunder, ob man sie schon bekomme, jedoch von Stund an den Angel abschneiden und widder solle schwimmen lassen.«

Der große Bohrer, den man von der Wostok-Station aus ins ewige Eis der Antarktis zu senken begonnen hatte, brauchte buchstäblich viele Jahre, um sich Meter für Meter in die Tiefe zu arbeiten. Je näher er der Oberfläche des Sees kam, desto größer wurden die Bedenken. Kerosin, Schmiermittel der Bohrer oder vielleicht Bakterien der Oberwelt könnten das Seewasser verunreinigen. Die Unberührtheit des Sees würde zerstören, wer sie erforschen wollte, denn auch das Erforschen ist ein Berühren. Man konnte den See nicht untersuchen, ohne ihn für immer zu verändern. Die Forscher fürchteten, am Ende das vorzufinden, was sie selber mitgebracht hatten. Und so stoppte man die Bohrung bei einer Tiefe von 3623 Metern. Später setzte man die Bohrung unter verschiedenen Sicherheitsmaßnahmen doch fort, und am 5. Februar 2012 erreichte man in einer Tiefe von 3769 Metern erstmals die Oberfläche des Sees. Das in das Bohrloch eindringende Seewasser gefror, man konnte es bergen und das Seeeis untersuchen. Und richtig: Forscher berichteten von unbekannter DNA, ein Fachbeitrag vermeldete 2013 über dreieinhalbtausend verschiedene Arten von Bakterien und Eukaryoten – was andere Stimmen jedoch sogleich anzweifelten, ja für komplett unglaubwürdig erklärten. Und nun?

Was nur, was könnte dort sein? Wovon ernährt es sich, ohne Sonnenlicht? Die Forscher wollten DNA von Bakterien, Pilzen, wohl auch Parasiten gefunden haben, die wieder auf weiteres Leben hinweisen: Würmer, Anemonen, oder gar Fische? Oder noch anderes? Ganz anderes? Was hätte sich in über dreißig Millionen Jahren Einsamkeit nicht an Lebensformen bilden können? Fremdartige Krebse vielleicht, bizarre Quallen, leuchtende Kraken … oder eine ganz eigene, dunkle Klugheit, die vom Ungestörtsein lebt. – Auf dem Planeten Solaris, schreibt Stanislav Lem, gibt es einen Ozean, der menschliche Gedanken lesen kann. Er liest die Gedanken der Menschen auf der Forschungsstation und bildet ihre verdrängten Gewissensqualen nach, gibt ihnen Körper und Gestalt. Leibhaftig geworden, suchen die Gedanken ihre Menschen heim. Als Alptraum.

Findet man also wirklich nur vor, was man selbst mitgebracht hat? Bestimmten Tierarten ein Mehr oder Weniger an Intelligenz zuzusprechen ist bei Licht besehen recht zweifelhaft. Angeblich soll ein Orang-Utan bei einem IQ-Test einmal den beachtlichen Wert von fünfundsiebzig erreicht haben, was nicht jedem Menschen gelingt. Schlaue Hunde sollen es auf einen IQ von fünfundreißig bringen. Je weniger menschenähnlich ein Tier ist, desto zweifelhafter erscheint es freilich, seine Intelligenz an menschlichen Maßstäben messen zu wollen. Wenn wir die Problemlösungskompetenz in Bezug auf die jeweilige Lebensrealität betrachten, ist jedes Tier genau so intelligent, wie es sein muss, sonst würde es sein Dasein nicht bewältigen. Einen speziellen, sympathischen Blick dürfen wir uns aber auf Fähigkeiten erlauben, deren unmittelbarer Nutzen fürs Überleben uns nicht einleuchtet, von denen wir aber sehen, dass sie das Leben des betreffenden Wesens offensichtlich bereichern. Apostel einer über allem waltenden Nützlichkeitslogik wollen uns weismachen, dass Tierkinder sich deswegen gerne balgen, weil die Evolution ihnen das als Trainingsprogramm für den Überlebenskampf aufgetragen hätte. Hier soll das Gegenteil proklamiert werden: Tierkinder spielen, weil es ihnen Spaß macht. Ein Tier ist nur da in voller Bedeutung des Wortes Tier, wo es spielt. Gut: Wir haben unser Gehirn und unsere Hände, weil es sich damit in der Savanne gut überleben ließ. Dass man beides auch gut gebrauchen kann, um Geige zu spielen, war so nicht geplant. Ein Tier spielt, wenn es Fähigkeiten, die einen praktischen Nutzen haben, zu etwas gebraucht, das keinen Überlebensvorteil bringt. Dafür vermag es im Spielenden »ein freudiges Gefühl seiner selbst« zu erwecken, wie Schiller es für das Beispiel des *Homo sapiens* ausdrückte. Im Spiel genießt das Tier seine Fertigkeiten, es genießt und erfährt sich selbst, und man darf darin einen Keim des Verhältnisses zur eigenen Existenz ahnen. Spiel heißt, die Regeln der Notwendigkeit zu ignorieren, die Ketten der Kontingenz zu sprengen. So liegt im Spiel der Kern der Freiheit, da hatte Schiller schon recht.

Menschen, die viel mit Kraken gearbeitet haben, berichten von der großen Neugier dieser Tiere. Sie ergreifen Dinge, untersuchen sie genau, schleppen sie mit sich herum, lassen sie dann irgendwann liegen oder legen Sammlungen an, wie es ihnen gefällt. Man kann sie leicht dazu animieren, heißt es, mit den Tentakeln Gesten nachzuvollziehen, die ein Mensch vor der Glasscheibe mit den Händen ausführt. Wozu können sie das? Kraken besitzen ein Trichterorgan, den Siphon, mit dem sie Wasser ausstoßen. Sie können lernen, damit genau zu zielen und auch Dinge oder Personen in der Nähe des Beckens mit kräftigem Strahl zu treffen. Dieser Sport soll unter Kraken sehr beliebt sein. Was den Umgang mit Farb- und Musterwechseln der Haut betrifft, können sich manche Beobachter des Eindrucks nicht erwehren, dass Kopffüßer diese Gabe auch zum Zeitvertreib und zur Erheiterung nutzen, und sind überzeugt, individuelle Stile unterscheiden zu können. Kraken untersuchen ihre Umgebung sehr genau und überlegen, wie alles zusammenhängen könnte. Es werden Fälle berichtet, dass Kraken zielgerichtet das Überlaufventil ihres Aquariums blockiert haben, damit – ja, wirklich? also gut: damit es überläuft und die ganze Etage unter Wasser setzt. Vielleicht aber darf man Leuten, die zu viel unter Kraken waren, auch nicht alles glauben. Gut verbürgt allerdings sind die Energie und der Einfallsreichtum, die Kraken in Ausbruchsversuche investieren. Offensichtlich verstehen Kraken schnell, wenn sie eingesperrt sind, und setzen alles daran, zu entkommen. Man muss wissen, dass Oktopusse sich für eine Weile ganz gut auf dem Trockenen bewegen können. Das Ersinnen von neuen Sicherungsmaßnahmen und die Suche nach entlaufenen Kraken scheinen Alltag für Aquaristen zu sein, die auf die Haltung von Oktopussen spezialisiert sind.

Wir wissen nicht, wie Kraken auf ihr Leben blicken. Tun sie es überhaupt?, ein Wenig?, als Ahnung? Haben sie ein Verhältnis zu ihrer Endlichkeit? Ach, warum reicht ihnen niemand ein Stück Papier? Tinte haben sie ja. – Kraken werden nicht alt. Nur kurz sind sie Gast unter den Wellen. Für Menschen, die sich mit ihnen anfreunden, muss das ein großer Schmerz sein. Ihr Leben währet zwei Jahre, und wenn's hoch kommt, so sind's drei Jahre. Selbst Riesenkalmaren traut man nicht mal fünf Jahre zu. Sie vermehren sich nur ein einziges Mal. Wenn ein Oktopusweibchen die Eier abgelegt hat – etwa 200 000 können es sein –, bleibt sie bei der Brut. Sie bewacht die Eier, fächelt Sauerstoff zu, sorgt und kümmert sich. Doch um sich selbst kümmert sie sich gar nicht mehr. Sie nimmt kaum noch Nahrung auf, ja sogar autoaggressives Verhalten, etwa das Benagen der eigenen Tentakel hat man beobachtet; dann dumpfes Brüten, ein Verblassen der Färbung, finsteres Grübeln, das zuweilen in körperliche Auflösung übergeht. Wenn die Jungen schlüpfen, stirbt sie. Alle Oktopusse sind Waisen auf dieser Welt.

Kraken sind neugierig, verfügen über starken Freiheitsdrang, spielen gerne Streiche und haben gar so etwas wie Humor; können Freundschaften pflegen und ausdauernd übel nehmen. Offenbar gibt es für die Natur mehr als nur einen Weg, Nervenbahnen zu organisieren und Gehirne zu entwickeln, die mehr können als nur das nackte Dasein zu erhalten. Aber vielleicht gibt es nur eine Art von Geist, den sich Menschen und Oktopusse und wer sonst noch teilen? Wir dürfen in der Selbstaufgabe der werdenden Krakenmutter ein existenzielles Ringen sehen, ein schmerzhaftes Aufbäumen am Ende eines Lebens, dessen Sinn sich erfüllt hat, als wüsste sie von den Kreisen des Daseins. Solche Gedanken vermöchten einen in die Tiefe zu ziehen. Wir dürfen sie aber auch für Seemannsgarn halten und Oktopologenspinnerei. Wie die Sache mit dem Riesenkalmar.

Affen

Ihr Affentum, meine Herren, sofern Sie etwas Derartiges hinter sich haben, kann Ihnen nicht ferner sein als mir das meine. An der Ferse aber kitzelt es jeden, der hier auf Erden geht: den kleinen Schimpansen wie den großen Achilles.
[...]
Komme ich spät nachts von Banketten, aus wissenschaftlichen Gesellschaften, aus gemütlichem Beisammensein nach Hause, erwartet mich eine kleine halbdressierte Schimpansin, und ich lasse es mir nach Affenart bei ihr wohlgehen. Bei Tag will ich sie nicht sehen; sie hat nämlich den Irrsinn des verwirrten dressierten Tieres im Blick; das erkenne nur ich, und ich kann es nicht ertragen.

– Franz Kafka, *Ein Bericht für eine Akademie*

Ein Affengesicht mit betont tierhaftem Ausdruck, umrahmt von dem Slogan »Evolution – nein Danke! Wir sind doch keine Affen« zierte einen Aufkleber auf der Tasche eines Lehrers. Er unterrichtete neben Katholischer Religion auch Erdkunde, doch das Studium, das ihn zum Lehramt berechtigte, hatte den gläubigen Mann nicht darin beirrt, die Bibel wörtlich aufzufassen. Er war der festen Ansicht, die Erde sei etwa sechstausend Jahre alt, die Dinosaurier seien bei der Sintflut ertrunken, weil sie nicht auf die Arche gepasst hatten, und Sex vor der Ehe wäre eine unverzeihliche Sünde – was seinem heranwachsenden Publikum als die vielleicht abwegigste unter diesen Thesen erschien. Kaum jemandem aber gelang es, sich über den einsamen Rufer ernsthaft zu empören. Man schrieb die Achtzigerjahre des zwanzigsten Jahrhunderts, *Der Name der Rose* hatte als Buch und Kinofilm ein breites Publikum erreicht, und man musste an Ecos blinden Mönch Jorge denken, der in verzweifeltem Zorn versuchte, den Fortschritt aufzuhalten und der Sinnenlust Einhalt zu gebieten. Man belächelte den Boten aus dem Mittelalter als verirrten Zeitreisenden und Vertreter einer aussterbenden Spezies – ein etwas voreiliger Optimismus.

Denn der Fortschritt auf dem Planeten der Menschen ist eine Schnecke, die bisweilen auch rückwärts kriecht. Das Abwehrgefecht gegen die Evolutionstheorie hält unvermittelt an und lässt an Heftigkeit nicht nach. 2005 hatten Evangelikale den damaligen US-Präsidenten George W. Bush zu dem Appell bewegen können, ›Intelligent Design‹ als gleichberechtigten Schulstoff neben der Evolutionstheorie zu vermitteln. Unter diesem Namen erschien die jüngste Spielart des Kreationismus, der Überzeugung also, nur ein planender Schöpfer und nicht das blinde Spiel aus zufälliger Variation und Auslese habe die Wunder des Lebens hervorbringen können. Versuche, den Kreationismus als gleichberechtigte Theorie anerkennen zu lassen, endeten immer wieder vor Gericht, wo dann Kriterien von Wissenschaftlichkeit verhandelt werden mussten. Die Ablehnung der Evolutionstheorie beruft sich regelmäßig auf zwei wiederkehrende Argumente: das Aufzeigen von Lücken im Fossilbeleg (»fehlende Bindeglieder«) und Analogieschlüsse, die technische oder ästhetische Auffälligkeiten als Schöpfungsindizien interpretieren: Solche Raffinessen können nicht per ›Zufall‹ entstanden sein! Anti-Evolutionismus ist praktisch immer religiös motiviert und wendet sich gegen die doppelte Zumutung, das Verdienst des Schöpfergottes und zugleich die Alleinstellung des Menschlichen erheblich beschnitten zu sehen. Die intellektuelle Herausforderung, evolutionäre Prozesse einzusehen, die sich plastischer Vorstellung entziehen, trifft zusammen mit der narzisstischen Kränkung, man wäre doch nichts als ein Tier, eines mit besonders vielen Hirnzellen zwar, dafür aber mit der allerpeinlichsten Verwandtschaft: den Affen. Zugegeben, es ist nicht leicht, sich vorzustellen, wie durch Genmutation und Auslese in Tausenden und Abertausenden von Generationen ein Linsenauge hat entstehen können, die komplexen Verhaltensweisen staatenbildender Insekten, die Zeichnung eines Schmetterlingsflügels. Diese Irritation verdichtet sich jedoch in der Behauptung, an irgendeinem Vormittag im frühen Pleistozän habe ein Affenweibchen einen Menschen geboren.

Hätten nicht Delfine unsere nächsten Verwandten sein können: klug, anmutig, ewig lächelnd? Die starken, schönen Pferde? Oder der kühne, respekteinflößende Wolf vielleicht? Aber nein, die Affen mussten es sein: ordinäre, schmutzige, geile Viecher, grimassierend und kreischend, die streiten, wenn sie nicht gerade kopulieren, mit Geschmatze ihren Fraß vertilgen oder Zoobesucher mit Kot bewerfen. Das Verhalten auch manch anderer Tiere kann uns nicht gefallen, ist eklig, hässlich, rüpelhaft; doch wird es uns nicht peinlich. Das Benehmen der Affen aber ist schwer zu ertragen, denn alles Unangenehme an ihnen ist vertraut: wie sie schreien, sich schlagen, sich jagen und dann wieder knutschen und grunzen. Ein Zerrbild sind sie, eine Karikatur menschlicher Untugenden, und leider, leider erkennen wir uns darin allzu gut. In der Affenliebe wird selbst die schönste Regung durch ihre Maßlosigkeit lächerlich: Beliebt ist die Legende, Affenmütter erdrückten versehentlich ihre Kinder aus törichter, unmäßiger Zuneigung. Die Affenbande ist Hohnbild unserer Geselligkeit, das Affentheater spottet unserem Streben nach Wichtigkeit. Wir wollen nicht hören, dass sie uns so verwandt sind; nicht sehen, wie ähnlich sie uns sind, und niemand soll es laut aussprechen.

Der *Physiologus* wusste, warum Gott die Erde mit einer solchen Vielfalt von Tieren ausgeschmückt hat: Damit wir in der Welt etwas zu lesen haben. Die Tiere seien Botschaften, hätten eine heilsgeschichtliche Bedeutung, und der *Physiologus* deutet sie bereitwillig für uns. So sei die Gazelle Abbild Gottes, die echten Christenmenschen gleichen dem Landfrosch, das Einhorn ist Sinnbild unseres Erlösers, der Storch gemahnt uns, die Gebete einzuhalten. Von manchem Tier berichtet der *Physiologus* Unglaubliches, etwa vom Wiesel: »Der Mund des Weibchens empfängt vom Männchen, und wenn es trächtig geworden ist, gebiert es durch die Ohren.« Dies Exempel möge uns lehren, das vernommene geistige Wort beim Verlassen der Kirche nicht gleich wieder aus den Ohren zu schütteln. Beim Affen liegen die Dinge klar und der Schluss leuchtet uns ein: Am Beispiel des Affen will der Schöpfer uns den Satan und die vom Satan Befallenen vorführen. Auch sei er hässlich wie der Teufel, denn er habe keinen Schwanz.

Auch die vorchristliche Antike fand den Affen bemerkenswert und wusste Anekdoten zu erzählen, die bis in die Moderne nachklingen. Die Menschenähnlichkeit machte den Affen interessant, aber auch beunruhigend und gefährlich. Aelianus weiß: »Der Affe ist der beste Nachahmer. Jede körperliche Tätigkeit, die du ihm beibringst, wird er sich exakt aneignen.« Tanzen, Flöte spielen, Wagenlenken und dabei mit der Peitsche knallen – das will der Schreiber selbst mit angesehen haben. Auch von der üblen Sache mit dem verbrühten Säugling hat Aelian gehört: Ein Affe habe ein Neugeborenes mit kochendem Wasser übergossen und so getötet, weil er die Handlungen der Amme nachäffen wollte. »Der Affe ist das boshaftestes Tier, am meisten da, wo er den Menschen nachzuahmen sucht.« Neugier und Lust an der Imitation werden Affen so auch immer wieder zum Verhängnis. Angeblich bringt der Panther eine Affenbande zur Strecke, indem er sich totstellt, bis die von Neugier getriebenen Affen sich alle um ihn versammelt haben – dann schlägt er zu und richtet ein Gemetzel an. Vielfach kolportiert ist der Jagdtrick mit den Stiefeln: mit Leim bestrichen oder mit Blei beschwert stellen sie unfehlbare Fallen für Affen dar, die es nicht lassen können, die Stiefel anzuziehen, sich dann aber nicht mehr daraus befreien können. Noch bei Wilhelm Buschs *Fipps, der Affe* findet sich ein Echo dieser seit der Antike wiedererzählten Geschichte: Auch er wird gefangen, nachdem er aus Neugier in Menschenstiefel geschlüpft war.

Etliche Jahrhunderte vor Darwins schonungslosen Eröffnungen scheint man schon etwas geahnt zu haben. Die Nähe zu menschlicher Anatomie und menschlichen Fertigkeiten stach ins Auge, umso wichtiger war es, auf Distanz zu pochen. »Der Aff [...] ist an äusserlicher Gestalt dem Menschen etwas gleich / inwendig aber / am Eingeweid / ist kein Thier das ihm / dem Menschen / ungleicher ist«, so gibt Conrad Gesner Albertus Magnus wieder. »Es schreibet auch Galenus, daß der Aff ein lächerlich spöttisch Thier sey von Natur / als welche seinem Cörper und seiner lebhaften Bewegung allerhand Possierlichkeit eingepflanzent habe.«

Nein, Respekt kann dieses alberne Tier nicht einflößen. Offensichtlich fühlt es sich vom Menschen angezogen, denn der

Affe will nichts lieber, als es ihm gleichzutun, ihn nachzuahmen, seine Künste zu erlernen. Das gelingt dem Affen einerseits erstaunlich gut, aber eben doch nicht wirklich, so Gesner: »Der Aff will alle Ding dem Menschen nachthun / jeden Schimpf will er ausrichten können / den man ihn lehret / doch lernet er das Böse eher dann das Gute vom Menschen.« So wird von Affen berichtet, die einen Mörser verwenden können, Wasser holen, Wagen lenken; sogar das Schachspielen soll ein Affe erlernt haben. Passt man aber nicht gut auf, schlagen ihre Fertigkeiten gleich ins Lasterhafte um: »Unter den Soldaten in Havana seye ein Aff gewesen / so gewußt welcher am meisten im Spielen gewunnen / von welchem er ein Trinckgelt gefordert /[...] so seye er bald zu dem Wein gangen / und dem Wirth ein Geschirr umb einzuschencken dargereichet / welches er alsdann außgetruncken / und bezahlet/ ja er soll gar gewußt haben / wann das Gelt ein Mehrers getragen und sich ofter zwey / ja drey mahl lassen einschencken.«

Der Affe wird in diesen und vielen anderen Anekdoten zum lebenden Narrenspiegel, zum Anderen des Menschen, der es dem Ebenbild Gottes auch in intellektueller Hinsicht annähernd gleichtun kann, aber heillos und unerlöst jede Gelegenheit und jede Kompetenz zum Sündigen nutzt. Der Affe, das ist der missratene Mensch, die Karikatur des Menschlichen. Er eignet sich bestens zum Sündenaffen, dem man alles Irritierende, alle Grenzbereiche des Menschlichen anhängen kann. So erweitert Gesner die Rubrik des Affen um manche überraschende Gattung. Er führt Affengeschlechter auf, zu denen man heute schwerlich eine zoologisch haltbare Entsprechung findet. So sollen Pilger in den Wüsten Sinais immer wieder auf den *Babuyen* oder *Strobelkopf* getroffen sein: »So groß wie ein Mensch /

und an den Schenkeln / dem männlichen Glied / und im Angesicht / wie ein wilder Mann / der gantz und gar mit Haar überwachsen. Es hat Weiber und Knaben lieb / und die Frembden eben wie seine Landsleute: So bald dieses Thier ledig wird / reisset es alles nieder / und will seinen Muthwillen offensichtlich und unverschämpt mit ihnen treiben.« Erstaunlicherweise führt Gesner auch *Geyßmännlein* unter den Affenarten auf; Hybride zwischen Mensch und Geißbock, unter denen man sich wohl Satyren vorstellen darf. Antike Berichte von den Geißmännlein hält er keineswegs für Aberglauben und »Fabelwerck«: Nein, es handele sich bei diesen Wesen um Affen. Gesner, der in seinem großartig bebilderten Tierkompendium auch Einhörner, Basilisken, Meermänner und allerhand Drachenarten getreulich verzeichnet, versucht durchaus, zwischen Legenden und Wahrheiten zu unterscheiden und Fabelwerk mit dem hellen Licht der Ratio zu bescheinen. So kann er verschiedene Berichte und Spekulationen über wilde Anthropomorphe auf vergessenen Inseln in das Konzept des Geißmännlein-Affen integrieren, das die Funktion des Sündenbocks und Schandteufels in Vollkommenheit übernimmt: »Sie sind auch über die massen geyl und voll stinckender Böckischer Unkeuschheit.« So sollen auch sexuell aufgeladene Fastnachtsbräuche und andere »unchristliche Mummereyen« von den Geißmännlein stammen. Unfassbar scheint der Bericht des Seefahrers Euphemus: Als er auf einer Insel gestrandet war, stürmte eine Horde Geißmännlein das Schiff und versuchte, die an Bord befindlichen Frauen zu vergewaltigen. »Derhalben die Schiffsleuth ihnen ein gefangenes frembdes Weib hinauß aufs Land geworffen/ auf welches sie gesprungen/ und nicht allein an natürlichen Orten ihren Muthwillen mit solchem Weibe getrieben/ sondern auch am gantzen Leibe geschwächt hätten.« Es muss für einen Züricher Gelehrten des sechzehnten Jahrhunderts nicht immer leicht gewesen sein, zwischen ›Tandmährlein‹ und vertrauenswürdigen Berichten zu unterscheiden, wenn es um exotische Tierarten ging. Und Darstellungen antiker Autoritäten konnte man nicht ohne Weiteres für Fabeleien erklären, waren sie doch die Ahnherren frühneuzeitlicher Wissenschaft. Da war es eine gute Idee von Gesner, menschenähnliche Wesen grundsätzlich in das Reich der Affen zu integrieren. Albertus Magnus etwa hatte von zottigen Zweibeinern berichtet, die im Sachsenland im Wald aufgegriffen worden waren. Obwohl das Männchen einige Worte habe sprechen lernen, bezeichnet Gesner es beharrlich als Tier und rechnet es den Geißmännlein, also Affen zu. Auch die seit der Antike vielfach belegte Sphinx nimmt der universell gebildete Polyhistor in sein Kompendium auf. Obwohl er sie richtig als Mischwesen aus Frau und Löwe beschreibt und abbildet, gibt Gesner der Sphinx den Namen *Jungfrauenaff*.

Die Idee des Affen ist gut zu gebrauchen, um moralische wie morphologische Dilemmata zu beheben. Aggressiv und hinterlistig, versoffen und von böckischer Geilheit verkörpern sie alle Laster des Menschen in grotesker Überhöhung, auf dass man sich darüber erheben und gehörig belustigen darf, ohne die moralische Integrität des Menschen zu beschmutzen. Auch wo es in biologischer Hinsicht um Grenzbereiche des Menschlichen geht, sorgt das Affenkonzept für Klarheit, denn es vermag alle Zweifelsfälle zu integrieren. Diverse Halbwesen und zweifelhafte Erscheinungen konnte man kurzerhand zu Affen erklären und so ihr Irritationspotential bereinigen.

Doch die Affenruhe sollte nicht lange halten; an der Grenze zwischen den Reichen des Menschlichen und der Affigkeit kam es immer wieder zu Scharmützeln. Der holländische Arzt Nicolaes Tulp, bekannt von Rembrandts Darstellung seines anatomischen Theaters, hatte sich schon so seine Gedanken um den Affen gemacht, der dem Prinzen von Oranien geschenkt worden war, und erklärte den Schimpansen nach anatomischer Untersuchung mit der Benennung *Homo sylvestris* zur Menschenart. Ein Zeitgenosse vermutete, dass das Wesen auch sprechen könnte, es aber aus Arbeitsscheu lieber bleiben ließe. Carl von Linné hätte es am liebsten umgekehrt gemacht und den Menschen der Gattung *pan* zugeschlagen, also als weitere Schimpansenart einsortiert. Sein taxonomisches Verfahren, Familienähnlichkeiten als Grundlage von Zugehörigkeit und Verwandtschaftsgraden zu verwenden, hätte das jedenfalls nahegelegt. Aber ihm war klar, welchen Skandal er damit auslösen würde, und so erfand er für den Menschen entgegen seiner wissenschaftlichen Überzeugung die exklusive Gattung *Homo*. Dass er Mensch und Affe gemeinsam als zur Ordnung der Primaten gehörig klassifizierte, den Menschen also im Kleingedruckten doch als Tier unter Tieren verortete, barg schon genügend Sprengstoff. Doch der implizite Skandal blieb noch unter der Decke. Mit Darwins *On the Origin of Species* schließlich ging ein Jahrhundert später die Bombe endgültig hoch.

Nun hatte Darwin in seinem Hauptwerk viel Unerhörtes über die Entwicklung der Arten durch natürliche Zuchtwahl, aber so gut wie nichts *ausdrücklich* über die Abstammung des Menschen gesagt – vielmehr hatte er die Tatsache, dass der Mensch so etwas wie eine Abstammung habe, ganz so wie alle anderen Lebewesen auf der Erde, ziemlich im Dunkeln gelassen. Nur im Schlusssatz raunt Darwin, auch auf den Menschen und seine Geschichte werde noch Licht fallen. Er sollte sich noch zwölf Jahre Zeit lassen, bis er sich in diesem heiklen Punkt deutlicher ausdrückte: Mit dem Werk *The Descent of Man* wurde sichtbar, was für Hellsichtige schon dem Vorgängerwerk zu entnehmen gewesen wäre und mittlerweile auch von anderen Forschern klar ausgesprochen worden war: dass natürlich auch der Mensch allmählich aus anderen Lebensformen hervorgegangen sein musste, also nicht-menschliche Vorfahren gehabt hatte.

Freud zählte die Evolutionstheorie zu den drei großen Kränkungen der Menschheit, neben der Kopernikanischen Einsicht, dass die Sonne nicht um die Erde kreist, und seiner eigenen Erkenntnis, dass das Triebleben des Unbewussten menschliches Wünschen und Denken heimlich dominiere. Zu welcher Bestürzung und Empörung die These von unseren äffischen Vorfahren im Viktorianischen England führte, lässt sich heute kaum mehr nachvollziehen. Die englische Oberschicht empfand schon die Unterstellung, man gehöre derselben Gattung an wie stinkende, ungebildete Arbeiter, als Zumutung. Gegen die Vorstellung, man habe mit Chinesen oder Afrikanern allzu viel gemein, schützte ein robuster Rassismus. Nun aber sollten sogar Affen zur Verwandtschaft gehören: behaarte, grunzende, ungewaschene Geschöpfe, von denen noch weniger gesittetes Benehmen zu erwarten war als von jenen Wesen, die in den Hafendocks und Kohleminen arbeiteten und vegetierten? Und dabei waren Bonobos noch gar nicht mal bekannt. Auf Feinheiten in der Formulierung der Kernthese kam es da nicht mehr an, und statt der korrekten Wiedergabe, dass Mensch und heutige Affen gemeinsame Vorfahren hatten, wurde die Provokation auf die Formel verkürzt: Der Mensch stamme vom Affen ab.

Nicht erst mit der Veröffentlichung von Darwins *On the Origin of Species* wandelte sich der Blick auf Affen. Vermutlich hatte 1640 der erste lebende Schimpanse seit der Antike europäischen Boden betreten. 1776 erreichte der erste Orang-Utan Europa. Die anfänglichen Bekanntschaften mit lebendigen Menschenaffen, anatomische Untersuchungen, aber auch zivilisationskritische Gedanken hatten insbesondere den Menschenaffen zunehmendes Interesse, Sympathie und die Bereitschaft zur Identifikation eingebracht. Jean-Jacques Rousseau hatte geglaubt, in den Menschenaffen Menschen im Naturzustand erblicken zu dürfen. Nun aber, angesichts der handfesten These verwandtschaftlicher Nähe, sah man noch einmal genauer hin. Die im bürgerlichen Zeitalter aufblühenden Tiergärten und naturkundlichen Museen wurden zu Orten der prüfenden Vergewisserung. Der Bürger stellte sich vor den Affenkäfig, neigte den Kopf und geriet ins Grübeln – immer bereit, Weib und Kindern rasch eine Hand vor die Augen zu halten. Alfred Brehm pflegte um 1870 Vorträge vor den Gehegen des Berliner Zoos zu halten, um dem staunenden Publikum klarzumachen, wie sehr es den Menschenaffen auf der anderen Seite der Gitter glich. Bis ins zwanzigste Jahrhundert hinein blieb es jedoch ein großes Problem, Menschenaffen in europäischen Zoos so zu halten, dass sie gesund blieben; die meisten starben innerhalb weniger Monate nach ihrer Ankunft, und man begriff nicht, warum. Heimweh und Melancholie galten als wahrscheinlichste Gründe für die hohe Sterblichkeit der Tiere.

Die Affen näherten sich beharrlich der westlichen Zivilisation. Konsul Peter, ein Schimpanse in Schuhen und Anzug, machte im Varieté mit Rechenkünsten Furore; 1908 gastierte er in Prag. Vermutlich geht auf ihn die Benennung von Kafkas *Rotpeter* zurück, der eine ähnliche Karriere vorzuweisen hat. Rotpeter, so erfährt man aus seinem *Bericht für eine Akademie*, wird von einem Impresario begleitet, reist in ganz Europa herum und bewegt sich mit größtem Erfolg in der menschlichen Gesellschaft. Der zur Menschenähnlichkeit dressierte Affe war zuvor noch Gegenstand der Verachtung statt des Mitgefühls gewesen. E. T. A. Hoffmann hatte in seinem klavierspielenden Affen Milo geistloses Virtuosentum karikiert – und dessen stumpfsinniges Publikum gleich mit. Rotpeter dagegen wird zum Paradigma des in Anzügen und anderen Zwängen gefangenen Zivilisationsmenschen – geht es uns denn so viel besser als Rotpeter? Dressierte Affen, nichts anderes sind doch wir? Zugleich entdeckte man das humoristische Potential von Affen neu. Im Zirkus und in Stummfilmen wurde der Affe zum Partner von Clowns und Komikern, insbesondere Schimpansen wurden Filmstars und Werbeträger. Nun, wo die Affenähnlichkeit des Menschen auch wissenschaftlich unwiderlegbar geworden war, wollte man wenigstens über beide gemeinsam lachen dürfen. Das Verhältnis der aufgeklärten Menschheit zu den tierischen Verwandten hatte sich im Laufe des zwanzigsten Jahrhunderts immer mehr entspannt, als sich zu Beginn der Sechzigerjahre drei junge Frauen – inspiriert vom kenianischen Paläoanthropologen Louis Leakey – auf den Weg machten, das Verhalten der Menschenaffen in ausführlichen Feldstudien zu erforschen. Statt Affen in Käfigen zu begaffen oder in Menschenkleider zu stecken, begaben sie sich mitten unter sie: Birutė Galdikas mischte sich unter die Orang-Utans auf Borneo, Dian Fossey zog in die ruandischen Berge zu den Gorillas und Jane Goodall lebte mit Schimpansen in Tansania. Als Goodall mit ihren Feldforschungen begann, war sie auf freie, wilde Tiere gefasst. Sie erwartete, weitgehend friedliche Einzelgänger kennenzulernen. Bald merkte sie aber, dass das ganz anders war.

Die von love and peace beseelte Menschheit war für die Einsicht bereit, dass erst mit dem Homo sapiens Bosheit, Zynismus und Rohheit in die Welt gekommen waren – das zwanzigste Jahrhundert hatte es ja gezeigt. Voller Demut trat man nun den äffischen Vettern entgegen und erwartete, auf Primaten im Naturzustand zu treffen, in friedlichem Einklang miteinander und mit der Natur. Fotos gingen um die Welt, die die junge Forscherin zeigten, die einem Schimpansen die Hand reicht – ein Friedensschluss im Namen der bekehrten Menschheit, nach Jahrhunderten des Verkennens, Verleugnens, Verfolgens. Doch als Jane Goodall später von den Ergebnissen ihrer Forschungen berichtete, wollte man ihr nicht glauben. Sie erzählte von Mord, Vergewaltigung, Raub. Der Schimpansenkrieg von Gombe, dank Goodalls Berichterstattung in die Historiografie eingegangen, brach am 7. Januar 1974 aus und währte vier Jahre. Es handelte sich um einen echten Territorialkrieg mit Patrouillengängen, Überfällen und allen Grausamkeiten, die man unter Angehörigen derselben Gattung bis dahin nur Menschen zugetraut hatte. – Eine der beiden rivalisierenden Schimpansengruppen hatte sich stark vergrößert und verlangte Lebensraum. Daher begann sie einen Grenzkonflikt mit der Horde des benachbarten Territoriums, um sie von dort zu vertreiben. Und auch bei den Schimpansen bedeutet Krieg: *Krieg.* »Evered packte das Kleinkind und stürmte mit ihm durchs Gebüsch, wobei er es auf den Boden drosch, als wäre es ein Stück Holz.« Goodall beobachtete, wie Schimpansen das Blut ihrer unterlegenen Gegner tranken. Zwei Schimpansinnen, so konnte sie belegen, hatten das Baby einer Rivalin getötet, zerrissen und dann aufgefressen. Der Krieg war erst zu Ende, als alle Männchen der Kahama-Gruppe tot waren. Berühmt wurde Goodalls Resümee, dass

Schimpansen, zeigte man ihnen den Umgang mit Dolchen und Pistolen, von ihnen nicht weniger rücksichtslosen Gebrauch machen würden als Menschen.

Auch innerhalb von Schimpansengruppen sind aggressionsgeladene Konflikte an der Tagesordnung. Offene Machtfragen bilden dafür den Hauptgrund. In ihrer Innenpolitik geht es darum, der Boss zu sein und die Weibchen für sich zu haben; das ist alles. Für dieses Ziel ist ihnen buchstäblich jedes Mittel recht, und das nackte Kalkül, das offenbar hinter ihren Methoden steckt, macht es schwer, ihre Brutalität als unbewusstes, aller Verantwortlichkeit enthobenes Instinktverhalten zu entschuldigen. Der Primatologe Frans de Waal schildert einen politischen Mord im Schimpansengehege von Arnheim. »Luit saß in einer Blutlache. [...] Überall an seinem Körper klafften tiefe Bißwunden, und er hatte Finger und Zehen verloren. Bald entdeckten wir, daß ihm noch edlere Teile fehlten.« Trotz einer Notoperation überlebte der Schimpanse nicht. De Waals ausführliche Darlegung der Hintergründe dieses Attentats liest sich wie eine Mafiafehde: mit alten Rechnungen, Verrat, Rachegelüsten und Komplotten. Das Knüpfen und Lösen von Koalitionen scheint in einer Schimpansengruppe ständig präsentes Thema zu sein. Die Fähigkeit, Bündnisse und Intrigen zu schmieden, zählt hier mehr als schiere Körperkraft. Das Alphamännchen Luit jedenfalls wurde von zwei ehemaligen Rivalen niedergemetzelt, deren Zerwürfnis einst Luit an die Macht gebracht hatte. Nun hatten sie ihre Streitigkeiten beigelegt, um gemeinsam Luit zu stürzen. Deswegen hatten sie ihn in einen Hinterhalt gelockt, um ihn zu überfallen; hatten ihn gefoltert, kastriert und ermordet. De Waals Zeugenaussage zufolge war es der alte Yeroen, der den jüngeren, etwas tumben Nikkie zu dieser Tat aufgestachelt hatte. Nachdem er Nikkie als neuem Alphamännchen so zur Macht verholfen hatte, war allerdings sein Einfluss geschwunden. Yeroen suchte sich einen neuen Protegé, den er nun wiederum darin unterstützte, Nikkie vom Thron zu stoßen. Die Dinge spitzten sich zu, die Schlinge um Nikkie zog sich zusammen, er sah die Wälder heranrücken. Eines Morgens fand man ihn ertrunken im Wassergraben, der das Gehege umschloss. Ob es eine hoffnungslose Flucht ins Exil oder ein Selbstmord war, der ihn ins Wasser getrieben hatte, konnte man nicht sagen. Nikkie wusste ja nur zu gut, wie man mit Herrschern umging, deren Tage gezählt waren. »Ich muß zugeben«, schreibt Frans de Waal, »daß ich Schwierigkeiten habe, den alten Ränkeschmied Yeroen zu beobachten, ohne einen Mörder zu sehen.«

Man schätzt, dass sich die stammesgeschichtlichen Wege von Mensch und Schimpanse vor etwa sieben bis acht Millionen Jahren zu trennen begannen. Nur etwa 1,5–2,5 Millionen Jahre ist es her, dass der Kongo-Fluss so an Breite zugenommen haben muss, dass er für die Schimpansenpopulation, die das Land um den Fluss bevölkerte, zur unüberwindlichen Grenze anschwoll. Schimpansen sind schlechte Schwimmer. So kam es, dass die vom Nordufer von denen des Südufers isoliert wurden. Man konnte sich nicht mehr treffen, nicht mehr streiten und bekämpfen, keine Geschichten, Früchte und Erbanlagen austauschen. Die Gattung Schimpanse entwickelte sich in zwei Arten: den Gemeinen Schimpansen und den Bonobo. Bonobos, früher auch Zwergschimpansen genannt, obwohl sie nur wenig kleiner und etwas zierlicher sind, stehen dem Menschen verwandtschaftlich ebenso nahe wie die Gemeinen Schimpansen. Äußerlich ähneln sie einander sehr, doch ihr Sozialverhalten könnte nicht unterschiedlicher sein. Bonobogesellschaften sind Matriarchate, was sich konkret darin äußert, dass ein Weibchen ein Männchen jederzeit von einer Futterstelle vertreiben kann. Ansonsten spielt Macht keine große Rolle in ihren Gruppen, denn hier fällt aus, was unter männlichen Gemeinen Schimpansen den Hauptgrund für Machtbehauptung und -erstreitung darstellt: das sexuelle Verfügen über die Weibchen der Sippe, und zwar über alle. Wird dort drüben ein Pärchen beim Seitensprung erwischt, bekommt das Weibchen vom Alphatier Prügel; so klar und so platt ist das Gesetz nördlich des Kongo. Hier am Südufer aber, bei den Bonobos, geht es anders zu. Sex ist Gemeingut und daher kein Grund für Machtrangeleien. Wozu um etwas streiten, was jedem Affen jederzeit zur Verfügung steht? Der Bonobo, so wurde gezählt, hat durchschnittlich siebenmal am Tag Sex und genießt dabei jede Freiheit in der Partnerwahl und alle Variationen an Berührung, Stimulation und Durchdringung. Streitigkeiten gibt es wenig, und kommen sie doch vor, überredet man sich zum wechselseitigen Gebrauch der Geschlechtsorgane und vergisst das Ganze. Man reibt sich die Augen, aber offenbar ist es so idealtypisch wie es scheint: Große sexuelle Libertinage geht mit einem weitgehend konfliktfreien und friedlichen Zusammenleben einher. Dass zwei so eng verwandte Unterarten sich im Sozialverhalten so stark unterscheiden, ist das wirklich ein genetisch erklärbares Phänomen? Würde man den jeweiligen Erbinformationen entnehmen können, dass die einen im Patriarchat leben, voller Gewalt und sexueller Ausbeutung, die anderen aber in einer friedlichen Gesellschaft sexueller Erfüllung? Wenn es stimmt, dass zunehmende Intelligenz mit der fortschreitenden Amtsenthebung der Instinkte einhergeht: Wie frei waren die schlauen Schimpansen in der Entwicklung ihres Miteinanders? Oder ist es am Ende eine kulturelle Evolution gewesen, die die Schimpansen vom südlichen Ufer eine andere Richtung hat einschlagen lassen? Eine Revolution der Unterdrückten vielleicht, nach der es gelang, ein allgemeines Freudenreich zu errichten? Das wüssten wir sehr gerne.

Seit der Antike schlägt sich der Topos vom ewig notgeilen Affen in wiederkehrenden Geschichten nieder, nach denen Affen versessen auf Sex miteinander, aber auch mit Menschen wären. Jenseits der Anekdote muss man zugeben, dass die verschwommene Grenze zum Affenreich auch in sexueller Hinsicht immer wieder in Gefahr gerät, wobei sie nicht immer allein von Affen infrage gestellt wurde. Vom Affenmenschen Tarzan, der genetisch als Mensch geboren, aber als Affe sozialisiert wurde, hört man, dass er in seinen erotischen Interessen nicht ganz entschieden war, was die Spezies betraf. Erst das Auftauchen von Jane beseitigte die Irritation. Der Riesenaffe King Kong wiederum stürzt sich ins Verderben, weil er in (nur platonisch vorstellbare) Liebe zu einer ›weißen Frau‹ verfällt. Peter Høeg erzählt in *Die Frau und der Affe* von einer Romeo-und-Julia-Geschichte, die in eine utopische Flucht mündet und bei der sich ein Menschenaffe als zärtlicher, fast idealer Liebhaber erweist. Was aber wäre von einer sexuellen Vermischung von Mensch und Affe in der Realität zu erwarten? Dieser Frage ging der Petersburger Biologe Ilja Iwanow nach, als er in den Zwanzigerjahren versuchte, Affen-Mensch-Hybride zu züchten. Er hatte eine schlichte Vorstellung von der Evolution als direkter Abfolge von Arten. Er nahm an, es müsse eine Übergangsform zwischen Schimpansen und Mensch gegeben haben, die zwar ausgestorben, durch Rückkreuzung aber wieder herstellbar sei. Aus Zebra und Pferd Hybride zu züchten war ihm bereits gelungen. Dafür hatte er eine primitive Form künstlicher Befruchtung entwickelt. Die bolschewistische Führung sah die Experimente mit Wohlwollen, aber auch das Institut Pasteur half gerne weiter und lud Iwanow nach Französisch Guinea ein. Zunächst versuchte er also, Schimpansinnen mit menschlichem Sperma zu befruchten. Nachdem das nicht gelang, wollte er den umgekehrten Weg probieren. In Afrika wurde ihm das nicht erlaubt; daheim in Russland aber fand er genügend Sowjetfrauen, die sich angeblich freiwillig gemeldet hatten. In allen Fällen stellte sich jedoch keine Schwangerschaft ein. Bis heute wird hin und wieder versucht, Menschen- und Schimpansenchromosomen zusammenzukleben; erleichtert hören wir, dass dabei nichts Lebensfähiges herauskommen will.

Als Dian Fossey, die berühmte Primatologin, beigesetzt wurde, gab man ihr ein Grab neben dem Gorilla Digit; so hatte es sein sollen. »Heute haben sie Digits Körper ins Lager gebracht. Lieber wäre ich selbst gestorben«, hatte sie zehn Jahre zuvor einem Freund geschrieben. Das Lager war eine Forschungsstation in dreitausend Metern Höhe, bei den Berggorillas. Fossey war sich stets im Klaren, welche Bedrohung von Wilderern ausging, doch als sie die verstümmelte Leiche von Digit erblickte, drehte sich ihr Leben. Ausgerechnet Digit! Aus der Forscherin war schon zuvor eine Aktivistin geworden, nun verwandelte sie sich aber in eine Rächerin. Bald sollten weitere Opfer folgen; Gorillas, die ihre Freunde gewesen waren. Dian Fossey ließ nun täglich patrouillieren, zerstörte Fallen und verfolgte Wilderer. Bald wurde Bewaffnung nötig. Sie führte Krieg. Dafür brauchte sie Geld, aber auch viele Zigaretten und große Mengen von Whiskey. In westlichen Talkshows sammelte sie Spenden, um sich zu rüsten, schrieb ein Buch und plante einen Film. Wenn sie Wilderer stellte, nahm sie sie gefangen. Oft soll sie die Gefangenen geschlagen haben; sie zwang sie, sich auszuziehen, und unterwarf sie mit sexuellen Demütigungen. Manchmal hielt sie Kinder fest, Tage und Wochen, um die Eltern zu erpressen. Dian Fossey kannte kein Erbarmen im Kampf gegen die Mörder ihrer Freunde. In einem Gespräch mit der ruandischen Regierung forderte sie die Todesstrafe für Wilderei. Sie machte sich viele Feinde, in der Hauptstadt wie in den Bergdörfern. Am zweiten Weihnachtstag des Jahres 1985 fand man sie in ihrer Hütte: Einen Kampf hatte es gegeben, ein Gemetzel, ihr Schädel war von einer Machete gespalten. Ihr grauenvoller Tod glich frappierend dem Digits, neben dem sie ihre letzte Ruhestätte fand: dem Geliebten – so jedenfalls nennt ihn Birutė Galdikas. Vielleicht war kein Primat, egal welcher Spezies, Dian Fossey jemals näher gewesen. Wie nahe tatsächlich – wir wissen es nicht, und sollten je Blumen und Gras unter ihnen zum Bette niedergedrückt worden sein, so wären sie längst wieder aufgestanden, die Spur verweigernd.

Dian Fosseys Übertritt in die Welt der Gorillas ist eine dramatische Geschichte mit tragischem Ausgang, auch wenn die genauen Hintergründe ihres grausamen Todes vielleicht immer im Nebel bleiben. Wenn Affen unter die Menschen gerieten, ist ihnen das ebenfalls selten gut bekommen.

Der Fall Lucy hat jedenfalls genügend Irritationspotential. Kurz nachdem das Schimpansenmädchen Lucy 1964 als Tochter zweier Zirkusaffen geboren worden war, wurde sie von dem Psychologen Maurice Temerlin und seiner Frau Jane adoptiert. Man zog sie auf wie eine eigene Tochter: Sie schlief in ihrem Schlafzimmer, trug Röcke, aß mit Besteck und lernte ASL, die

Amerikanische Gebärdensprache, jedenfalls in Grundbegriffen. So konnte von Lucy auch ein klarer Fall des Lügens dokumentiert werden. Sie nutzte ihre Sprachkenntnisse, um angesichts eines Haufen Schimpansenkots auf dem Teppich den Verdacht auf andere zu lenken – bis ihr Lügengebäude zusammenbrach, sie alles bekannte und sich entschuldigte: »LUCY DIRTY DIRTY. SORRY LUCY.« Und Lucy entwickelte noch weitere Eigenheiten, wie ihr Ziehvater berichtet. »Sie ging in die Küche, öffnete einen Schrank, nahm ein Glas heraus, holte eine Flasche Gin hervor und schenkte sich drei Finger hoch ein. Damit kam sie zurück in die Stube, setzte sich auf die Couch und nippte. Doch mit einem Mal schien ihr ein Gedanke zu kommen. Sie erhob sich wieder, ging zum Besenschrank, holte den Staubsauger hervor, steckte ihn in die Steckdose, schaltete ihn ein und begann, sich mit dem Saugrohr zu befriedigen.« Fortan habe sie große Kreativität in die Erprobung ungeahnter Masturbationstechniken investiert. Als man auf den Gedanken kam, ihr amerikanische Ausgaben des Soft-porno-Magazins *Playgirl* zu reichen, begeisterte sie sich bald für die Poster in der Heftmitte und wusste die Fotos nackter Männer als Stimulans bei der Selbstbefriedigung einzusetzen – nun, sie war eben menschlich sozialisiert. So berichten jedenfalls ihre psychoanalytisch ausgebildeten Betreuer. (Und was sind leise Zweifel an der Objektivität dieser Erzählungen angesichts der unmittelbaren Gewissheit, dass wir ihnen gerne glauben wollen?) Vorsätzliche Lügen, Gin saufen, der sachgerechte Gebrauch von Wichsvorlagen: Wann hätte es je ein Affe weiter gebracht beim Aufstieg zum Kulturwesen? Seht nur, welch ein Mensch!

Ist der Mensch ein Affe? Oder nicht vielmehr der Affe ein Mensch? Solche Überlegungen zwischen Moraltheorie und Primatologie werden handfest, wenn es vor Gericht geht und für Affen konkrete Privilegien erstritten werden sollen, die gewöhnlich nur Menschen zugestanden werden. Recht harmlos war da noch der Fall des Affen-Selfies. Ein Makake hatte 2011 einen Fotoapparat ergriffen, gegen sich selbst gerichtet, dabei eine Grimasse gemacht, die wir gerne als breites Grinsen lesen möchten, und abgedrückt. Der Apparat gehörte dem britischen Naturfotografen David Slater, der die Fotos dann vermarktete – mit großem Erfolg, denn das in diesen Bildern geronnene Ereignis schlug in die seit der Antike bekannte Kerbe des Affendiskurses: Man freute sich über den putzigen Nachahmungstrieb des Tieres und amüsierte sich zugleich über die darin zur Affigkeit überhöhte menschliche Untugend; hier: das ewige Laster der Gefallsucht, die sich in der Epoche des Selfie-Wahns neu manifestierte. Die Tierrechtsorganisation PETA nun vertrat die Ansicht, dass dem Affen – nunmehr Naruto getauft – die Urheberrechte an dem Foto und damit eine schöne Stange Geld zustünden. Nach jahrelangem Rechtsstreit wurde die Klage abgewiesen.

Beim *Great Ape Project* dagegen geht es um höhere Werte als Fotorechte. Ausgehend von einem Buch von Paola Cavalieri und Peter Singer bildete sich eine Bewegung, die Menschenrechte für Menschenaffen erwirken wollte. Mit Tierschutzgesetzen sei es hier nicht getan; der Unterschied zwischen Menschen und Menschenaffen (zu denen der Homo sapiens in biologischer Hinsicht zweifellos zu zählen ist) sei zu gering, um einen Unterschied an ethischen Ansprüchen länger aufrechtzuerhalten. Möchte man sich dem Paradox entziehen, dass ein Wesen, das ein Tier war, irgendwann ein Wesen geboren haben muss, das ein Mensch war, muss man Menschsein als Absolutum aufgeben und ein graduelles Mehr oder Weniger annehmen. Welcher hominiden Vorform hätten wir aber Menschenrechte zugestanden, wenn sie als parallele Menschenart unsere Gegenwart teilte? Dem Neanderthaler bestimmt, aber auch dem Homo erectus? Dem Homo habilis? Dem Australopithecus? Wenn Jesu Kreuzestod, wie manche Schriftgelehrten glauben, auch die Menschen erlöst hat, die vor seiner Zeit lebten: Wen dürfen wir dann alles im Paradiese anzutreffen erwarten?

Wir sind mit der Verwirrung nicht am Ende. Wenn die Interessen von Affen als Individuen vor Gericht vertreten werden, sie gleichsam als Kläger auftreten können, müssten sie sich ihrerseits dann nicht auch vor Gericht rechtfertigen, wenn sie schwere Verfehlungen begangen haben? Wäre es vielleicht angezeigt, den Orang-Utan G. wegen versuchter Vergewaltigung anzuklagen, da er doch Birutė Galdikas Köchin sexuell bedrängt hatte? Müsste ein Primatologe, der im Schimpansengehege schwere Körperverletzungen beobachtet, nicht strenggenommen die Polizei rufen und Anzeige erstatten? Wenn wir für Affen Menschenrechte erwägen, dürfen wir dann Yeroen, den kaltblütigen Intriganten von Arnheim, einen skrupellosen Mörder und Scheißkerl nennen? – Nun gut, das scheint Unsinn zu sein. Wir wissen, dass ein halbwegs geschickter Anwalt jeden Menschenaffen, der wegen Mordes, Vergewaltigung, Folter angeklagt wäre, mit dem mildernden Umstand ›artgemäßes Verhalten‹ raushauen könnte. Mindestens käme der Primat mit Bewährung davon, zumal unsere Justizvollzugsanstalten auf artgerechte Inhaftierung kaum vorbereitet wären, und Zoos würden aus Imagegründen sicher nur ungern einspringen. Als schuldfähig gilt nur eine unter den Primatengattungen: der Mensch. Wie viel Instinkthaftigkeit man dem Menschen auch immer zugestehen mag, ihm wird doch immer die Fähigkeit, zwischen Recht und Unrecht zu unterscheiden, als artgemäß untergeschoben. Homo sapiens sapiens hätte die Wahl gehabt, sagt die judikative Fiktion. Affen sollten Menschenrechte zugesprochen werden, fordern manche, doch niemand will ihnen Menschenschuld und Menschensühne auferlegen. Affen können nichts dafür, Menschen aber schon. So jedenfalls lautet bis auf Weiteres die Absprache.

Literatur

Claudius Aelianus, *Die tanzenden Pferde von Sybaris. Tiergeschichten*, Leipzig 1985.

Jörg Albrecht, »Das Ende einer Affenliebe«, in: *FAS*, 6. 8. 2012, {www.faz.net/aktuell/wissen/natur/schimpansen-forschung-das-ende-einer-affenliebe-11844278.html?printPagedArticle=true#pageIndex_0}, letzter Zugriff 4. 5. 2023.

Ulysses Aldrovandi, *De animalibus insectis libri septem, cum singulorum iconibus ad viuum expressis*, Bologna 1602.

Aristoteles, *Naturgeschichte der Tiere*, Stuttgart 1866.

Wolfgang Baumgart, *Europas Geier. Flugriesen im Aufwind*, Wiebelsheim 2001.

Heike Behrend, *Menschwerdung eines Affen. Eine Autobiografie der ethnografischen Forschung*, Berlin 2020.

Heiko Bellmann, *Bienen Wespen Ameisen*, Stuttgart 2017.

Heiko Bellmann, *Kosmos Atlas Spinnentiere*, Stuttgart 1997.

Peter Benchley, *Der weiße Hai*, Frankfurt am Main 1985 [1974].

Marcel Beyer, *Graphit*, Frankfurt am Main 2014.

Alfred Brehm, *Brehms Thierleben*, Leipzig 1876-79.

Elias Canetti, *Über Tiere*, Frankfurt am Main 2017.

Elias Canetti, *Das Buch gegen den Tod*, Frankfurt am Main 2015.

Jean-Claude Bologne, *Nacktheit und Prüderie. Eine Geschichte des Schamgefühls*, Weimar 2001.

Waldemar Bonsels, *Die Biene Maja*, Wien 1977 [1912].

Jorge Luis Borges, *Einhorn, Sphinx und Salamander. Das Buch der imaginären Wesen*, Frankfurt am Main 1983 [1974].

Georges-Louis Leclerc de Buffon, *Allgemeine Naturgeschichte*, Frankfurt am Main 2008 [1749–1803].

Brunamaria Dal Lago Veneri, *Der Traum der Vernunft. Von Einhörnern, Hippogryphen, Basilisken, Monstern und Sirenen*, Wien 1999.

Gesine Dammel (Hg.), *Von Delphinen. Geschichten, Gedichte und Bilder*, Frankfurt am Main 2001.

GUNNAR DECKER, *Die Fledermaus. Bote der Nacht,* Berlin 2018.

MARCEL DETIENNE, *Dionysos. Göttliche Wildheit,* München 1992.

Diderots Enzyklopädie, Berlin 2013 [1751–1772].

CHRISTIAN DIETZ, ANDREAS KIEFER, *Die Fledermäuse Europas,* Stuttgart 2020.

RICHARD ELLIS, *Seeungeheuer. Mythen, Fabeln und Fakten,* Basel 1997.

EURIPIDES, *Tragödien,* München 1990 [438–406 v. Chr.].

JEAN-HENRI FABRE, *Spinnen,* Berlin 2019 [1879–1907].

LOTHAR FRENZ, *Riesenkraken und Tigerwölfe. Auf der Spur mysteriöser Tiere,* Berlin 2000.

BIRUTÉ M. F. GALDIKAS, *Meine Orang-Utans. Zwanzig Jahre unter den scheuen ›Waldmenschen‹ im Dschungel Borneos,* Bergisch-Gladbach 1998.

ACHIM GEISENHANSLÜKE, »Der Stachel der Dichtung. Thomas Kling, der europäische Wespendichter« in: Rüdiger Zymner und Frieder von Ammon (Hg.), *Gedichte von Thomas Kling. Interpretationen,* Paderborn 2019, S. 37–48.

FABIO GENOVESI, *Die Botschaft der Riesenkalmare,* Frankfurt am Main 2022.

LISA-ANN GERSHWIN, *Jellyfish. A Natural History,* Chicago 2016.

CONRAD GESNER, *Allgemeines Thier-Buch,* Hannover 1980 [1669].

CONRAD GESNER, *Vollkommenes Fisch-Buch,* Hannover 1981 [1670].

CONRAD GESNER, *Vollkommenes Vogel-Buch,* Hannover 1980 [1669].

MARION GIEBEL, *Tiere in der Antike. Von Fabelwesen, Opfertieren und treuen Begleitern,* Darmstadt 2003.

NORBERT GIERSCHNER, *Lockende Meerestiefen,* Cham 1984.

PETER GODFREY-SMITH, *Der Krake, das Meer und die tiefen Ursprünge des Bewusstseins,* Berlin 2021.

JANE GOODALL (MIT HUGO VAN LAWICK), *Unschuldige Mörder. Bei den Raubrudeln in der Serengeti,* Reinbek 1978.

JANE GOODALL, *Ein Herz für Schimpansen. Meine 30 Jahre am Gombe-Strom,* Hamburg 1991.

JEREMIAS GOTTHELF, »Die schwarze Spinne«, in: J. G., *Meistererzählungen,* Zürich 1991 [1842].

Handwörterbuch des deutschen Aberglaubens, Hanns Bächtold-Stäubli (Hg.) unter Mitwirkung von Eduard Hoffmann-Krayer, Berlin 1987 [1927–42].

ROGER HANLON, MIKE VECCHIONE, LOUISE ALLCOCK, *Octopus & Co.,* Bielefeld 2019.

ERNEST HEMINGWAY, *Die grünen Hügel Afrikas,* Hamburg 1993.

E. T. A. Hoffmann, »Eine gräßliche Geschichte«, in: Ders., *Die Serapionsbrüder*, Frankfurt am Main 1983 [1821], S. 1222–1245.

Ernst Haeckel, *Kunstformen der Natur*, München 2012 [1899].

Wilhelmine von Hillern, *Die Geier-Wally. Eine Geschichte aus den Tyroler Alpen*, Berlin 1875.

Oliver Hochadel, »Darwin im Affenkäfig. Der Tiergarten als Medium der Evolutionstheorie«, in: Dorothee Brantz, Christof Mauch (Hg.), *Tierische Geschichte. Die Beziehung von Mensch und Tier in der Kultur der Moderne*, Paderborn 2010, S. 245–267.

Thomas Johnson, *Diane Fossey: Die letzten Tage einer Legende*, {programm.ard.de/TV/Programm/Sender/?sendung=2872511542824481}, letzter Zugriff 4. 5. 2023.

Franz Kafka, *Gesammelte Werke*, Frankfurt am Main 1983.

Gottfried Keller, *Der grüne Heinrich*, München 1990 [1855].

Søren Kierkegaard, *Entweder – Oder*, München 1988 [1843].

Thomas Kling, *Gesammelte Gedichte 1981–2005*, Marcel Beyer und Christian Döring (Hg.), Köln 2006.

Rudyard Kipling, *Die Dschungelbücher*, München 1980.

Markus Krajewski, Harun Maye (Hg.), *Die Hyäne. Lesarten eines politischen Tiers*, Zürich 2010.

P. Werner Lange, *Seeungeheuer. Fabeln und Fakten*, Leipzig 1979.

Joseph Sheridan Le Fanu, *Carmilla oder der weibliche Vampir*, Zürich 1979 [1872].

Harald Othmar Lenz, *Schlangen und Schlangenfeinde. Der Schlangenkunde zweite sehr veränderte Auflage*, Gotha 1870.

John Cunningham Lilly, *Ein Delphin lernt Englisch. Möglichkeiten der Verständigung zwischen menschlicher und außermenschlicher Intelligenz*, Reinbek 1971 [1967].

Else Lasker-Schüler, »Das Hebräerland«, in: Dies.: *Konzert. Prosa und Schauspiele*, Friedhelm Kemp (Hg.), Frankfurt am Main 2000, S. 197–383.

Jack London, *Der Seewolf*, München 2014 [1904].

Konrad Lorenz, *Das sogenannte Böse. Zur Naturgeschichte der Aggression*, München 1983 [1974].

Konrad Lorenz, *So kam der Mensch auf den Hund*, München 1983 [1950].

Bela Lugosi, »Die Fledermaus«, in: *Der Rabe. Magazin für jede Art von Literatur*, 49, S. 25–30.

Lukian, *Hauptwerke*, München 1980.

Thomas Mann, *Herr und Hund. Ein Idyll*, München 1919.

Heinrich Mann, *Der Untertan*, Leipzig 1918.

Ekkehard Martens, *Der Faden der Ariadne, oder Warum alle Philosophen spinnen*, Leipzig 2000.

William McKeever, *Emperors of the Deep. The Mysterious und Misunderstood World of the Shark*, Dublin 2019.

Herman Melville, *Moby Dick*, Frankfurt am Main 1977 [1851].

Jules Michelet, *Das Meer*, Frankfurt am Main 1987 [1861].

Pierre Denys de Montfort, *Histoire naturelle, générale et particulière des mollusques, animaux sans vertèbres et a sang blanc*, Paris 1801–1804.

Frank Nischk, *Die fabelhafte Welt der fiesen Tiere*, München 2020.

Michael Ohl, *Stachel und Staat. Eine leidenschaftliche Naturgeschichte von Bienen, Wespen und Ameisen*, München 2018.

Olaus Magnus, *Die Wunder des Nordens*, Frankfurt am Main 2006 [1555].

Ovid, *Metamorphosen*, Stuttgart 1994 [8].

Andreas Paul, *Von Affen und Menschen. Verhaltensbiologie der Primaten*, Darmstadt 1998.

Physiologus, Stuttgart 2019 [um 600].

Caius Plinius Secundus, *Die Naturgeschichte*, Wiesbaden 2007 [79].

William Polidori, »Der Vampyr«, in: Dieter Sturm und Klaus Völker (Hg.), *Von denen Vampiren oder Menschensaugern*, Frankfurt am Main 1975 [1819], S. 11–30.

Hugh Raffles, *Insektopädie*, Berlin 2013.

Michael Ranft, *Tractatus von dem Kauen und Schmatzen der Todten in Gräbern, worin die wahre Beschaffenheit der Hungarischen Vampyrs oder Blut-Sauger gezeiget, auch alle von dieser Materie bisher edirten Schriften recensiret werden*, Leipzig 1734.

Andreas Richter, »Lake Vostok: ein geowissenschaftliches Portrait eines antarktischen Subglazialsees«, in: *Polarforschung* 88 (2) 2018, S. 65–88.

Norbert Sachser, *Der Mensch im Tier*, Hamburg 2021.

Jean-Paul Sartre, »Der Existentialismus ist ein Humanismus«, in: ders. *Der Existentialismus ist ein Humanismus und andere philosophische Essays*, Vincent von Wroblewsky (Hg.), Reinbek 2019 [1946], S. 96.

JUSTIN SCHMIDT, *The Schmidt Sting Pain Index*, {scienceblogs.com/zooillogix/2008/01/29/the-schmidt-sting-pain-index}, letzter Zugriff 3. 3. 2023.

KRISTIN SCHUHMANN, *Die Schöne und die Biester. Die Herrin der Tiere im bronzezeitlichen und früheisenzeitlichen Griechenland*, Heidelberg 2009.

WIELAND SCHWANEBECK (HG.), *Der Weiße Hai revisited. Steven Spielbergs Jaws und die Geburt eines amerikanischen Albtraums*, Berlin 2015.

RUDOLF STEINER, *Der Mensch als Zusammenklang des schaffenden, bildenden und gestaltenden Weltenwortes. Zwölf Vorträge*, Dornach 1923.

HORST STERN, ERNST KULLMANN, *Leben am seidenen Faden. Die rätselvolle Welt der Spinnen*, München 1981.

BRAM STOKER, *Dracula*, Frankfurt am Main 1980 [1897].

BRYAN SYKES, *Darwins Hund. Die Geschichte des Menschen und seines besten Freundes*, Stuttgart 2019.

MAURICE TEMERLIN, *Lucy – Growing Up Human: Chimpanzee Daughter in a Psychotherapist's Family*, London 1976.

KLAUS THEWELEIT, *Männerphantasien*, München 1995.

ALEXANDRA TISCHEL, *Affen wie wir. Was die Literatur über unsere nächsten Verwandten erzählt*, Stuttgart 2018.

P. VERGILIUS MARO, *Georgica*, Stuttgart 1994 [29 v. Chr.].

JULES VERNE, *20.000 Meilen unter dem Meer*, München 2009 [1871].

FRANS DE WAAL, *Der Affe in uns. Warum wir sind, wie wir sind*, München 2009.

FRANZ M. WUKETITS, *Eine kurze Kulturgeschichte der Biologie. Mythen – Darwinismus – Gentechnik*, Darmstadt 1998.

Stephan Wunsch, 1968 geboren, studierte Philosophie und Literaturwissenschaft. Er arbeitet seit 2002 als Puppenspieler, Figurenbildner und Regisseur in Aachen. Projekte über Vogelwesen, das Kambrium und die Tiefsee bilden einen Schwerpunkt seiner Arbeit.

NATURKUNDEN N° 97
Erste Auflage Berlin 2023

NATURKUNDEN
herausgegeben von Judith Schalansky
erscheinen bei Matthes & Seitz Berlin
ermöglicht durch Jan Szlovak, Hamburg

Printed in Germany.

EINBAND UND TYPOGRAFIE Pauline Altmann, Palingen
durchgesehen von Judith Schalansky
SCHRIFT Kepler von Robert Slimbach
ILLUSTRATION Stephan Wunsch, Aachen
HERSTELLUNG Hermann Zanier, Berlin
PAPIER 100 g/m² Fly 04 hochweiß, 1,2faches Volumen
DRUCK UND BINDUNG Pustet, Regensburg

ISBN 978-3-7518-4000-2

www.naturkunden.de
www.matthes-seitz-berlin.de

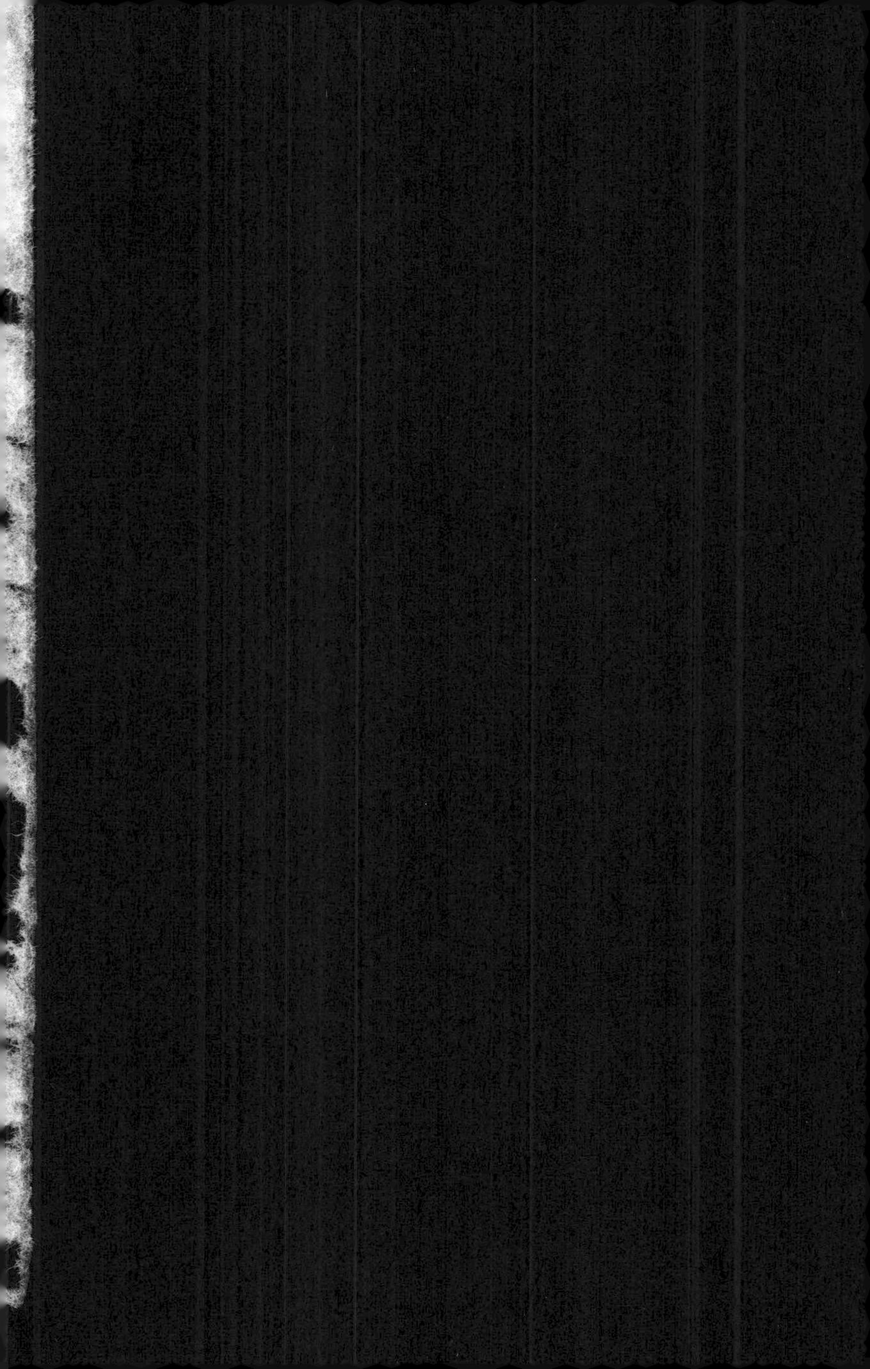